PIERRE NOVELLO

DIE BÖRSENFIBEL
SO LEGEN SIE IHR GELD RICHTIG AN.

VERLAG FINANZ UND WIRTSCHAFT AG

Inhaltsverzeichnis

Seite

5 Vorwort
7 Einleitung

9 Wie anlegen?

10/11 Bestimmen Sie Ihre Ziele!
12/13 Die goldene Regel heisst Diversifikation
14/15 Wie sieht Ihr ideales Portefeuille aus?
16/17 Selbst verwalten?

19 Anlagefonds

20/21 Wie ein Anlagefonds funktioniert
22/23 Die Welt der Anlagefonds
24/25 Anlagestrategiefonds
26/27 Aktienfonds
28/29 Obligationenfonds
30/31 Geldmarktfonds
32/33 Immobilienfonds
34/35 Absicherungsfonds
36/37 Die Wahl eines Anlagefonds
38/39 Wie man den Erfolg eines Anlagefonds misst

41 Aktien

42/43 Die Aktie als Eigentumsurkunde
44/45 Die Welt der Aktien
46/47 Wie die Börse funktioniert
48/49 Erteilung eines Auftrags per Internet
50/51 Verfolgung der Börsenkurse
52/53 Die Börsenindizes
54/55 Was bewegt die Börsenkurse?
56/57 Beurteilung einer Aktie
58/59 Börsencrashs
60/61 Eine zyklische Bewegung
62/63 Wie man einen Markt beurteilt
64/65 Wie man mit Aktien Geld verdient (oder verliert)
66/67 Anlagen an ausländischen Börsen
68/69 Die Schweizer Börse
70/71 Die grossen internationalen Börsen
72/73 Die europäischen Börsen im Zeitalter des Euro

75 Obligationen

76/77 Die Obligation – eine Forderung
78/79 Die Welt der Obligationen
80/81 Wie der Obligationenmarkt funktioniert
82/83 Wie man in Obligationen investiert
84/85 Wie man die Zinsentwicklung vorhersieht
86/87 Wie man Obligationen auswählt
88/89 Wie man die Qualität von Obligationen beurteilt
90/91 Wie ein Mehrwährungs-Portefeuille verwaltet wird
92/93 Warum soll man Wandelanleihen kaufen?
94/95 Der Schweizer Obligationenmarkt
96/97 Der Markt des Euro
98/99 Der Euromarkt

101 Derivative Finanzinstrumente

102/103 Die Welt der Finanzderivate
104/105 Futures
106/107 Absicherung oder Spekulation?
108/109 Financial Futures
110/111 Die Hebelwirkung (fast) unter Kontrolle
112/113 Optionen
114/115 Die Welt der Optionen
116/117 Worauf beruht der Optionspreis?
118/119 Warum soll man Calls kaufen oder verkaufen?
120/121 Warum soll man Puts kaufen oder verkaufen?
122/123 Verkauf gedeckter Optionen
124/125 Absicherungsstrategie
126/127 Eurex, die wichtigste europäische Derivat-Börse

128 Anhang

137 Index

141 Literaturverzeichnis des Autors

143 Internet-Adressen

Die Börsenfibel
So legen Sie Ihr Geld richtig an.

Herausgeber: Verlag Finanz und Wirtschaft AG, Hallwylstrasse 71, CH-8004 Zürich
Grafiken und Illustrationen: Atelier Ki - Jean-Louis Sosna & Helder da Silva
Umsetzung deutsche Fassung: 3satz gmbh, Thalwil
Übersetzung: Übersetzer Gruppe Zürich
Druck: Brunner AG, Kriens

Gedruckt in der Schweiz
1. Auflage, April 2000

© Copyright 2000
Verlag Finanz und Wirtschaft AG, Zürich
ISBN 3-906084-48-5
Nachdruck nur mit Quellenangabe erlaubt

Vorwort

Die Finanzmärkte werden vom privaten Anleger entdeckt. Getreu dem Sprichwort «La Hausse amène la hausse» ziehen die Avancen der Börsenkurse in den Neunzigerjahren immer mehr Menschen in ihren Bann – und an die Märkte. In Amerika halten schon 25% der Bevölkerung direkt Aktien, in Europa ist man zwar noch weit davon entfernt, aber der Anteil wächst stürmisch.

Das Börsenkarussell dreht sich immer schneller. Durch den Internet-Boom und die daraus resultierenden Börsengänge selbst kleinster Firmen entstand eine wahre «.com-Hysterie», die bisherige Bewertungsmassstäbe überholt erscheinen lässt. Immer häufiger haben Aktienkäufe – und zwar nicht nur von jungen Leuten! – mit herkömmlicher Anlagetätigkeit nichts mehr zu tun; «Casino-Mentalität» ist da schon eher der treffende Begriff. Das Mass für das Risiko ist verloren gegangen.

Dass Spekulieren ins Auge gehen kann, ist bekannt. Besser ist es, wenigstens die Grundregeln des Spiels, das man betreibt, zu kennen. Vieles mag sich in den letzten Jahren verändert haben; über möglichst viel Basiswissen der Grundinstrumente zu verfügen, zahlt sich aber mit Sicherheit aus – .com-Euphorie hin oder her! Man weiss allenthalben, dass lesen bildet. Es ist aber (zeit)aufwendig, schon gar, wenn es sich um Fachliteratur handelt. Und schwer verdauliche Kost ist gerade in der Kapitalmarkt-Literatur zur Genüge vorhanden.

Umso mehr ist die Lektüre des hier vorliegenden Buchs von Pierre Novello zu empfehlen. In ebenso praxisnaher wie auch verständlicher Art wird hier Basiswissen vermittelt – und zwar von A bis Z, d.h. vom anlegerischen Einmaleins bis hin zu der Funktionsweise moderner Instrumente.

Es freut uns vom Verlag Finanz und Wirtschaft, dass wir dieses ursprünglich in der französischen Schweiz herausgegebene und dort bereits sehr beliebte Buch übersetzen und nun erstmals in Deutsch veröffentlichen dürfen. Wenn wir damit dazu beitragen können, die Grundkenntnisse und auch das Interesse breiter Kreise am Kapitalmarkt zu fördern, ist ein wichtiges Ziel erreicht.

Gerne danke ich Pierre Novello für sein Entgegenkommen und seine Hilfe im Zusammenhang mit der Umgestaltung und Erweiterung des ursprünglichen Buchs. Ihnen, verehrte Leserinnen und Leser, lege ich diese Lektüre sehr ans Herz – vielleicht auch denjenigen, die meinen, sie wüssten ja schon alles...

Gerhart Isler
Verleger «Finanz und Wirtschaft»

Einleitung

An der Börse investieren? Ja, aber wie? Wer als Laie seine Ersparnisse auf den unerbittlichen Finanzmärkten anlegen will, hat es nicht gerade leicht. Nicht nur wegen des Fachjargons der Börsen-Profis, sondern auch aufgrund der grossen Vielfalt an Instrumenten, die der Kundschaft angeboten werden. Aber früher oder später werden auch Sie mit den verschiedenen Finanzinstrumenten konfrontiert, wenn Ihr Bedarf an privater Vorsorge (Lebensversicherung und dritte Säule) gedeckt ist und sich Ersparnisse ansammeln. Denn diese Ersparnisse müssen irgendwo gut angelegt werden. Unter der Matratze? Oder vielleicht besser auf einem Sparkonto, das auch nicht viel mehr abwirft? Etwa in Aktien, die grossen Schwankungen unterworfen sind? Oder in Obligationen? Aber mit welcher Laufzeit und in welcher Währung? Etwa in Anlagefonds? In welche, nach welchen Kriterien? Oder sogar in Derivaten? Mit welchem Risiko?

Alle diese und noch viele andere Fragen soll dieses Buch beantworten. Es ist reich illustriert und beruht auf Beispielen aus der Praxis und auf Zeitungsausschnitten, vor allem aus der «Finanz und Wirtschaft». Aber Achtung! Es werden keine Patentrezepte geliefert, die Ihnen sichere Gewinne versprechen. Dieser Ratgeber wird Ihnen aber helfen, die grundlegenden Entscheidungen zu treffen und herauszufinden, welche Bedürfnisse Sie haben und welche Produktfamilien am ehesten Ihrem persönlichen Profil entsprechen.

Sie sollen nicht in einen professionellen Trader verwandelt werden, sondern eine Basis erhalten, damit Sie mit Ihrer Bank oder Ihrem Vermögensverwalter Anlagestrategien besprechen können.

Das Buch besteht aus fünf Kapiteln und folgt der natürlichen Abfolge beim Anlageprozess. Am Anfang jedes Kapitels finden Sie eine kurze Zusammenfassung des behandelten Themas. Im ersten Kapitel «Wie anlegen» (siehe Seite 9) lernen Sie, Ihre Bedürfnisse zu ermitteln, um überhaupt einen Anlageplan ausarbeiten zu können. Erst dann können Sie auf der Grundlage der Risikodiversifikation Ihr eigenes Portefeuille zusammenstellen.

Sobald diese allgemeinen Fragen geklärt sind, ist das spezifische Instrument zu wählen, in das Sie investieren wollen. Den Anfang machen im zweiten Kapitel die Anlagefonds. Sie werden von den meisten neuen und nicht besonders vermögenden Anlegern gewählt. Im dritten Kapitel werden Sie dann in die Geheimnisse des Aktienmarktes eingeweiht. Im vierten Kapitel ist der Obligationenmarkt mit seiner ausgeklügelten und gut geölten Mechanik an der Reihe. Schliesslich tauchen Sie in die Abgründe der Derivate, Futures und Optionen ein, deren Handhabung heikel und oft schlichtweg gefährlich ist.

Wer damit noch nicht genug hat, wird auf den Anhang verwiesen, wo einige Themen noch etwas eingehender beleuchtet werden, ohne dass Laien gleich kapitulieren müssen.

Wie anlegen?

Wenn Sie dieses Buch gekauft haben, geht es Ihnen zweifellos darum, mehr aus Ihrem Geld herauszuholen, als wenn Sie es auf einem Sparkonto ruhen liessen. Das Spiel hat aber seine Regeln, die man kennen sollte, bevor eine Anlage getätigt wird. Die Regeln beruhen auf einem universell gültigen Gesetz: Je grösser der zu erwartende Gewinn ist, desto höher ist auch das damit verbundene Risiko.

Ist nun daraus zu schliessen, dass man eine Spielernatur besitzen muss, um sein Geld an der Börse anzulegen? Sicher nicht, denn die Zeit spielt für die Anleger: Börsenschwankungen sind nur kurz- und mittelfristig gefährlich, wenn Sie gezwungen sind, in einer Marktflaute zu verkaufen.

Falls Sie aber mindestens zehn Jahre auf Ihre Anlagen in Aktien verzichten und warten können, bis der Markt – im Normalfall – die Kaufkurse wieder erreicht hat, ist dies eine sichere und rentable Art, Ihr Geld anzulegen.

Sollen mit dem angelegten Geld zukünftige Bedürfnisse nach einem genauen Zeitplan gedeckt werden – etwa die Ausbildung Ihrer Kinder –, so müssen Sie sich an die andere grosse Anlagekategorie wenden: die Obligationen. Allerdings haben Sie dafür eine tiefere Rendite als mit Aktien in Kauf zu nehmen.

Sie müssen also Ihre finanziellen Bedürfnisse abklären, um sie angemessen abdecken zu können. Aber auch Ihre innere Einstellung gegenüber dem Risiko ist sorgfältig zu prüfen: Haben Sie genügend starke Nerven, um die grossen Ausschläge der Börsenmärkte ertragen zu können? Ist dies nicht der Fall, laufen Sie Gefahr, im dümmsten Moment in einer Panikstimmung irrationale Entscheidungen zu treffen.

Sobald Ihre Ziele feststehen, gilt es, ein persönliches Portefeuille zusammenzustellen. Dabei ist stets die goldene Regel der Vermögensverwaltung zu beachten: die Anlagen diversifizieren und nicht alles auf eine Karte setzen. Mit anderen Worten: Ihr Portefeuille muss Titel verschiedener Unternehmen und unterschiedlicher Kategorien umfassen. In erster Linie handelt es sich dabei um Aktien, Obligationen und liquide Mittel.

Wie Ihr diversifiziertes Portefeuille aussehen soll, hängt ab von Faktoren wie Ihrem Alter, Ihrer familiären Situation, Ihrem Vermögensstand und Ihrer mehr oder weniger grossen Risikobereitschaft. Jeder Anleger verfügt schliesslich über ein Portefeuille, das seinem besonderen Profil entspricht: Je riskanter es ist, desto mehr Aktien enthält es.

Wenn Sie noch nicht an Finanzanalyse und Vermögensverwaltung gewöhnt sind, benötigen Sie bestimmt Hilfe. Das Angebot an Vermögensberatern ist gross. Sie werden keine Mühe haben, welche zu finden – zumindest wenn Ihr Vermögen so gross ist, dass sie überhaupt daran interessiert sind…

Aber selbst wenn Sie bloss über einige tausend Franken verfügen, müssen Sie noch nicht die Hoffnung aufgeben, das Geld zu guten Bedingungen an der Börse zu investieren. Ein Anlagefonds – eine Art Sammeltopf, der allen Anlegern offensteht – ermöglicht es auch bescheidenen Sparern, von einem diversifizierten, professionell verwalteten Portefeuille zu profitieren, das in den Genuss günstiger Konditionen für Grossanlagen kommt.

Bestimmen Sie Ihre Ziele!

Ziel jeder Anlage ist es, ein zukünftiges Bedürfnis zu decken: die Zahlung Ihrer Steuern, die bevorstehenden Ausbildungskosten Ihrer Kinder, die Schaffung von Eigenmitteln für den Kauf eines Hauses oder von Reserven für Ihre Pensionierung. Daher muss ermittelt werden, wie diese Ziele mit den auf dem Markt verfügbaren Finanzinstrumenten – vor allem mit den zwei grossen Anlagekategorien Obligationen und Aktien – zu erreichen sind.

Die zwei wichtigsten Wertpapierkategorien

- **Obligationen**

    Obligationen sind fest verzinsliche Wertpapiere. Ihr Zins wird meistens einmal jährlich gutgeschrieben, und am Ende der Laufzeit sind sie zu 100% rückzahlbar. Daher sind Obligationen das ideale Instrument, um ein zwingendes und genau definiertes Bedürfnis zu decken.
    Wenn Sie beispielsweise für 100'000 Franken zu 3% verzinsbare Bundesanleihen kaufen, haben Sie die Sicherheit, jedes Jahr die 3'000 Franken zu erhalten, die Sie zur Zahlung Ihrer Steuern bis zum Ablauf der im voraus festgesetzten Laufzeit benötigen.

- **Aktien**

    Aktien sind Wertpapiere, die das Miteigentum an Gesellschaften beurkunden. Sie bieten aber nicht dieselbe Sicherheit wie Obligationen, denn ihr Ertrag ist nicht garantiert und Aktien werden nie oder nur sehr selten zurückbezahlt. Der Aktionär geht so ein Unternehmerrisiko ein, indem er damit rechnet, dass das Unternehmen Gewinn erzielt und die Aktienkurse dementsprechend steigen, wenn alles gutgeht. Daraus erklären sich unter anderem die hohen Wertschwankungen der Aktien. Solche Titel eignen sich daher für Spekulanten, aber auch für Anleger, die langfristig planen und nicht gezwungen sind, auch bei fallenden Kursen – also im unglücklichsten Moment – notfallmässig zu verkaufen. Selbstverständlich wird das grössere Risiko, das man auf dem Aktienmarkt eingeht, auf lange Sicht meistens mit einer höheren Rendite als auf dem Obligationenmarkt belohnt.
    Aktien sind deshalb ideal für Anleger, die dieses Geld während mehrerer Jahre nicht benötigen. So können sie bei einer Marktbaisse warten, bis das verlorene Terrain wieder zurückerobert wird.

Aktien sind gegenüber Obligationen steuerlich bevorteilt

Ein in der Schweiz wohnhafter Anleger hat ein Interesse daran, in Aktien zu investieren, denn der Schweizer Fiskus unterscheidet klar zwischen dem steuerpflichtigen Ertrag des Vermögens und dem Kapitalgewinn, der nicht zu versteuern ist.

Dies heisst nun aber nicht, dass Sie auf dem Ertrag Ihrer Aktien keine Steuer bezahlen, denn die Ausschüttung wird sehr wohl versteuert. Im übrigen kann sich die Steuergesetzgebung jederzeit ändern.

Langfristig legt die Börse immer zu

Aktien sind langfristig bei weitem die rentabelste Anlage, wie dies die Geschichte des 20. Jahrhunderts gezeigt hat. Denn die Grundtendenz ist die Hausse, trotz Crashs und mehr oder weniger langer Baissen, die bei Betrachtung des Gesamtverlaufs nur als kleine Zwischenfälle in Erscheinung treten. Diese Beobachtung gilt übrigens für sämtliche Finanzmärkte der entwickelten Länder. Auch die Schweiz ist davon nicht ausgenommen, wie aus der nachstehenden Grafik der Banque Pictet & Cie. hervorgeht. Im Laufe der vergangenen 70 Jahre hat der schweizerische Aktienmarkt den Obligationenmarkt weit hinter sich gelassen.

Über den Zeitraum von 70 Jahren tragen die Aktien bezüglich Performance einen klaren Sieg davon

Von 1926 bis 1998 lag das Wachstum des Realwerts (inflationsbereinigt) der Aktien auf dem schweizerischen Markt weit über jenem der Obligationen. Um die beiden Indizes vergleichen zu können, ist für beide Kurven derselbe Massstab mit dem gleichen Ausgangswert 100 angewandt worden. Es handelt sich hier um eine Grafik mit Basis 100.

Quelle: Pictet & Cie.

 ## Haben Sie die Nerven, um Ihr Geld an der Börse anzulegen?

Wenn mehrere Jahre vor Ihnen liegen, sind Aktien genau das, was Sie brauchen. Börseninvestitionen sind aufgrund der Kursschwankungen allerdings mit Stress verbunden, den nicht alle gut verkraften. Sie müssen sich deshalb die Frage stellen, ob ein 5prozentiger Wertverlust Ihres Portefeuilles Sie um den Schlaf bringt. Und wie steht es, wenn der Kurssturz 10% beträgt?

Haben Sie Zweifel an Ihrer psychischen Stärke, vergessen Sie eins nicht: Wenn Sie die Nerven verlieren, setzen Sie nicht nur Ihre Gesundheit aufs Spiel, sondern werden bestimmt auch Geld verlieren. Denn Sie laufen Gefahr, bei fallenden Börsenkursen in Panik auszubrechen und Ihre Titel zu einem Tiefpreis – und somit im dümmsten Moment – zu verkaufen. Dabei könnten Sie in aller Ruhe die Erholung des Marktes abwarten. Falls auch Sie sich zu den nervenschwachen Menschen zählen, lassen Sie lieber die Finger von der Börse!

Die goldene Regel heisst Diversifikation

Bekanntlich sollte man nie alles auf eine Karte setzen. Denn wird die goldene Regel angewandt, lässt sich das Risiko bei einer vorgegebenen Renditeerwartung auf ein Minimum reduzieren.

Die Magie der Diversifikation

Um die Vorteile der Diversifikation zu verstehen, betrachten wir den Fall eines Portefeuilles, das nur eine einzige Aktie enthält. Muss die Gesellschaft, die diese Aktie ausgegeben hat, Konkurs anmelden, verlieren Sie 100% Ihrer Investition. Hätten Sie zwei Aktien verschiedener Unternehmen, wäre die Wahrscheinlichkeit, dass diese gleichzeitig bankrott gehen, erheblich geringer. Sie können nun einwenden, Sie würden ohnehin nur Titel renommierter Unternehmen kaufen, wie etwa Nestlé, Novartis oder Roche, die ihre Solidität längst unter Beweis gestellt haben. Wozu denn noch diversifizieren?

Ja, aber – diese Solidität wird Sie nicht vor Kursschwankungen schützen, denn diese sind oft auch bei den Aktien solcher Giganten sehr hoch. Selbst wenn Sie Ihr Geld auf lange Sicht anlegen, sind Sie vielleicht nicht gerade begeistert, wenn Ihr Portefeuille von Tag zu Tag grossen Schwankungen unterworfen ist. Um diese Volatilität zu beschränken, braucht man bloss sein Portefeuille mit Titeln verschiedener Unternehmen zu diversifizieren. Denn führt der Gewinnrückgang eines Unternehmens zum Sinken seiner Kurse, werden diese durch die Hausse der Titel jener Unternehmen kompensiert, die höhere Gewinne einfahren. Dies sollte auf lange Sicht ein viel regelmässigeres Wachstum garantieren, als wenn Sie nur einen einzigen Titel besitzen würden. Damit die Diversifikation aber etwas nützt und das Risiko signifikant vermindert, müssen die Unternehmen entgegengesetzt auf die Marktbedingungen reagieren. Wenn Sie nur Schweizer Pharmawerte in Ihrem Portefeuille haben, kann nicht von echter Diversifikation die Rede sein. Man muss somit die Branche verlassen und die weiteren Titel in einem anderen Sektor suchen, zum Beispiel im Transportgewerbe.

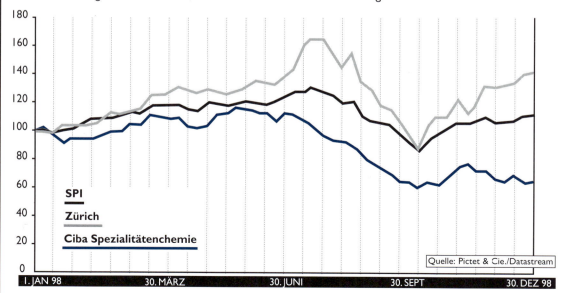

Diversifikation reduziert die Volatilität

Ein Marktindex wie der SPI für die Schweizer Börse ist viel geringeren Schwankungen unterworfen als einzelne Titel wie etwa jene der Zürich oder der Ciba Spezialitätenchemie. Um dieses Phänomen zu veranschaulichen und die Performances vergleichen zu können, haben wir eine Grafik mit Basis 100 gewählt.

Quelle: Pictet & Cie./Datastream

Stellen Sie ein Portefeuille mit verschiedenen Kategorien von Vermögenswerten zusammen!

Um das Risiko Ihres Portefeuilles zu senken, muss dieses also aus Titeln verschiedener Unternehmen bestehen. Um das Gesamtrisiko Ihres Portefeuilles noch stärker einzuschränken, können Sie aber auch andere, weniger volatile Titel wie Obligationen kaufen. Allerdings wird dadurch auch die zu erwartende Rendite des Portefeuilles geschmälert, denn Obligationen sind weniger einträglich als Aktien. Aber dank der Diversifikation ist der Renditeverlust vergleichsweise weniger hoch als die Risikominderung. Aus demselben Grund wird das Portefeuille auch noch mit einem Anteil liquider Mittel ergänzt.

Auf dieser Grundlage bietet die ganze Vermögensverwaltungsbranche traditionellerweise ihre Anlageschemen für verschiedene Risikoprofile an: unriskant, mässig riskant, riskant, sehr riskant. Um die beste Risiko-Rendite-Korrelation zu erzielen, müssen die Anlagen international und somit in verschiedenen Währungen getätigt werden. Priorität hat dabei jene, in welcher der Anleger sein Geld zählt und ausgibt. Man nennt sie Referenzwährung. Für einen in der Schweiz wohnhaften Anleger ist dies logischerweise der Schweizer Franken.

Portefeuilles nach Risikoprofil

Einem Anleger mit Referenzwährung Schweizer Franken werden verschiedene Portefeuilles mit steigendem Risiko – d. h. mit zunehmendem Aktienanteil – angeboten.

Konservativ

Einem wenig risikofreudigen Anleger wird meistens ein Portefeuille mit einem hohen Obligationenanteil angeboten. Ziel ist der Kapitalerhalt bei einem sehr geringen Risiko. Dadurch wird eine höhere Rendite erzielt, als wenn das Portefeuille nur Obligationen enthielte. Der Fremdwährungsanteil ist sehr bescheiden.

Ausgewogen (oder balanced)

Wer ein solches Portefeuille wählt, ist zu einem höheren Risiko bereit. Dieses ergibt sich aus dem wesentlich grösseren Aktienanteil zu Lasten der Obligationen und der liquiden Mittel. Die Kursschwankungen sind daher grösser, werden jedoch kompensiert durch eine höhere Renditeerwartung. Der Fremdwährungsanteil steigt ebenfalls.

Riskant (oder growth)

Diese Art von Portefeuille ist ganz klar auf Aktien ausgerichtet und daher riskant. Auch der Fremdwährungsanteil ist hier hoch. Wie jedoch die von den Banken verwendete Bezeichnung «growth» (Wachstum) sagt, nimmt das Risiko solcher Portefeuilles langfristig ab. Aus diesem Grund sind sie Anlegern vorbehalten, die Zeit haben und fähig sind, die psychische Belastung jäher Kursstürze zu verkraften.

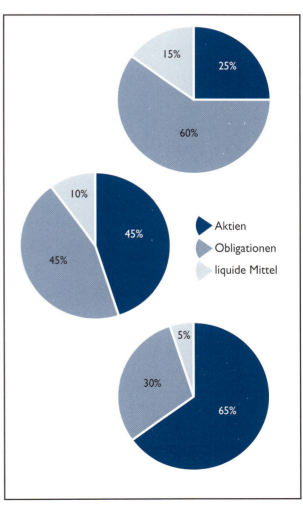

Wie sieht Ihr ideales Portefeuille aus?

Obwohl es unmöglich ist, diese Frage schlüssig zu beantworten, ohne Ihre persönliche Situation, Ihr Alter, Ihr Einkommen und Ihre Risikobereitschaft zu kennen, kann doch die Entwicklung des Portefeuilles nach den Bedürfnissen einer durchschnittlichen Einzelperson in verschiedenen Lebensabschnitten bestimmt werden, wenn man andere Anlagen unberücksichtigt lässt.

Jedes Portefeuille muss sich im Laufe des Lebens verändern

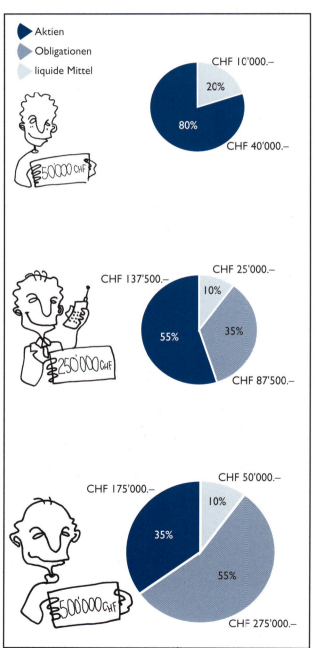

Ab 25 Jahren

Jüngere Menschen sparen meistens auf lange Sicht und sind nicht darauf angewiesen, dass Ihre Anlagen einen regelmässigen Ertrag abwerfen, denn sie stehen noch voll im Erwerbsleben. Sie müssen sich indessen vor der Inflation schützen, die an ihren Ersparnissen nagt. Am besten eignen sich dazu auf Kapitalgewinnen beruhende Anlagen. Neben einem Grundstock liquider Mittel für Unvorhergesehenes kommen somit hauptsächlich Aktien in Frage.

Ab 45 Jahren

Mit den Jahren wächst das Vermögen, während sich die Bedürfnisse verändern: Die Belastungen im Zusammenhang mit der Gründung einer Familie und der Ausbildung der Kinder zum Beispiel erfordern einen zusätzlichen regelmässigen Ertrag. Deshalb besteht ein Teil des Portefeuilles aus Obligationen. Allerdings hat man in diesem Alter noch viele Jahre der Erwerbstätigkeit vor sich. Aktien bleiben daher weiterhin die geeignetste Anlage.

Ab 60 Jahren

Wenn das Pensionsalter in die Nähe rückt, ändern sich die Prioritäten der Anleger. Falls sie ein Kapital angehäuft haben (was zu hoffen ist!), werden sie zu Anlagen tendieren, die Ertrag abwerfen, sobald sie nicht mehr arbeiten. Selbst wenn ihre Altersrenten ausreichen, um ihren Lebensstandard zu halten, verfügen diese Anleger aus naheliegenden Gründen über einen viel kürzeren Anlagehorizont als jüngere Menschen.

Passen Sie Ihr Portefeuille regelmässig an!

Sie verstehen nun, dass sich mit der Zeit jedes Portefeuille nach den Bedürfnissen des Anlegers verändern muss. Da aber der Aktienmarkt besonders volatil ist, steigt oder sinkt der Anteil dieser Papiere unter Umständen viel schneller als jener der Obligationen oder liquiden Mittel. Dadurch verändert sich die Gesamtzusammensetzung des Portefeuilles und entspricht so nicht mehr dem Risikoprofil des Inhabers. Aus diesem Grund müssen Sie die Entwicklung Ihres Portefeuilles aufmerksam verfolgen und regelmässig eingreifen, um es wieder Ihrer Situation anzupassen. Im nachstehenden Beispiel ist dies einmal jährlich der Fall.

Anpassung des Risikoprofils eines Portefeuilles

Nehmen wir an, Sie besitzen ein wenig risikobehaftetes Portefeuille im Wert von 100'000 Franken, bestehend aus 10'000 Franken in liquiden Mitteln (10%), 70'000 in Obligationen (70%) und 20'000 in Aktien (20%). Dank eines ausgezeichneten Börsenmarktes verdoppeln Ihre Aktien den Wert in einem Jahr. Der Einfachheit halber nehmen wir an, dass der Wert der Obligationen und liquiden Mittel stabil geblieben ist.

1. Zu Beginn besteht Ihr Portefeuille aus 10% liquiden Mitteln, 70% Obligationen und 20% Aktien.

2. Ein Jahr später hat sich der Wert des Aktienanteils verdoppelt und erreicht 40'000 Franken. Das Portefeuille hat somit 20'000 Franken an Wert zugelegt, weist jedoch nicht mehr dieselbe Verteilung auf.

   Der Aktienanteil ist von 20% auf 33,33% des Gesamtportefeuilles gestiegen. $\frac{40'000}{120'000} = 33,33\%$

   Der Obligationenanteil ist auf 58,33% gesunken. $\frac{70'000}{120'000} = 58,33\%$

   Die liquiden Mittel erreichen noch 8,33%. $\frac{10'000}{120'000} = 8,33\%$

   Das Portefeuille weist daher ein höheres Risiko auf als zuvor.

3. Um zu Ihrem Risikoprofil mit einem Aktienanteil von 20% zurückzukehren, müssen Sie nun diesen Anteil um 16'000 Franken reduzieren, damit er 24'000 Franken erreicht, $\frac{24'000}{120'000} = 20\%$

   und für 14'000 Franken Obligationen kaufen, so dass deren Wert 84'000 Franken erreicht. $\frac{84'000}{120'000} = 70\%$

   Somit bleiben Ihnen noch 2'000 Franken liquide Mittel, um deren ursprünglichen Anteil wiederherzustellen. $\frac{12'000}{120'000} = 10\%$

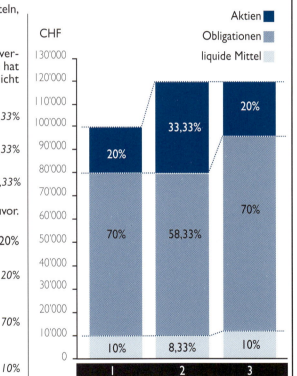

Nicht zu verwechseln

Wie aus dem obigen Beispiel hervorgeht, hat die Wiederanpassung des Portefeuilles an das Risikoprofil des Inhabers zur Folge, dass der Anteil der steigenden Marktpositionen zugunsten der sinkenden herabgesetzt wird. Man beachte, dass diese Wiederherstellung des Gleichgewichts nichts mit der Vorwegnahme der Marktbewegungen zu tun hat, deren Ziel darin besteht, günstig zu kaufen und teuer zu verkaufen.
Eine solche Strategie wird als «Market timing» bezeichnet und ist nur sehr erfahrenen Profis vorbehalten (siehe Kapitel «Aktien», Seite 41ff.)

Alter und Aktien

Eine Regel aus der Küche der Vermögensberater besagt, dass der Aktienanteil in einem Portefeuille der Differenz zwischen 100 und dem Alter des Anlegers entsprechen sollte. Je jünger Sie also sind, desto mehr Aktien können Sie halten.

Selbst verwalten?

Bevor Sie in die Börse investieren, müssen Sie noch eine wichtige Frage beantworten: Wieviel Zeit will ich für diese Tätigkeit aufwenden, und welche Anstrengungen ist sie mir wert, um diejenige Lösung zu finden, die meiner Situation am ehesten entspricht?

Bevor Sie sich entscheiden…

Um die Analyse zu erleichtern, stellen Sie sich vor dem Anlageentscheid die folgenden Fragen:

- Bin ich bereit, täglich die Kursentwicklung der Titel in meinem Portefeuille zu verfolgen?
- Werde ich genügend Zeit haben, um die Finanzpresse zu lesen, den Geschäftsgang der Unternehmen, die Schwankungen der Börse und die grossen makroökonomischen Trends zu verfolgen?
- Interessiere ich mich für das Anlageprozedere und die Auswahl der Börsenwerte?
- Bin ich vielleicht beruflich oder sonst so stark beschäftigt, dass ich mein Portefeuille nicht mit der erforderlichen Aufmerksamkeit verfolgen kann?
- Handle ich oft emotional, wenn sich die Dinge sehr positiv oder sehr negativ entwickeln?

Der Vermögensverwaltungsmarkt

Ohne die positiven und negativen Antworten Ihrer «Gewissensprüfung» zu zählen, werden Sie sofort feststellen, dass Sie Ihr Portefeuille nur mit erheblichem Aufwand selbst verwalten können. Nicht nur was die Zeit und Ausbildung betrifft, sondern auch finanziell, denn Sie müssen Fachzeitschriften abonnieren, und nicht zuletzt sind Sie der emotionalen Belastung der Kursschwankungen ausgesetzt.

Die einfachste Lösung besteht darin, sich von einem Vermögensverwalter beraten zu lassen. Er wird Ihnen helfen, Ihre Situation zu analysieren und die für Sie geeignete Anlage zu finden. So können Sie Ihre Entscheidungen auf einer soliden Basis fällen.

Und wenn Ihnen die Verwaltung Ihres Vermögens eine Bürde ist, können Sie Ihrem Vermögensverwalter einen Ermessensauftrag erteilen: Er wird dann Ihr Portefeuille entsprechend Ihrem Risikoprofil verwalten.

Aber offen gesagt: Um einen wirklich persönlichen Service zu erhalten, müssen Sie über mindestens eine Million Franken verfügen.

Wenn Sie in dieser Lage sind, bleibt Ihnen nur die Qual der Wahl zwischen den Bankriesen, den unabhängigen Vermögensverwaltern und den spezialisierten Finanzgesellschaften. Wählen Sie aber Ihren Auftragnehmer sorgfältig aus! Unter den Vermögensverwaltern gibt es auch schwarze Schafe, die Sie hintergehen oder die ihnen anvertrauten Vermögen schlecht verwalten.

Risiken eines Verwaltungsauftrags

● **Betrug**

Wenn Sie es mit einem Betrüger zu tun bekommen, der Ihr Konto für seine eigenen Zwecke missbraucht, haben Sie sehr schlechte Aussichten, etwas zurückzuholen. Solche Machenschaften kommen übrigens nicht nur bei unabhängigen Vermögensverwaltern vor, sondern auch bei Finanzgesellschaften und sogar bei Banken. Glücklicherweise stehen diese jedoch fast ausnahmslos für die Verfehlungen ihrer Angestellten gerade. Dabei ist zu beachten, dass das Gesetz das Risiko eines Auftrags an unabhängige Vermögensverwalter einschränkt. Diese sind nämlich nicht berechtigt, Ihr Geld selbst entgegenzunehmen, sondern müssen es bei einer Bank hinterlegen.

Den Konkurs der Bank brauchen Sie nicht zu befürchten. Ihr Geld ist geschützt, denn es wird weder bilanziert noch in die Konkursmasse aufgenommen.

● **Schlechte Verwaltung**

Wie überall gibt es gute und schlechte Fachleute. Die Vermögensverwalter bilden hier keine Ausnahme. Die Spreu vom Weizen zu trennen ist zweifellos äusserst schwierig – selbst innerhalb eines Unternehmens. Eine wichtige Eigenschaft eines guten Vermögensverwalters ist, dass er dem Kunden zuhört und ihm eine Politik anbietet, die seinem Profil entspricht, d. h. zurückhaltend, ausgeglichen oder aggressiv. Es wäre ein schwerer Fehler, das Vermögen eines Kunden, der vor allem sein Kapital erhalten will, auf spekulative Märkte zu führen.

Man beachte, dass der Beruf des Vermögensverwalters nicht geschützt ist und dass Hinz und Kunz morgen ein Geschäft auf dem Finanzplatz Schweiz eröffnen kann.

Anlagefonds für kleine Beträge

Wenn Ihnen nur wenig Geld zur Verfügung steht, können Sie natürlich einige Nestlé-Aktien kaufen und sie in Erwartung eines langfristigen Kursanstiegs ruhen lassen. Dies würde man allerdings nicht gerade eine optimale Diversifikation nennen.

Sie können aber auch mit bloss einigen tausend Franken in den Genuss einer professionellen Verwaltung kommen, indem Sie Anteilscheine von Anlagefonds kaufen. Anlagefonds sind Portefeuilles mit an der Börse gehandelten Titeln, die von Finanzprofis verwaltet werden.

Der Inhaber von Anteilscheinen eines Anlagefonds beteiligt sich am Gewinn oder Verlust im Verhältnis zu seiner Anlage. Der Vorteil der Fonds ist, dass man Zugang zu diversifizierten Portefeuilles sowie zu Anlagen erhält, für die ein Mindestbetrag verlangt wird, zum Beispiel Treuhanddepots. Ausserdem kommt man in den Genuss der Grosshandelspreise, die den Fondsverwaltern gewährt werden.

Wer sich das Leben möglichst leicht machen will, kann Anteilscheine diversifizierter Fonds für verschiedene Risikoprofile erwerben: geringes Risiko, mittleres Risiko oder hohes Risiko. Solche Fonds nennt man Anlagestrategie-, Anlageziel- oder Portfoliofonds.

Aber Achtung! Selbst wenn das Ihnen angebotene Produkt von hoher Qualität ist, d. h., wenn es gut verwaltet wird, erweist es sich für Sie vielleicht als zu riskant. Umgekehrt sind Sie möglicherweise sehr frustriert, wenn Sie zusehen müssen, wie Ihre Ersparnisse stagnieren, obwohl Sie bereit wären, viel höhere Schwankungen Ihres Portefeuilles in Kauf zu nehmen.

Aus diesem Grund müssen Sie genügend Zeit für die Bestimmung Ihres Risikoprofils einsetzen, damit die schliesslich gewählten Produkte wirklich Ihren Bedürfnissen entsprechen. Diese Vorarbeit ist um so wichtiger, als die Zeit, die Ihnen Ihr Ansprechpartner widmet, proportional zur Höhe Ihrer Anlage ist.

Anlagefonds

Dank Diversifikation, Grosshandelspreisen für Börsentransaktionen und professioneller Verwaltung befriedigen Anlagefonds die Bedürfnisse des kleinen Anlegers – mit oder ohne Erfahrung – in idealer Weise.

Die Palette umfasst Aktien-, Obligationen-, Geldmarkt- und Immobilienfonds aller wichtigen Märkte weltweit sowie gewisser exotischer Wirtschaftsräume.

Nebst solchen «reinen» Anlagefonds gibt es diversifizierte Fonds, sogenannte Anlagestrategiefonds (auch Portfolio- oder Anlagezielfonds genannt), die aus Aktien, Obligationen und Geldmarktpapieren zusammengesetzt sind. Paradoxerweise bereitet gerade die Fülle der auf dem Markt angebotenen Fonds Probleme. Über 2'000 sind allein in der Schweiz zum öffentlichen Verkauf zugelassen! Wie findet man in dieser Flut jene Fonds, die den individuellen Bedürfnissen am ehesten entsprechen?

In erster Linie müssen Sie bestimmen, ob Sie regelmässige Einkünfte wünschen, beispielsweise nach jedem Halbjahr, oder ob Sie Ihre Anlage während mehrerer Jahre «vergessen» können – in der Hoffnung, dereinst substantielle Kapitalgewinne einzufahren. Sodann müssen Sie natürlich Ihre Risikobereitschaft abschätzen.

Wenn Sie noch nicht viel von Vermögensverwaltung verstehen, ist es sicher von Vorteil, mit Anlagestrategiefonds zu beginnen, die mit verschiedenen Risikoprofilen angeboten werden. Sie brauchen nur jenes zu wählen, das am ehesten Ihrem eigenen Profil entspricht, und sind nicht gezwungen, regelmässig die Märkte zu verfolgen. Wenn Sie auch andere Fondsarten berücksichtigen, zum Beispiel Aktienfonds, werden Sie bestimmt Schwierigkeiten haben, eine Kombination zu finden, die Ihrem Profil entspricht. Sofern Sie über genügend finanzielle Mittel verfügen, lassen Sie sich von Ihrem Bankier beraten.

Können Sie hingegen nicht viel Geld anlegen, müssen Sie sich mit Hilfe der Fachpresse (eine gute Entscheidungshilfe bietet Ihnen das im Frühjahr erscheinende Magazin INVEST Anlagefonds im Verlag Finanz und Wirtschaft AG) und durch Verfolgung der Kurse über Internet www.finanzinfo.ch/fonds selbst zurechtfinden. Welches auch immer Ihre Strategie ist – Anlagestrategiefonds, Aktienfonds, Obligationenfonds usw. –, müssen Sie nun die Fondsgesellschaft bestimmen. Dann sind weitere allgemeine Kriterien wie etwa die Performance und die Volatilität des Fonds zu berücksichtigen.

Man beachte aber auch, dass die Kosten der einzelnen Fonds einen nicht zu vernachlässigenden Einfluss auf die Rendite haben, jedoch aufgrund ihrer komplexen Struktur nur schwer zu vergleichen sind.

Wenn Sie einen Fondstyp gewählt haben, zum Beispiel Aktienfonds, können Sie die Ranglisten der rentabelsten Fonds konsultieren, die von spezialisierten Unternehmen regelmässig aufgestellt werden (siehe auch INVEST Magazin Anlagefonds). Man muss sich jedoch bewusst sein, dass solche Aufstellungen immer auf vergangenen Resultaten beruhen und daher keineswegs eine Versicherung für zukünftige Performances darstellen.

Immerhin lassen sich dadurch wenigstens jene Fonds ausschliessen, die regelmässig schlechte oder mittelmässige Resultate ausweisen und deren Wertschwankungen für Ihren Geschmack zu hoch sind.

Wie ein Anlagefonds funktioniert

Die Fondsleitung gibt frei käufliche Anteilscheine heraus, die eine Beteiligung an den Resultaten ihrer Anlagepolitik ermöglichen. Meistens kann von der Fondsleitung jederzeit die Rückzahlung der Anteile verlangt werden.

Das Prinzip des Sammeltopfs

Der Wert eines Anteilscheins entspricht der Gesamtsumme des Portefeuilles geteilt durch die Anzahl Anteile des Anlagefonds. Dieser Betrag wird Nettoinventarwert oder einfach Inventarwert (NIW bzw. NAV von «Net Asset Value») genannt.

Mit jedem Kauf von Fondsanteilen erhöht der Anleger die Summe der liquiden Mittel, die der Fondsleitung für ihre Anlagen zur Verfügung stehen.

Erweisen sich die Anlagen als fruchtbar und generieren Einkommen und/oder Kapitalgewinne, steigt der Wert aller Fondsanteile gleich stark zugunsten ihrer Inhaber. Verliert der Fonds hingegen an Wert, so wirkt sich auch dies im gleichen Verhältnis auf alle seine Anteile aus.

Je nach Fonds werden die Gewinne entweder ausgeschüttet (man spricht dann von ausschüttenden Fonds) oder wieder angelegt (sogenannte thesaurierende Fonds).

Wer das in einen Fonds investierte Geld wieder zurückerlangen will, muss bei der Fondsleitung einen entsprechenden Antrag stellen. Sie ist verpflichtet, die ihr angebotenen Anteile sofort zurückzukaufen. Davon ausgenommen sind zum Teil die Immobilienfonds, die nur auf Ende eines Rechnungsjahres und unter Beachtung einer zwölfmonatigen Kündigungsfrist zur Rücknahme verpflichtet sind.

Von der Anlage zum Mehrwert

Nehmen wir einen schweizerischen Aktienfonds, der am 1. Januar 1998 10'000 Anteilscheine im Wert von insgesamt 10'000'000 Franken ausstehend hatte. Der NAV eines Anteilscheins beträgt somit 1'000 Franken. Es soll sich um einen thesaurierenden Fonds handeln, dessen Performance jener des Marktindexes SMI entspricht (er stieg 1998 um rund 15%). Der Einfachheit halber werden in diesem Beispiel die Gebühren nicht berücksichtigt.

Am 1. Januar 1998 kauft ein Anleger 10 Anteilscheine zu je 1'000 Franken. Er vertraut somit 10'000 Franken der Fondsleitung an. Mit diesen 10'000 Franken erhöht sich der Wert des Fonds auf 10'010'000 Franken, die auf dem Schweizer Markt angelegt werden. Jeder Anteil hat einen Wert von 1'000 Franken.

Am 31. Dezember 1998 hat der Wert des Fonds dank einer positiven Marktentwicklung um rund 15% zugelegt und erreicht 11'500'000 Franken. Der einzelne Anteilschein erhöht seinen Wert ebenfalls um 15% auf 1'150 Franken. Der Mehrwert pro Anteil beträgt somit 150 Franken. Mit 10 Anteilscheinen zu je 1'150 Franken stellt der Anleger daher fest, dass der Wert seines Portefeuilles um 15% gestiegen ist und nun 11'500 Franken beträgt.

Ausgabepreis und Rücknahmepreis

Der Inventarwert (NAV) ist das allgemeingültige Mass für den Wert eines Fondsanteils. Er wird in den Aufstellungen der Fachpresse veröffentlicht, wie im nachstehenden Beispiel aus der «Finanz und Wirtschaft» vom 11.12.99 ersichtlich ist. Um einen Fondsanteil zu kaufen, müssen Sie aber unter Umständen einen Preis bezahlen, der geringfügig über dem NAV liegt und eine Ausgabekommission einschliesst: den Ausgabe- oder Emissionspreis. Verkaufen Sie dagegen Fondsanteile, bezahlt Ihnen der Fonds vielleicht einen Rücknahmepreis, der unter dem NAV liegt. In diesem Fall hat die Fondsleitung eine sogenannte Rücknahmekommission abgezogen. Rücknahmekommissionen werden in der Schweiz nur selten verlangt. Der Rücknahmepreis stimmt meistens mit dem NAV überein.

Valor	Name	NAV = Inventarwert 9.12.	Ende98* +/- in %
	UBS AG		
278880	UBS 100 Index-Fund Switzerland	4568.62²,⁴	+5.9
278848	Multibond High Yield Fr.	100.58²	−0.4
278856	UBS(CH) Bond Fund-CHF	109.83²	−6.3
278857	UBS(CH) Bond Fund-GBP	125.80²	−9.3
278858	UBS(CH) Bond Fund-JPY	12454²	−2.6
278853	UBS(CH) Bond Fund-USD		

Quelle: FuW

NAV
Am 9.12.99 hatte der Anteil des UBS (CH) Bond Fund-CHF, eines Obligationenfonds in Schweizer Franken, gemäss Börsenbewertung der bei Abschluss im Portefeuille gehaltenen Titel einen Wert von 109.83 Franken. Beim Kauf eines Anteilscheins muss eventuell eine Ausgabekommission bezahlt werden, bei der Rückzahlung ist gegebenenfalls die Rücknahmekommission abzuziehen.

Valorennummer
Jedes an der Börse gehandelte Wertpapier ist mit einem numerischen Code versehen, der sogenannten Valorennummer. Sie ist unerlässlich für die elektronische Datenverarbeitung.

$$\text{NAV} = \frac{\text{Wert des Portefeuilles}}{\text{Anzahl Anteilscheine}}$$

Ausgabepreis =
NAV + Ausgabekommission

Rücknahmepreis =
NAV − Rücknahmekommission

Das Gesetz schützt Sie nicht vor Börsencrashs

Wenn Sie Ihr Geld der Leitung eines Anlagefonds übergeben, geniessen Sie den Schutz des Bundesgesetzes über die Anlagefonds. Es schreibt unter anderem vor, dass Ihnen verschiedene Informationen zugänglich sein müssen, bevor Sie eine Anlage tätigen.
So hat die Fondsleitung dem interessierten Anleger auf Verlangen den Prospekt auszuhändigen, der alle Informationen über die Fondsorganisation sowie über die Verwaltungspolitik enthält. Weiter muss sie ihm das Fondsreglement, das den Rahmen für die Tätigkeit der Fondsverwalter festlegt, sowie den Jahresbericht zur Verfügung stellen. Allerdings ist es für die meisten Anleger ziemlich illusorisch, sich anhand dieser Unterlagen zu informieren, da sie sehr technisch, unübersichtlich und schlecht lesbar sind.
Es ist jedoch äusserst wichtig, den Fondsanbieter gut zu durchleuchten und in Erfahrung zu bringen, auf welchen Märkten und in welcher Währung der Fonds investiert.
Vor allem der zweite Punkt ist zu beachten, denn wenn Sie beispielsweise in einer Fremdwährung einen Mehrwert von 20% erzielen, diese Währung gegenüber dem Schweizer Franken aber gleichzeitig um 30% abgewertet wird, stehen Sie schliesslich in den roten Zahlen. Sie können die Fondsleitung auch direkt fragen, welche Verwaltungspolitik sie betreibt. Es kann nicht genug betont werden, dass das Gesetz Sie keinesfalls vor marktbedingten Verlusten schützt. Wenn Ihre Anteile eines Fonds, der in Schwellenmärkten investiert, in drei Monaten 80% an Wert verlieren, wird Ihnen niemand Ihre Verluste vergüten. Es liegt somit an Ihnen zu bestimmen, welche Risiken Sie eingehen wollen.

Die Welt der Anlagefonds

Heute gibt es weltweit über 40'000 Anlagefonds mit bisweilen sehr exotischen Bezeichnungen. Auf dem Schweizer Markt können sie in sechs grosse Kategorien unterteilt werden: Aktienfonds, Obligationenfonds, Geldmarktfonds, Anlagestrategiefonds, Immobilienfonds und übrige Fonds.

Die verschiedenen Fondskategorien

- **Aktienfonds**

    Aktienfonds sind für Anleger bestimmt, die einen langfristigen Anlagehorizont von mindestens fünf Jahren haben. Die zu erwartende Rendite entspricht dem eingegangenen Risiko: Fonds, die in Schwellenländern investieren, versprechen zwar regelmässig am meisten, sind jedoch mit der Gefahr von oft schmerzhaften Kursstürzen verbunden, die in einem Börsencrash gar katastrophale Formen annehmen können.

- **Obligationen-fonds**

    Obligationenfonds setzen die Halter von Anteilen einem geringeren Risiko aus als Aktienfonds, versprechen dafür aber weniger hohe Gewinne. Wer Anteilscheine eines Obligationenfonds kauft, sollte sie mindestens drei Jahre lang behalten.

- **Geldmarkt-fonds**

    Geldmarktfonds bestehen aus kurzfristigen Anlagen. Sie investieren ausschliesslich in Geldmarktinstrumente erstklassiger Schuldner. Sie gelten daher als sichere, dafür aber auch nicht besonders rentable Anlagen. Sie werden hauptsächlich eingesetzt, um liquide Mittel für kurze Zeit «auf Eis zu legen».

- **Anlage-strategiefonds**

    Anlagestrategiefonds sind aus Aktien, Obligationen und Geldmarktinstrumenten zusammengesetzt. Die angebotenen Fonds entsprechen verschiedenen Risikoprofilen, von sehr vorsichtig bis zu sehr aggressiv. Aufgrund der einfachen Wahl sind sie das ideale Anlageinstrument für den Anfänger und den wenig vermögenden Anleger.

- **Immobilien-fonds**

    Immobilienfonds legen ihre Mittel auf dem Immobilienmarkt an. Sie sind sowohl von der Rendite als auch vom Risiko her betrachtet interessant. Anteile solcher Fonds werden mit einer langfristigen Perspektive gekauft.

- **Übrige Fonds**

    Nebst diesen grossen Fondskategorien sind auf dem Schweizer Markt – allerdings noch in bescheidenem Masse – auch hybride Produkte wie etwa Absicherungsfonds zu finden. Solche Fonds erlauben es, ein höheres Risiko einzugehen, ohne auf den weitgehenden Schutz des Ausgangskapitals verzichten zu müssen. Von unterschiedlichem Ruf sind die Hedge Funds, die Derivate brauchen und oft auch missbrauchen.

Der Schweizer Markt in voller Expansion

Der Markt der zum öffentlichen Verkauf zugelassenen Anlagefonds hat sich in den vergangenen Jahren enorm entwickelt. Ende 1998 standen den Anlegern 1'912 Fonds zur Auswahl. Zehn Jahre zuvor waren es noch 184 gewesen.

Die im Ausland domizilierten Anlagefonds – hauptsächlich in Luxemburg – machen weiterhin den Grossteil der neuen Fonds auf dem Schweizer Markt aus. Insgesamt 1'556 ausländische Fonds stehen 356 schweizerischen gegenüber. Allerdings handelt es sich bei den allermeisten Emittenten um schweizerische Gesellschaften, die mit dem ausländischen Fondsdomizil vor allem die schweizerische Stempelabgabe umgehen wollen. Die Präsenz in einem EU-Staat hat für die Emittenten aber auch den Vorteil, dass sie ihre Produkte auf dem europäischen Markt anbieten können.

Steuerrechtlich kann schliesslich ein in der Schweiz wohnhafter Anleger die Verrechnungssteuer auf den nicht deklarierten Erträgen ausländischer Fonds umgehen. Die zwei grossen Schweizer Banken teilen den grössten Teil des Kuchens unter sich auf. Die Leaderstellung hält dabei die UBS. Weit abgeschlagen folgt Swissca, die Vermögensverwaltungsgesellschaft der Kantonalbanken. Es ist darauf hinzuweisen, dass die Banken die von ihren Kunden anvertrauten Fonds nicht selbst verwalten dürfen. Das Bundesgesetz über die Anlagefonds verlangt eine klare Trennung zwischen der Fondsleitung – einer Fondsverwaltungsgesellschaft – und der Depotbank, bei der das Fondsvermögen verwahrt wird. In Wirklichkeit ist die Grenze aber nicht so klar, wie es den Anschein macht, denn die Fondsleitung und die Depotbank gehören meistens derselben Gruppe an. Für die Credit Suisse zum Beispiel wird die Fondsleitung von Credit Suisse Asset Management wahrgenommen, für die UBS von UBS Fund Management (Switzerland).

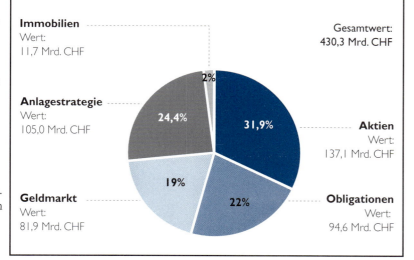

Die Aktienfonds sind marktbeherrschend

Gemäss einer von Lipper Ende 1999 durchgeführten Bestandsaufnahme, die gegen 60% der in der Schweiz angebotenen Fonds umfasst, entfällt fast ein Drittel davon auf Aktienfonds.

Immobilien Wert: 11,7 Mrd. CHF — 2%
Anlagestrategie Wert: 105,0 Mrd. CHF — 24,4%
Geldmarkt Wert: 81,9 Mrd. CHF — 19%
Obligationen Wert: 94,6 Mrd. CHF — 22%
Aktien Wert: 137,1 Mrd. CHF — 31,9%
Gesamtwert: 430,3 Mrd. CHF

Das Bundesgesetz über die Anlagefonds schützt nur offene Fonds

Das Anlagefondsgesetz ist – im Gegensatz zu vielen ausländischen Gesetzgebungen – nur auf offene Fonds anwendbar, d. h. nur wenn die Fondsleitung die ihr vorgelegten Anteilscheine jederzeit zurücknehmen muss. Davon ausgenommen sind demzufolge die geschlossenen Fonds, die eine zum voraus festgesetzte Anzahl Anteilscheine herausgeben. Solche Anteile können von den Anlegern anschliessend nur noch an der Börse gekauft oder verkauft werden. Auch in der Schweiz gibt es Gesellschaften, die mit geschlossenen Fonds vergleichbar sind, wie etwa die BK Vision des Financiers Martin Ebner. Dabei handelt es sich um Aktiengesellschaften, die in verschiedenen Branchen investieren. Man kann deren Aktien an der Börse kaufen und verkaufen, und ihr Kurs widerspiegelt je nach Angebot und Nachfrage mehr oder weniger den Wert des Portefeuilles der Gesellschaft. Bei anhaltender Nachfrage übersteigt der Aktienkurs den Inventarwert (NAV). Verlieren die Investoren jedoch das Interesse am Titel, fällt der Kurs unter den NAV. Die BK Vision hat übrigens aufgezeigt, dass eine Investment-Gesellschaft regelrecht zum Sturm auf Unternehmen ansetzen kann, wie dies bei der UBS geschehen ist. Allerdings können Anlagefonds schweizerischen Rechts keine solche Politik betreiben: Sie sind nämlich nicht berechtigt, eine dominierende Stellung in Unternehmen einzunehmen.

Anlagestrategiefonds

Anlagestrategiefonds stellen eine optimale internationale Verteilung bei unterschiedlichen Risikoprofilen sicher. Sie sind daher die ideale Lösung für nicht sehr vermögende Anleger, die weder Zeit noch Lust haben, die Finanzmärkte laufend zu verfolgen.

Bestimmen Sie Ihr Profil!

Auch wenn Sie sich für solche Fonds interessieren, müssen Sie zuvor gewisse Überlegungen zu Ihren finanziellen Bedürfnissen anstellen.

Dies ist um so wichtiger, als sich die Anlagestrategiefonds vornehmlich an Kleinkunden richten. Und für solche Kunden betreiben die Banken keinen grossen (zeitlichen) Aufwand, um deren Profil genau zu bestimmen. Sie müssen insbesondere entscheiden, welches Risiko Sie eingehen wollen, ob Sie ein regelmässiges Einkommen benötigen oder sich erlauben können, auf unregelmässigere und weniger sichere Kapitalgewinne zu warten. Anschliessend brauchen Sie sich nur noch für eines der verschiedenen Risikoprofile zu entscheiden.

Zu beachten ist, dass Sie auch eine Referenzwährung wählen müssen, d. h. jene Währung, in der Sie Ihre Ausgaben tätigen, in der Sie denken. Wenn Sie in der Schweiz wohnen, wird dies wahrscheinlich der Schweizer Franken sein. Aber Achtung! Anlagestrategiefonds investieren nach dem Prinzip der internationalen Diversifikation. Die Anlagen werden daher zu einem ansehnlichen Teil in Fremdwährungen getätigt und sind folglich mit einem Wechselkursrisiko behaftet.

Unterschiedlichen Risikoprofilen der Kunden angepasste Fonds

Anlagestrategiefonds werden von vielen Banken angeboten, etwa von der UBS, die ihre UBS Strategy Funds (CHF) mit vier verschiedenen strategischen Anlagezielen verkauft.

1. «Fixed Income» («Sicherheit/Zinsertrag»)

Dieser Fonds richtet sich an Anleger, die der Sicherheit einen hohen Stellenwert einräumen. Das Schwergewicht liegt dabei auf der Regelmässigkeit der Erträge. Der Fonds enthält daher hauptsächlich Obligationen.

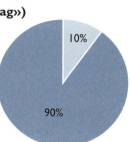

2. «Yield» («Einkommen»)

Dieser Fonds enthält einen kleinen Aktienanteil, aber der hohe Anteil an Obligationen schränkt das Risiko ein.

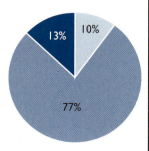

3. «Balanced» («Ausgewogen»)

Der Aktienanteil wächst, was je nach Performance der internationalen Märkte zu höheren Gewinnchancen führt, aber auch mit mehr Risiko verbunden ist.

- Geldmarkt
- Obligationen
- Aktien

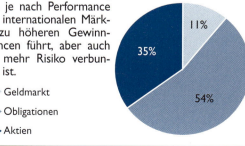

4. «Growth» («Wachstum»)

Das Schwergewicht liegt hier auf den Aktien. Zwar sind die langfristigen Gewinnaussichten dieses Fonds am besten, jedoch zum Preis des höchsten Risikos aller vier. Der Anleger muss daher bereit sein, ausnahmsweise eine negative Jahresperformance von bis zu 10% hinzunehmen.

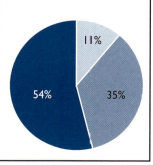

Lernen Sie das Entziffern der Etiketten...

Der Inventarwert zahlreicher schweizerischer und ausländischer Anlagefonds wird täglich in der Finanzpresse veröffentlicht. Bisweilen ist allerdings schwierig zu erkennen, welcher Kategorie die Fonds angehören, denn sie tragen meistens einen englischen, abgekürzten Namen. Als Beispiel diene der UBS Strategy Fund Yield (CHF), wie er auf den Börsenseiten der «Finanz und Wirtschaft» erscheint.

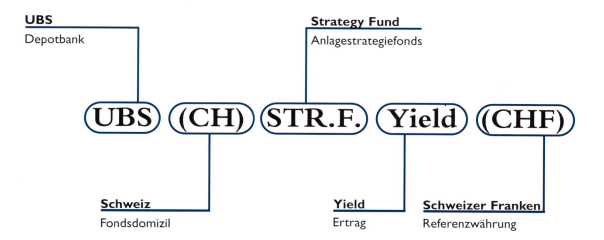

Sehr unterschiedliche Bezeichnungen

Leider gibt es keine Vorschriften für die Bezeichnung von Anlagefonds. So findet man für «diversifizierte Fonds» etwa «Portfolio Invest», «Global Portfolio» oder «Strategie», um nur die leicht erkennbaren zu nennen. Was die Definition der Strategie betrifft, bestehen ebenfalls grosse Unterschiede, wie dies das nachstehende Muster zeigt. Es beruht auf einer von Micropal vorgenommenen Unterteilung in vier Kategorien: Zinsertrag, Einkommen, Ausgewogen, Wachstum. Dabei ist zu beachten, dass die Bezeichnungen nicht zwingend der Fondspolitik entsprechen müssen, selbst wenn die Bedeutung eigentlich klar erscheint.

Zinsertrag		Einkommen		Ausgewogen		Wachstum	
Aktien	0%	**Aktien**	20%	**Aktien**	40%	**Aktien**	60%
Obligationen	80%	**Obligationen**	60%	**Obligationen**	40%	**Obligationen**	20%
Liquide Mittel	20%	**Liquide Mittel**	20%	**Liquide Mittel**	20%	**Liquide Mittel**	20%
BCV Stratégie Obligation		MI FONDS 30		BCG Rainbow Fund		MI FONDS 50	
DH Treasury Fund		BCV Stratégie Revenu		BCV Stratégie Croissance		CS Portfolio Balanced (SFR)	
UBS (Lux) SF Fixed Income (CHF)		CS Portfolio Income SFR A		Pictet 4e pilier (CHF)		Zürich Invest Global	
Lloyds Bank Govt Bonds Forex		Swissca Portfolio Yield CHF		Swissca Portfolio Balanced CHF		Swissca Portfolio Growth CHF	
LO Obliflex M Swiss CHF Multi		UBS (Lux) SF Fixed Income (CHF)		UBS (CH) SF Balanced (CHF)		Swissca Valca CHF	

Aktienfonds

Die Palette der Aktienfonds ist äusserst gross, und zwar in allen wichtigen Währungen und in verschiedenen Marktsegmenten. An ihnen kommt kein Kleinanleger vorbei, der mit der nötigen Diversifikation den Schritt in den Aktienmarkt wagen will. Die Aktienfonds lassen sich in fünf verschiedene Kategorien unterteilen: Sie investieren in bestimmten Ländern, Regionen, aufstrebenden Märkten, Nebenwerten oder Branchen.

Die verschiedenen Kategorien von Aktienfonds

- **Länder** — Länderfonds investieren in den Aktienmarkt eines bestimmten Landes und sind eine Alternative zu Direktanlagen, vor allem wenn ein Markt nur schwer zugänglich ist. Beispiel: UBS (CH) Equity Fund Japan (der in Japan investiert).

- **Regionen** — Regionenfonds investieren in Aktienmärkte verschiedener Länder innerhalb einer Region, etwa in Europa oder im Pazifikraum. Beispiel: UBS (CH) Equity Fund Pacific.

- **Aufstrebende Märkte** — Das Gewinnpotential an der Börse von Wirtschaftsräumen, die eine starke Wachstumsphase durchlaufen, ist hoch. Dasselbe gilt aber für das Risiko. Solche Fonds sind oft die einzige Möglichkeit der Investition in «exotischen» Märkten mit einem mehr oder weniger kalkulierbaren Risiko. Dazu gehört etwa der CS Equity Fund (Lux) Emerging Markets.

- **Nebenwerte** — Solche Fonds investieren in «Small Caps» (kleine Kapitalisierungen), d. h. in Kleinunternehmen, die für den einzelnen Anleger nur schwer zugänglich sind. Der Darier-Hentsch-Fonds mit der Bezeichnung DH Swiss Cap (Ex-SMI) ist zu dieser Kategorie zu zählen.

- **Branchen** — Branchenfonds investieren meistens rund um die Welt in Unternehmen, die in einem ganz bestimmten Bereich tätig sind, beispielsweise im Goldabbau, im Energiesektor oder in der Biotechnologie. Dies ist der Fall beim Branchenfonds von Pictet PGSF Biotech (USD).

Wie auswählen?

Wie finden Sie den Fonds, der Ihren Bedürfnissen am besten entspricht? Die Antwort ist gar nicht einfach, denn das Portefeuille ist nicht nur nach Ihrem Risikoprofil, sondern auch nach den Besonderheiten der einzelnen Märkte zusammenzustellen, in denen der Fonds investiert. Hinzu kommt das Währungsrisiko, wenn Sie den Schweizer Markt verlassen. Hier müssen Sie die Möglichkeit haben, sich von Profis beraten zu lassen, die sich beruflich mit der Bewertung der Risiken und des Potentials der Märkte beschäftigen. Die Methoden, nach denen sie den Aktienmarkt analysieren, sind im entsprechenden Kapitel beschrieben.

Spezifisches und systematisches Risiko

Mit Aktienfonds investieren Sie diversifiziert, das heisst in verschiedenen Unternehmen gleichzeitig. Sie verteilen das Risiko und laufen weniger Gefahr, dass sich Ihr Geld in nichts auflöst, falls ein einzelnes Unternehmen Konkurs geht. Sie sind dadurch vor dem sogenannten spezifischen Risiko geschützt. Zudem sind die Kursschwankungen geringer, und Sie erzielen eine regelmässigere Rendite, als wenn Sie nur Aktien eines einzigen Unternehmens gekauft hätten. Dieser Vorteil darf allerdings nicht überschätzt werden. Denn selbst wenn der Fonds nur in erstklassige Werte investiert, bergen das wirtschaftliche und das finanzielle Umfeld ihre Risiken in sich. Und wenn die Börsenkurse jäh fallen (was von Zeit zu Zeit vorkommt!), unterliegen alle Werte demselben Trend. So auch Ihr Fonds. Dieses Marktrisiko nennt man systematisches Risiko. Wenn Sie aber mindestens fünf Jahre Zeit haben, um die Erholung des Marktes abzuwarten (denn früher oder später wird er das verlorene Terrain wieder wettmachen), werden Sie wahrscheinlich siegreich aus dieser Prüfung hervorgehen!

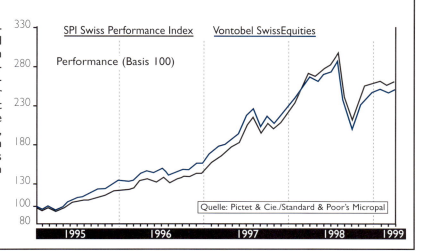

Mit dem Markt gleichlaufende Fonds

Alle Aktienfonds, wie im nebenstehenden Beispiel der Vontobel SwissEquities, verhalten sich annähernd gleich wie der entsprechende Marktindex, im vorliegenden Fall der SPI. Die hier wiedergegebene Bewegung ist um so interessanter, als sie eine Periode starker Kursanstiege, gefolgt von einem sehr brutalen Fall, umfasst und daher das systematische Risiko sehr schön aufzeigt.

 ## «Perverser» Mechanismus

Anlagefonds haben den Vorteil, dass sie das spezifische Risiko weitgehend ausschalten. Dafür haftet ihnen ein «perverser» Mechanismus an, was aufgrund ihrer hohen Volatilität in besonderem Masse für die Aktienfonds gilt. Denn obwohl sie von Profis verwaltet werden, stehen sie doch unter dem Einfluss der Anleger, die beschliessen, von der Fondsleitung Anteile zu kaufen oder ihr wieder zu verkaufen.
Erhöht sich die Summe des in den Fonds investierten Geldes, muss die Fondsverwaltung mehr Titel auf dem Markt kaufen. Sinkt hingegen das Fondsvermögen als Folge der Rückzahlung von Anteilscheinen, so muss sie Aktien abstossen.
Dieser Mechanismus funktioniert im Normalfall reibungslos, zumal die Fonds im allgemeinen einen kleinen Grundstock an liquiden Mitteln zurückbehalten, um den Begehren nach Rückzahlung von Anteilen entsprechen zu können. Aber im Falle einer Überhitzung mit übermässigen Kursanstiegen stürzen sich die Anleger auf die Anteilscheine und überschwemmen den Fonds mit Geld, das die Fondsleitung wieder anlegen muss, denn so lautet ihr Auftrag. Und dies selbst dann, wenn der Markt kurz vor einer Trendwende steht. Umgekehrt wollen die Anleger in einer Phase der Kurseinbrüche ihre Anteilscheine reflexartig veräussern, um ein Fiasko zu vermeiden. Nun würde man aber vielleicht besser warten, bis sich der Markt wieder erholt. Die Fondsverwaltung hat aber erneut keine Wahl: Um Anteilscheine zurückzahlen zu können, muss sie Titel verkaufen, um die notwendige Liquidität herzustellen. Dies geschieht aber nicht unbedingt im besten Augenblick – zum Nachteil der Performance des Fonds und damit auch Ihrer eigenen Anlage.

Obligationenfonds

Obligationenfonds sind eine gute Lösung, um in den internationalen Obligationenmarkt zu investieren, ohne sich um die Veränderungen der Zinssätze und Wechselkurse kümmern zu müssen.

Zinssätze und Wechselkurse

Bei Investitionen in den internationalen Obligationenmarkt sind zwei Faktoren zu berücksichtigen: die Entwicklung der Zinssätze und die der Wechselkurse. Investiert der Fonds ausschliesslich in der Referenzwährung, z. B. in Schweizer Franken, wird sein Kurs kurzfristig schwanken, und zwar hauptsächlich aufgrund der Zinsänderungen: Steigen die Zinsen, verliert der Fonds an Wert, und umgekehrt (Kap. «Obligationen», S. 75 ff.). Je länger die Laufzeiten der Obligationen sind, desto stärker ist diese Wirkung. Auch die Struktur der Zinssätze verändert sich je nach den Prognosen der Spezialisten. Um dieses Zinssatzrisiko zu vermindern, findet man Fonds, die nur in kurzfristige Obligationen investieren und daher nicht an die Marktbedingungen gebunden sind. Wenn Sie einen Fonds wählen, der seine Anlagen in verschiedenen Währungen tätigt, können Sie höhere Renditen erwarten als in Schweizer Franken. Die in der Schweiz geltenden Zinssätze liegen meistens unter jenen der anderen Industriestaaten mit Ausnahme von Japan. Dieser Vorteil ist jedoch aufgrund der Devisenschwankungen mit einem zusätzlichen Risiko verbunden. Denn diese Schwankungen sind viel höher als die Bewegungen der Obligationen in ihrer eigenen Währung. Eine 10prozentige Veränderung des Wechselkurses zwischen zwei Währungen in wenigen Tagen ist denn auch keine Seltenheit.

Gewisse Fonds sichern ihr Wechselkursrisiko systematisch ab und nehmen dabei in Kauf, dass die zu erwartende Rendite unter jener eines ungesicherten Mehrwährungsfonds, aber über jener eines Fonds in Schweizer Franken liegt (Kap. «Anhang», S. 128 ff.). Der Fonds Unigestion International Hedged Bonds wird beispielsweise auf diese Weise verwaltet.

Fondskategorien nach Laufzeit der Obligationen

- **Mittel- und langfristige Obligationen**

  Solche Fonds werden im Hinblick auf Kapitalgewinne verwaltet, d. h. mit der Möglichkeit vorübergehender Kursschwankungen. Die angebotenen Fonds investieren nur in einer Währung, etwa der UBS Bond Fund CHF Domestic in Schweizer Franken, oder in mehreren wie der UBS (Lux) Bond Fund – Global CHF mit Anlagen in zehn verschiedenen Währungen, unter anderem in Dollar, Schweizer Franken und Euro.

- **Kurzfristige Obligationen**

  Hierbei handelt es sich um Fonds, deren durchschnittliche Laufzeit der gehaltenen Obligationen viel kürzer ist als bei der anderen Fondskategorie. Die mittlere Laufzeit der Obligationen im Fonds CS Bond Fund (Lux) Short Term SFR übersteigt drei Jahre nicht.
  Die Reduktion der Zeitspanne bis zur Fälligkeit der Obligationen beschränkt die Volatilität des Portefeuilles, damit aber auch die zu erwartende Rentabilität. Diese ist allerdings immer noch höher als bei Anlagen auf dem Geldmarkt.

Obligationenfonds: Weder Coupons noch Rückzahlung bei Fälligkeit

Obligationenfonds stossen bei Kleinanlegern oft auf grosses Interesse. Sie möchten damit die Vorteile der Anlagefonds (professionelle Verwaltung, Rabatt für Transaktionen und Diversifikation der Anlagen) mit der Sicherheit von festverzinslichen und am Ende der Laufzeit rückzahlbaren Titeln verbinden. Hier besteht aber oft ein Missverständnis: Wer einen Anteilschein eines Obligationenfonds kauft, erwirbt damit kein Recht auf Rückzahlung der Obligationen am Verfalltag.

Der Wert der Anteilscheine hängt somit im wesentlichen von den Zinsschwankungen ab, die unter Umständen hoch sein können.

Handelt es sich jedoch um einen Fonds, der ausschüttet, so ist die Position eines Inhabers von Anteilscheinen sowohl in bezug auf das Risiko als auch hinsichtlich Regelmässigkeit der Erträge gar nicht so weit entfernt von jener eines «direkten» Besitzers von Obligationen.

Wer Anteilscheine hält, profitiert nämlich indirekt von den Erträgen der Obligationen, die der Fonds verwaltet. Die vom Fonds ausbezahlte Ausschüttung repräsentiert im allgemeinen den Wert der während des Rechnungsjahres eingelösten Coupons der Obligationen. Übrigens: Wenn der Besitzer einer Obligation die Sicherheit hat, dass sie ihm bei Verfall zu 100% zurückbezahlt wird, bedeutet dies, dass für die Obligationen im Portefeuille des Fonds dieselbe Garantie gilt. Ausserdem sollte die professionelle Verwaltung des Obligationenportefeuilles eines Fonds bessere Renditen ergeben als eine passive Verwaltung, bei der die Titel bis zum Ende ihrer Laufzeit behalten werden.

Um die Empfindlichkeit der Obligationenfonds auf Zinsschwankungen aufzuzeigen, muss ein Fonds gewählt werden, der nur in einer Währung investiert. Im unten stehenden Beispiel ist dies der Schweizer Franken.

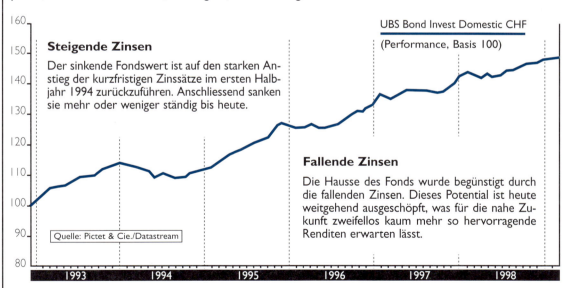

Hoch rentable Fonds? Ja, aber sehr riskant

Obligationenfonds sind im allgemeinen weniger riskant als Aktienfonds, denn diese hängen nicht nur von den Zinssätzen ab, sondern auch von der Gesundheit der Unternehmen, deren Aktien der Fonds besitzt.

Es gibt aber Ausnahmen. Dies ist der Fall bei den sogenannten «High-yield»-Obligationenfonds, deren hohe Rendite aufgrund der Zerbrechlichkeit der Schuldner mit einem ebenso hohen Risiko verbunden ist. Hier sollten Sie daher grösste Vorsicht walten lassen!

Geldmarktfonds

Geldmarktfonds investieren in kurzfristige Geldmarktpapiere mit einer Laufzeit von bis zu zwölf Monaten. Direktanlagen sind nur mit grösseren Beträgen möglich und bleiben während einer bestimmten Zeit – zwei oder drei Monate – blockiert. Kauft der Anleger hingegen Anteilscheine von Geldmarktfonds, kann er diese jederzeit ohne Kapitalverlust wieder verkaufen.

Die liquiden Mittel «auf Eis legen»

Geldmarktfonds werden – sofern man sich auf die Referenzwährung beschränkt – dazu eingesetzt, Liquiditätsüberschüsse möglichst gut verwalten zu lassen.

Es handelt sich aber nicht um langfristige Anlagen, denn die Renditen sind alles andere als beeindruckend. Da der Zinssatz solcher Fonds mit der Entwicklung der kurzfristigen Zinsen schwankt, übersteigt er den Satz eines Sparkontos nicht – ausser in Hochzinsperioden. Der Vorteil jedoch ist, dass man durch den Verkauf der Anteile jederzeit über das gesamte Guthaben verfügen kann. Das Angebot an Geldmarktfonds deckt alle wichtigen Währungen ab: CHF, Euro, US-Dollar, Yen usw. Die geläufigste Bezeichnung ist «Money Market Fund» (MM Fund), wie sie unter anderem die Credit Suisse verwendet.

Zu beachten ist, dass alle in der Schweiz angebotenen Geldmarktfonds – auch jene in Schweizer Franken – im Ausland domiziliert sind, meistens in Luxemburg. Dies hat eine historische Erklärung: Bis vor wenigen Jahren unterstanden sie in der Schweiz der Stempelabgabe. Zudem wird für ausländische Fonds keine Verrechnungssteuer erhoben.

Fonds in Euro

Wie viele andere Emittenten hat auch die Credit Suisse ihre Geldmarktfonds in fFr., DM oder etwa Lit. zusammengelegt und bietet nur noch einen Fonds in Euro an.

Valor	Name	NAV = Inventarwert 10.12.	1998* +/- in %
218488	CS MM Fund (Lux) £	3221.71[2]	+4.9
218499	CS MM Fund (Lux) Can$	1662.64[2]	+3.9
946341	CS MM Fund (Lux) Euro	346.19[2]	+2.2
218486	CS MM Fund (Lux) Sfr	643.37[2]	+0.6
218485	CS MM Fund (Lux) US$	2342.37[2]	+4.2
879555	CS Money Plus Latin America USD	1095.22	+10.9

Quelle: FuW

Performance und Zinsen

Wie die Referenzwährung (Euro) besagt, wird der NAV des Fonds in dieser Währung angegeben: 346.19 Euro. Die Performance von 2,2% gegenüber dem Vorjahr ist somit an den Zinssatz für den Euro gebunden. Man beachte den bescheidenen Zinssatz für Schweizer Franken!

Der Euro, eine echte Währung ohne Noten

Seit dem 1. Januar 1999 ersetzt der Euro den ECU und die elf Währungen, die sich an der europäischen Währungsunion beteiligen. Sämtliche Finanztransaktionen im Euro-Raum werden seither in der neuen Einheitswährung berechnet. Der Euro ist zwar bereits eine vollwertige Währung, wird aber vorerst nur rein buchmässig verwendet. Um die ersten Euro-Banknoten zu sehen, welche jene in Mark, französischen Francs und anderen europäischen Währungen ablösen werden, muss man sich noch bis zum Jahr 2002 gedulden.

In der Zwischenzeit wird der Bargeldverkehr weiterhin mit den alten Noten abgewickelt, deren Kurs zum Euro am 31. Dezember 1998 definitiv festgelegt wurde. Ein Euro entspricht seither 6,55957 fFr., 1,95583 DM oder 1'936,27 Lit.

Das Roulette der Wechselkursschwankungen

Die Geldmärkte geben Ihnen die Möglichkeit, Ihr Kapital zu sichern, sofern Sie Ihre Referenzwährung nicht verlassen. Beschliessen Sie jedoch, aufgrund der höheren Zinsen im Vergleich zur Schweiz beispielsweise in US-Dollar zu investieren, tragen Sie das Risiko der Wechselkursschwankungen. Nun ist deren Amplitude aber viel grösser als die Zinsdifferenz zwischen den verschiedenen Währungen. So ist es keine Seltenheit, dass auf dem Devisenmarkt an einem einzigen Tag Veränderungen von mehreren Prozent verzeichnet werden. Ist das Ziel der Gewinn von zwei bis drei Prozentpunkten in einem Jahr gegenüber Ihrer Referenzwährung, so lohnt sich das eingegangene Risiko wahrscheinlich nicht, zumal der angebotene Zinssatz sich ständig ändert und den Wechselkurs beeinflusst. Sie laufen Gefahr, dass Ihre Anlage in Schweizer Franken parallel zum rückläufigen Ertrag der Fremdwährung zusammenschmilzt. Die nachstehende Grafik zeigt dieses Risiko sehr schön auf. Sie stellt die Differenz zwischen den amerikanischen und den schweizerischen Zinssätzen für dreimonatige Anlagen über zehn Jahre sowie die Entwicklung des Wechselkurses zwischen dem Dollar und dem Schweizer Franken dar.

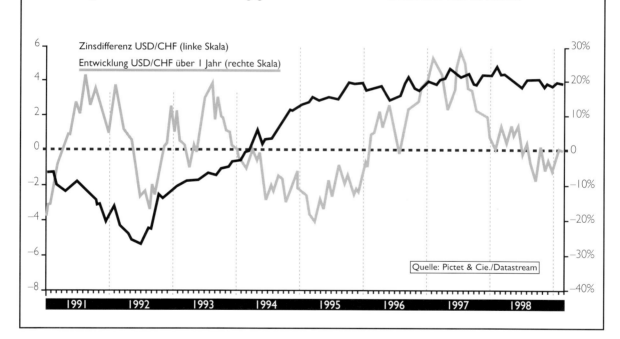

Wechselkurs und Zinssatz: auf Gedeih und Verderb

Zwischen Anfang 1994 und 1995 beispielsweise betrug die Differenz des Jahreszinses für dreimonatige Anlagen zwischen dem Schweizer Franken und dem Dollar im Durchschnitt ein Prozent zugunsten der amerikanischen Währung. Aber in der gleichen Zeit verlor der Dollar gegenüber dem Schweizer Franken über 20% an Boden.

Worauf beruhen die Wechselkursschwankungen?

Der Wert einer Währung wird im wesentlichen durch die Gesundheit der Wirtschaft im entsprechenden Land bestimmt, vor allem durch seine Zahlungsbilanz, die Aufschluss gibt über den internationalen Wirtschaftsverkehr einschliesslich Kapitalverschiebungen. Einen erheblichen Einfluss auf die Währung üben auch die Inflation und die Zinsen aus. Hohe Zinsen genügen jedoch nicht, um eine Währung auf die Dauer zu stützen, wenn ein Land beispielsweise ständig ein Ertragsbilanzdefizit ausweist. Dies erklärt zweifellos die langfristige Dollarschwäche gegenüber den wichtigsten Währungen, namentlich gegenüber dem Schweizer Franken. Kurzfristig können Währungen sehr grossen Schwankungen unterworfen sein – je nach der gerade vorherrschenden Marktstimmung: Auf die Begeisterung für eine Währung kann innert kürzester Zeit deren eisige Ablehnung folgen.

Immobilienfonds

Immobilienfonds sind für die allermeisten Anleger die einzige Möglichkeit, sich mit einer guten Diversifikation und relativ liquiden Anlagevehikeln am Immobilienmarkt zu beteiligen.

Ein attraktiver Markt

Obwohl die Öffentlichkeit den Immobilienmarkt als Folge der Krise seit Beginn der neunziger Jahre mit Argwohn beobachtet, ist er für jeden Anleger attraktiv. Verschiedene Untersuchungen haben in der Tat gezeigt, dass sich die Rendite von Immobilienanlagen langfristig jener von Aktien nähert, das Risiko jedoch eher demjenigen von Obligationen entspricht. Man sieht dies in der nebenstehenden Darstellung einer Statistik über 25 Jahre, in der die mittlere Rendite und das Risiko von Anlagen in Aktien, Obligationen und Immobilien zwischen 1971 und 1995 verglichen werden.

Daraus geht hervor, dass die mittlere Rendite der Anlagen in Immobilien (Mietobjekte) sich zwischen jener von Anlagen in Aktien und in Obligationen inländischer Schuldner bewegte, das Risiko jedoch geringer war als bei den beiden anderen Kategorien.

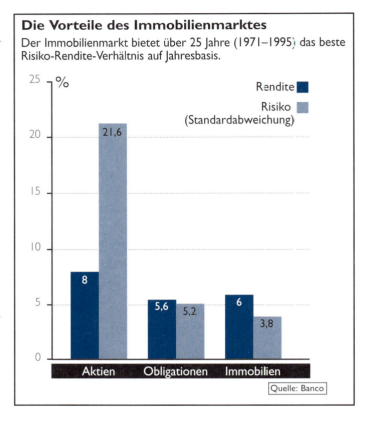

Die Vorteile des Immobilienmarktes
Der Immobilienmarkt bietet über 25 Jahre (1971–1995) das beste Risiko-Rendite-Verhältnis auf Jahresbasis.

Quelle: Banco

Ideale Diversifikation und hohe Rendite

Ergänzt man ein diversifiziertes Portefeuille mit Immobilienanlagen, führt dies mit einem gegebenen Risiko oft zu einer Verbesserung der Gesamtrendite. Und soll die Rendite erhalten werden, führt die Aufnahme von Immobilien in vielen Fällen zu einer Risikosenkung. Diese Feststellung soll allerdings nicht als Tip an die Leitungen diversifizierter Anlagefonds verstanden werden.

In Anlagestrategiefonds sucht man denn auch vergeblich nach Immobilienanlagen. Die Erklärung dafür liegt wahrscheinlich in der fehlenden Liquidität des zugrunde liegenden Marktes, die es der Fondsleitung verunmöglichen würde, die ihr vorgelegten Anteilscheine jederzeit zurückzukaufen.

Dies soll Sie aber nicht daran hindern, Ihr Portefeuille mit Anteilscheinen von Immobilienfonds zu ergänzen. Die Diversifikation wird wahrscheinlich zu einer Verbesserung der Performance führen. Übrigens: Trotz der Flaute im Immobiliensektor gehörten die Immobilienfonds in den vergangenen zehn Jahren zu den rentabelsten Fonds, die in der Schweiz angeboten wurden. Von den 24 besten Fonds sind 14 Immobilienfonds.

Dieses Ergebnis ist um so bemerkenswerter, als es in der Schweiz nur etwa dreissig Immobilienfonds gibt. Sie verwalten ein Nettovermögen von über 11 Milliarden Franken, was 2,5% des Gesamtvermögens aller schweizerischen Anlagefonds entspricht.

Der Einfluss der Zinssätze

Immobilienfonds reagieren sehr empfindlich auf Zinsschwankungen. Wie die Obligationen erzielen sie eine relativ hohe und konstante Direktrendite, die auf den Mietzinseinnahmen beruht und ihre wichtigste Ertragsquelle ist. Wenn nun die Zinssätze steigen, fällt der Kurs der Immobilienfonds. Umgekehrt steigen deren Kurse bei einem Zinsrückgang. Zu beachten ist, dass im Unterschied zu den Obligationen, die aufgrund des Fixbetrages ihrer Coupons ein regelmässiges Einkommen garantieren, die Ausschüttungen der Immobilienfonds je nach den Mietzinseinnahmen schwanken. Daraus erklärt sich der regelmässige Anstieg ihrer Kurse als Folge der wiederholten Mietzinserhöhungen in den vergangenen Jahren.

Im Gegensatz zu den Leitungen der anderen Anlagefonds müssen Immobilienfonds die ihr vorgelegten Anteilscheine nach einer zwölfmonatigen Kündigungsfrist erst auf Ende des Rechnungsjahres zurücknehmen. Die Anteilscheine werden dann zum Rücknahmepreis am Tag der Auszahlung vergütet. Mit dieser gesetzlichen Frist soll verhindert werden, dass die Anleger ihre Anteilscheine bei sinkenden Immobilienpreisen massenhaft verkaufen und dadurch den Trend noch verstärken.

Besitzer von Immobilienfondsanteilen können diese jedoch vor Verfall an andere Anleger verkaufen. Das Gesetz hat nämlich vorgesehen, dass die Leitungen solcher Fonds für den börslichen oder ausserbörslichen Handel ihrer Anteile sorgen müssen. Wenn Sie Immobilienfonds kaufen, verfallen Sie ja nicht dem Irrtum, sie könnten diese jederzeit wieder verkaufen! Die Märkte sind nämlich nicht immer besonders liquid.

Anlagefonds (Kotiert)

Titel	Hoch 1999	Tief 1999	Kurs 10.12.	+/- % 3.12.	+/- % Ende98
Clair-Logis	623	590	601	0.0	-1.2
FIR	4815	4450	4575	+1.7	+2.8
FIR 1970	2050	1810	1850g	+1.4	+1.9
Immofonds	356	308	315	-1.6	-7.4
Immovit	2275	1822	1850	-1.1	-10.0

Quelle: FuW

Prämie und Unterbewertung

Die veröffentlichten Kurse der Immobilienfonds entsprechen ihrem Börsenwert. Der Immofonds-Anteil wurde etwa am 10.12.99 zu 315 CHF gehandelt, was einem Wert in der Gegend des NAV entspricht. Liegt der Börsenkurs unter dem NAV, spricht man von Unterbewertung, ist er höher als der NAV, von Prämie.

Verkehrswert und Ertragswert

Aufgrund der Beschaffenheit des Immobilienmarktes ist es nicht einfach, den NAV genau zu bestimmen. Um den tatsächlichen Wert der Fondsliegenschaften zu beziffern, wird alljährlich der sogenannte Verkehrswert ermittelt. Für die Berechnung des Verkehrswerts geht man meistens vom Mittel zwischen dem tatsächlichen Wert und dem Ertragswert der Immobilien aus. Der tatsächliche Wert setzt sich aus dem Wert des Gebäudes und des Bodens zusammen. Der Ertragswert beruht auf den Mietzinseinnahmen abzüglich Heiz- und Nebenkosten.

Nach dieser Methode erhält man jedoch nur Näherungswerte, denn erst beim Verkauf einer Liegenschaft liesse sich deren Handelswert bestimmen. Nun leidet der Immobilienmarkt aber gelegentlich an einem Liquiditätsmangel, was den regelmässigen Verkauf von Liegenschaften erschwert. Aus diesem Grund wird der Wert der Immobilienfonds ausschliesslich aus den stabilen Mietzinseinnahmen ermittelt. Dies erklärt auch, warum die schweizerischen Immobilienfonds hauptsächlich in den Wohnsektor investieren (80%), wo die Leerbestände deutlich unter jenen der Industrie- und Gewerbebauten liegen.

Absicherungsfonds

Der Traum jedes Anlegers ist eine hohe Rendite ohne Risiken. Die Absicherungsfonds entsprechen diesem Wunsch bis zu einem gewissen Grad, indem sie die Verlustrisiken beschränken. Aber der Preis für diesen Schutz ist alles andere als unbedeutend und kann auch den potentiellen Ertrag erheblich schmälern.

Grundprinzip

Die Idee ist einfach: Die Fondsleitung setzt nur einen Teil ihres Vermögens für riskante und somit auch sehr rentable Anlagen ein. Der Rest wird in sichere Werte investiert, die aber im allgemeinen auch sehr tiefe Renditen erzielen. Geraten die Märkte in Turbulenzen, die bei den riskanten Anlagen zu Verlusten führen, dienen die sicheren Werte dazu, das Vermögen nicht unter eine bestimmte Untergrenze (auch «Floor» genannt) sinken zu lassen.

Hatte jedoch die Fondsleitung bei der Auswahl ihrer Anlagen eine glückliche Hand, wächst ihr Vermögen. Damit die Anteilseigner ihre Gewinne in jedem Fall auf sicher haben, erhöht der Fonds in diesem Fall seine garantierte Untergrenze. Aus diesem Grund spricht man auch von sich kontinuierlich anpassenden Fonds.

Diese Untergrenze liegt im allgemeinen zwischen 90 und 97% des Fondswerts. Dabei ist darauf hinzuweisen, dass kein Fonds das investierte Kapital formell garantiert. Sicherheit gewähren einzig und allein die Techniken, die zum Schutz des Kapitals eingesetzt werden. Zu beachten ist auch, dass gewisse Fonds den Kapitalschutz unter Verwendung von Optionen anbieten.

Ein einfacher Mechanismus

Um den Mechanismus eines Absicherungsfonds zu illustrieren, nehmen wir an, dass der garantierte Anteil anfangs 90% des Ausgangswerts von 100'000 Franken beträgt. 90'000 Franken werden somit in sichere Papiere investiert und 10'000 in riskante Werte.

1. Ausgangsbetrag von 100'000 Franken, davon 10'000 in riskanten Anlagen.

2. Da sich die Märkte positiv entwickeln, verdoppelt sich der riskante Anteil in wenigen Monaten von 10'000 auf 20'000 Franken. Der Wert des Fonds steigt damit auf 110'000 Franken.

3. Um einen Teil des erzielten Vermögens unter Dach zu bringen, erhöht die Fondsleitung die Untergrenze. Dadurch wird der neue Wert des Fondsvermögens erneut zu 90% geschützt. Der sichere Anteil beträgt nun 99'000 Franken (90% x 110'000 Franken), der Anteil der riskanten Werte noch 11'000 Franken.

4. Einige Wochen später kehrt der Markttrend, und die 11'000 Franken, die in riskanten Werten angelegt wurden, sind verloren. Mehr aber nicht, da die Anlagen unter dem Floor in Sicherheit gebracht wurden.

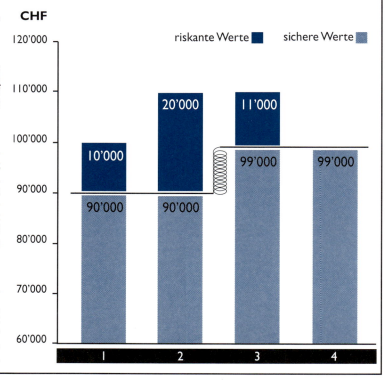

Untergrenze verschiebbar nach oben und nach unten

Sich kontinuierlich anpassende Absicherungsfonds erlauben die Schadensbegrenzung nach unten. Die Besitzer von Anteilen solcher Fonds gehen dafür das Risiko ein, lange Zeit nur eine sehr geringe Performance zu erzielen. Dies ist der Fall, wenn der Wert des Fonds auf die Höhe der garantierten Untergrenze fällt: Der ganze Fonds investiert dann nur noch in sichere, aber natürlich nicht sehr rentable Titel. Sein Wert wird sich so nur schwerlich wieder von der Untergrenze lösen.

Um diesen Nachteil zu umgehen, haben sich gewiefte Finanzexperten eine neue Variante von Absicherungsfonds einfallen lassen. Es handelt sich um einen Fonds, dessen Untergrenze nicht nur nach oben, sondern auch nach unten angepasst wird.

Gleich wie beim Absicherungsfonds mit kontinuierlicher Anpassung erhöht die Fondsleitung seine Untergrenze, wenn das Fondsvermögen ansteigt, korrigiert sie jedoch auch nach unten, wenn es sinkt. Auf diese Weise können die Vermögensverwalter aus dem bisher garantierten Kapital schöpfen und weiterhin in potentiell rentablere Werte investieren.

Da es ausser dem Schutz der Gewinne auch darum geht, Risiken einzugehen, wird die Untergrenze nicht mehr laufend, sondern periodisch der Kursentwicklung angepasst. Diese Perioden haben meistens eine Dauer von drei bis zwölf Monaten. Deshalb spricht man hier von Absicherungsfonds mit periodischer Anpassung.

Der Vorteil dieser Fondskategorie besteht also darin, dass der grösste Teil einer Anlage geschützt ist, ohne dass dies zu einem Handicap wird, wenn der Markttrend kehrt. Der Anleger ist dafür gezwungen, die periodischen Anpassungen aufmerksam zu verfolgen, um entscheiden zu können, ob er weiterhin bereit ist, sein Kapital aufs Spiel zu setzen.

Wer sein Verlustrisiko beschränken will, muss deshalb seine Anteile verkaufen, bevor die Untergrenze gesenkt wird.

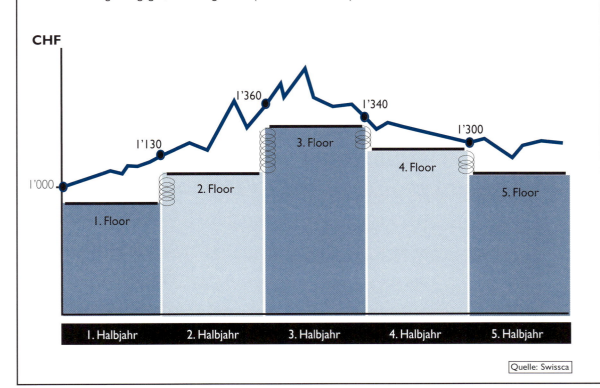

Periodische Anpassung

Dank des Absicherungssystems mit periodischer Anpassung bestimmt der Swissca Floor Fund CHF die Untergrenze, unter der das Vermögen geschützt ist, alle sechs Monate neu. Der riskierte Teil beträgt 3% des Fondsvermögens. Ist dieses im vorangegangenen Halbjahr gestiegen, wird der Floor gehoben, wie dies im 2. und 3. Semester der Fall ist. Sinkt das Vermögen dagegen, wird er gesenkt (4. und 5. Semester).

Quelle: Swissca

Die Wahl eines Anlagefonds

Hat man sich einmal für eine Fondskategorie entschieden, zum Beispiel für den Obligationenmarkt mit dem Schweizer Franken als Referenzwährung, bleibt immer noch die Qual der Wahl. Auf dem Schweizer Markt werden in der Tat Hunderte von Fonds angeboten. Zu beachten sind im allgemeinen fünf Kriterien: die Performance, die Volatilität, die Sharpe Ratio, die Korrelation und die Grösse des Fonds.

Die wichtigsten Auswahlkriterien

- **Performance**
  Als erstes ist die Fondsperformance zu prüfen, d. h. das Wachstum oder der Rückgang des Inventarwerts (NAV) in Prozent, wobei von der Wiederanlage der Ausschüttungen ausgegangen wird. Damit dieses Mass jedoch aussagekräftig ist, muss sich die Prüfung über mindestens fünf Jahre erstrecken, besonders für Aktienfonds. Kürzere Perioden genügen nicht, um zu beurteilen, wie gut die Fondsverwalter in unterschiedlichen Börsenzyklen zu reagieren vermögen.

- **Volatilität**
  Das zweite Kriterium ist die Volatilität des Fonds, d. h. die Schwankungsbreite seiner Kurse. Gemessen wird die Standardabweichung. Die Volatilität als Mass für das Risiko darf allerdings nicht von der Performance losgelöst beurteilt werden. Denn der Anleger wählt entweder den leistungsfähigsten Fonds für ein gegebenes Risiko, oder er entscheidet sich für den am wenigsten riskanten Fonds für eine gegebene Performance.

- **Sharpe ratio**
  William Sharpe, Nobelpreisträger in Wirtschaftswissenschaften, hat eine Formel aufgestellt, aus der sich ein Mass für die Qualität der Indikatoren Performance und Volatilität in einem ergibt. Dabei wird eine riskante Anlage mit einer risikolosen Investition wie etwa einer Geldmarktanlage verglichen. Eine hohe Sharpe Ratio (über 1) bedeutet, dass mit einem geringen Risiko eine gute Performance erzielt wurde.

- **Korrelation**
  Die Korrelation misst die Art des Zusammenhangs zwischen einem Fonds und seinem Referenzindex. Dadurch wird sichergestellt, dass man nicht etwa Äpfel mit Birnen vergleicht, wie dies oft der Fall ist bei Anlagestrategiefonds oder bei Obligationenfonds. Die Bandbreite des Koeffizienten reicht von −1 (perfekter negativer Zusammenhang) bis +1 (perfekter positiver Zusammenhang). Ist die Korrelation gleich null, bedeutet dies, dass kein Zusammenhang besteht.

- **Grösse**
  Die Fondsgrösse ist der Kosten wegen wichtig. Das Vermögen muss so gross sein, dass seine Kosten auf viele Anleger verteilt werden. Je kleiner der Fonds ist, desto höher sind die Kosten pro Anteil, was die Fondsrendite entsprechend schmälert.

Die besten Aktienfonds von Schweizer Unternehmen mit hoher Börsenkapitalisierung (am 31.10.98)

Referenzindex

In jeder Tabelle ist zuoberst der Referenzindex (die «Benchmark») der betreffenden Kategorie zu sehen. Es handelt sich sowohl für den Vermögensverwalter als auch für den Anleger um eine Referenzgrösse. Im vorliegenden Fall ist der Morgan Stanley Capital International Switzerland angegeben.

Performance, Volatilität und Sharpe ratio

Der Axa WF Swiss Equities F-Cap ist zwar über fünf Jahre rentabler als der Baer Multistock Swiss Stock A, aber auch volatiler. Nach der Sharpe Ratio weist der Baer-Fonds denn auch die bessere Kombination Performance/Volatilität auf.

	Performance						Volatilität		Sharpe ratio		Vermögen	
	auf 1 Jahr		auf 3 Jahre		auf 5 Jahre		auf 5 Jahre		auf 5 Jahre		Vermögen	
	%	Rang	%	Rang	%	Rang	%	Rang	%	Rang	Mio.	Rang
FONDS IN AKTIEN												
Durchschnitt/Anzahl Fonds	13.67	43	87.82	35	164.67	24	18.75	24	0.96	23	285.12	42
MSCI Switzerland	12.37		98.20		200.20		18.42		1.15			
SPI - Swiss Performance Index	13.56		96.54		183.31		17.81		1.11			
SMI - Swiss Market Index	9.31		92.21		185.67		19.21		1.04			
ABN AMRO Switzerland Equity	17.96	6	96.06	6	–		–		–		158.60	19
Axa WF Swiss Equities F-Cap	13.12	20	98.06	4	176.11	9	19.67	21	0.96	14	62.23	30
Baer Multistock Swiss Stock A	13.33	17	77.26	32	143.93	21	16.60	1	0.98	12	464.02	4
Bank Hofmann Swiss Stocks	10.60	33	71.15	34	–		–		–		175.08	17
BCV Strategie Actions Suisses	12.82	23	–		–		–		–		102.60	23
BEC Swissfund	10.86	32	85.16	26	149.66	19	18.65	11	0.89	19	31.12	37

Performance

Die Performance muss zwar über einen Zeitraum von mindestens fünf Jahren gemessen werden, die Angabe auf Jahresbasis ermöglicht aber die Beurteilung der jüngsten Entwicklung des Fonds. Unter anderem kann sie Störungen im Verlauf aufdecken, die in einer Mehrjahresstatistik unbemerkt bleiben.

Grösse

Der Axa-Fonds leidet an seiner bescheidenen Grösse. Dies ist natürlich mit relativ höheren Kosten als bei einem grösseren Fonds wie dem Baer-Fonds verbunden.

Quelle: Banco/Standard & Poor's Micropal

Sind vergangene Resultate eines Fonds eine Garantie für zukünftige Ergebnisse?

Glaubt man William Sharpe, besteht – zumindest was Aktienfonds betrifft – keine Performance-Garantie. Die Messung vergangener Resultate hilft aber zumindest, die weniger effizienten Fonds ausfindig zu machen.
Anderseits ist auch eine Positionierung im vorderen Drittel der Rangliste keineswegs eine Garantie für die zukünftige Performance. Diese hängt nämlich sehr von der Anlagepolitik und vom Verwaltungsteam ab. Personelle Veränderungen können sich ganz erheblich – positiv oder negativ – auf die zu erwartenden Ergebnisse auswirken.
Eine in der Vergangenheit bescheidene Volatilität ist anderseits keine Versicherung für einen weiterhin guten Verlauf. Sehr unangenehme Überraschungen sind allerdings selten.

Wie man den Erfolg eines Anlagefonds misst

Ausschlaggebend für den Kauf von Anlagefonds ist oft die Rendite, d.h. der Ertrag nach Abzug der entstandenen Gesamtkosten und der Steuern.

Rendite vor Steuern

Gesamtkosten

Um die Gesamtkosten zu berechnen, müssen Sie nebst dem Kaufpreis des Anteilscheins auch die verschiedenen Gebühren berücksichtigen, die von der Fondsleitung während eines Rechnungsjahres in Abzug gebracht werden: Inventarwert (NAV) beim Kauf zuzüglich Ausgabekommission und verschiedene Gebühren, namentlich Bankgebühren.

Potentieller Gewinn oder Verlust und (nicht erzielte) Rendite

Anschliessend nehmen Sie den letzten NAV, der meistens in der Fachpresse veröffentlicht wird. Von diesem NAV ziehen Sie die Gesamtkosten ab, woraus sich der Kapitalgewinn pro Anteil ergibt. Hat der Fonds Ausschüttungen vorgenommen, zählen Sie diese hinzu und erhalten so den Gesamtertrag des Fonds. Auf dieser Grundlage können Sie die (nicht realisierte) Rendite eines Anteils berechnen, d.h. den Gesamtertrag im Verhältnis zu den Gesamtkosten.

Erzielte Nettorendite

Will der Inhaber von Anteilen einen Kursgewinn realisieren, muss er sie der Fondsleitung zurückgeben. Dabei hat er unter Umständen eine Rücknahmekommission zu zahlen. Dadurch verringert sich aber sein Gewinn und damit auch seine erzielte Nettorendite.

```
  NAV (Kauf)
+ Ausgabekommission
+ verschiedene Gebühren
= Gesamtkosten

  NAV (Abschluss)
− Gesamtkosten
= Kapitalgewinn
  (oder -verlust)
+ Ausschüttung
= Gesamtgewinn
  (oder -verlust)

  Gesamtgewinn
  ─────────────
  Gesamtkosten
= (nicht erzielte) Rendite

  Gesamtgewinn
− Rücknahmekommission
= erzielter Reingewinn

  Erzielter Reingewinn
  ────────────────────
  Gesamtkosten
= erzielte Nettorendite
```

Unterschiedliche Steuergesetzgebungen

Die Steuerbehörden haben natürlich nicht vergessen, die Erträge von Anlagefonds zu besteuern. Allerdings werden die Erträge unterschiedlich behandelt, je nachdem, ob das Fondsdomizil in der Schweiz oder im Ausland (meistens in Luxemburg) liegt und wo der Anteilseigner wohnt.

Wohnt der Anleger in der Schweiz und befindet sich das Fondsdomizil ebenfalls in der Schweiz, werden die Ausschüttungen als normales Einkommen versteuert. Die Ausschüttungen unterliegen zudem der eidgenössischen Verrechnungssteuer von 35%. Der Anleger kann in seiner Steuererklärung jedoch deren Rückerstattung verlangen. Mit separaten Coupons ausgeschüttete Kursgewinne sind verrechnungssteuerfrei und ausserdem nicht einkommenssteuerpflichtig. Die steuerpflichtigen Ausschüttungen und Kursgewinne können der jährlich erscheinenden Kursliste der Eidgenössischen Steuerverwaltung entnommen werden. Liegt das Fondsdomizil im Ausland, werden die ausgeschütteten oder thesaurierten Beträge als Einkommen betrachtet und dementsprechend besteuert. Ausschüttungen erfolgen ohne Abzug einer Quellensteuer. Kursgewinne sind nicht einkommenssteuerpflichtig.

Beispiel einer Renditeberechnung

Ein Fondsanteil hat heute einen Wert von 110 Franken. Vor einem Jahr wurde er zum Preis von 100 Franken gekauft. Hinzu kommen 3 Franken Ausgabekommission. Im abgelaufenen Rechnungsjahr wurden 10 Franken ausgeschüttet und Gebühren von 3 Franken erhoben. Bei der Rücknahme des Anteils stellt die Fondsleitung eine Kommission von 3 Franken in Rechnung. Wie hoch ist die Nettorendite dieser Investition, wenn der Anteil heute vom Fonds zurückgenommen wird?

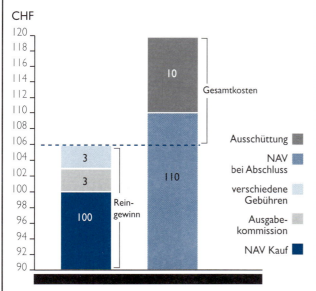

Gesamtkosten =

$$\begin{array}{rl} & 100 \text{ (NAV bei Kauf)} \\ + & 3 \text{ (Ausgabekommission)} \\ + & 3 \text{ (verschiedene Gebühren)} \quad = 106 \end{array}$$

Kapitalgewinn =

$$\begin{array}{rl} & 110 \text{ (NAV bei Abschluss)} \\ - & 106 \text{ (Gesamtkosten)} \quad = 4 \end{array}$$

Gesamtgewinn oder -verlust =

$$\begin{array}{rl} & 4 \text{ (Kapitalgewinn)} \\ + & 10 \text{ (Ausschüttung)} \quad = 14 \end{array}$$

Nettorendite (nicht erzielte) =

$$\frac{14 \text{ (Gesamtgewinn)}}{106 \text{ (Gesamtkosten)}} = 13{,}2\%$$

bei Rücknahme: erzielter Reingewinn =

$$\begin{array}{rl} & 14 \text{ (Reingewinn)} \\ - & 3 \text{ (Rücknahmekommission)} \quad = 11 \end{array}$$

Erzielter Reingewinn =

$$\frac{11 \text{ (erzielter Reingewinn)}}{106 \text{ (Gesamtkosten)}} = 10{,}4\%$$

Der Gebührenwirrwarr

Wie man sieht, sind die Gebühren alles andere als zu vernachlässigen, vor allem bei bescheidener oder gar negativer Performance. Es ist daher wichtig, die von den verschiedenen Fonds angewandten Gebühren miteinander zu vergleichen und jenen zu wählen, der das beste Preis-Leistungs-Verhältnis bietet. Leider ist es nicht einfach, eine solche Rangliste aufzustellen, da die von den Fonds angewandte Gebührenstruktur meistens undurchsichtig und komplex ist.

Stützt man sich einzig auf die Verwaltungsgebühr ab und wählt beispielsweise einen Fonds, der eine Gebühr von 1% verlangt, und nicht seinen Konkurrenten, der 1,5% verrechnet, kann es vorkommen, dass die Gesamtkosten des ersten sich schliesslich auf 2% belaufen, während sie beim zweiten bloss 1,8% betragen!

Dies erstaunt weiter nicht, wenn man die Liste aller Gebühren erstellt, die unter Umständen zur Verwaltungsgebühr hinzukommen. Beispiel: Verwaltungskosten wie Berechnung der Inventarwerte, Buchführung des Fonds usw. Heute ist immerhin ein Trend in Richtung einer einzigen Ratio zu beobachten, der sogenannten Total Expense Ratio (TER). Unabhängig vom gewählten Fonds gilt es jedoch, Hin- und Herbewegungen in rascher Abfolge zu vermeiden. Die Ausgabe- und Rücknahmekommissionen, die bei jeder Transaktion zu bezahlen sind, verschlingen sonst bald einmal sämtliche Einnahmen, vor allem wenn die Rendite relativ gering ist wie bei den Obligationenfonds.

Weniger zentral ist diese Frage bei den sehr volatilen Fonds (Aktienfonds), denn deren potentielle Gewinne oder Verluste übersteigen diese Gebühren in der Regel bei weitem. Trotzdem sollte man ganz allgemein nur dann in einen Anlagefonds investieren, wenn man auch bereit ist, mindestens zwei bis drei Jahre bei der Stange zu bleiben.

Aktien

Dieses Kapitel soll Ihnen die Funktionsweise des Aktienmarktes, die verfügbaren Analysewerkzeuge sowie die Art und Weise, wie sie interpretiert und eingesetzt werden, näherbringen. Es geht vor allem darum, dass Sie sich der Grenzen jeder Strategie bewusst werden, denn keine vermag Ihnen den Börsenerfolg mit letzter Gewissheit zu garantieren.

Bevor wir uns aber in strategische Überlegungen vertiefen können, müssen Sie erst einmal mit der Aktie Bekanntschaft schliessen und die verschiedenen Aktienkategorien bezüglich Rechtsstellung und Börsenverhalten unterscheiden lernen. Anschliessend erfahren Sie, wie die Börse funktioniert und welche Arten von Börsenaufträgen man erteilen kann.

Um die Kursbewegungen täglich verfolgen zu können, müssen Sie die in der Tagespresse und über Internet verbreiteten Informationen konsultieren. Mit diesen Informationen dürfen Sie sich aber nicht zufriedengeben, wenn Sie wirklich jene Faktoren berücksichtigen wollen, die einen Einfluss auf die Börsenkurse haben. Sie müssen sich deshalb mit den Werkzeugen vertraut machen, die für die Beurteilung des Aktienkurses eingesetzt werden, insbesondere was das Verhältnis des Kurses zum erwarteten Gewinn betrifft.

Da dieser Kurs nicht im leeren Raum steht, müssen Sie den Markt als Ganzes analysieren, mit all seinen bisweilen extremen Übertreibungen, wenn spekulative Überhitzungen zu jähen Kursstürzen oder gar einem Börsencrash führen.

An diesem Punkt angelangt, prüfen Sie das Verhältnis der Börse zur Wirtschaft und die Instrumente zur Evaluation des Marktes, der Gesamtentwicklung der Unternehmensgewinne und der Zinssätze.

Mit diesen Werkzeugen ausgerüstet, gehen die Analysten üblicherweise nach dem sogenannten «Top-down»-Ansatz vor, d. h. von oben nach unten, indem sie zuerst den Markt analysieren, in dem investiert wird, und anschliessend auf diesem Markt die Einzeltitel suchen, die man kaufen will.

Dieser Ansatz wird damit begründet, dass die Kursschwankungen der Aktien kurz- und mittelfristig hauptsächlich durch die Marktschwankungen bestimmt werden.

Allerdings sind die Meinungen über diese Strategie geteilt. Der «Top-down»-Ansatz erfordert die Vorwegnahme der Marktbewegungen, d. h., man muss den richtigen Zeitpunkt für den Kauf und Verkauf vorhersehen. Diese Technik wird «market timing» genannt.

Manche Börsenprofis sind der Meinung, solche Vorhersagen seien unmöglich oder zumindest unbrauchbar für eine Anlagepolitik. Was tun? Es gibt noch eine weitere Möglichkeit: Man wählt sorgfältig einige erstklassige Titel und behält sie lange in der Hoffnung, substantielle Kapitalgewinne zu erzielen. In diesem Fall spricht man von einer «Buy-and-hold»-Technik.

Wer hat recht? Wenn beide Ansätze nebeneinander Bestand haben, bedeutet dies, dass keiner von beiden eine absolute und definitive Antwort auf die Frage gibt, wie man das Vermögen am besten verwaltet. Vergessen Sie deshalb eins nicht: Vermögensverwaltung ist keine Wissenschaft, sondern eine Kunst!

Die Aktie als Eigentumsurkunde

Der Inhaber einer Aktie ist einer von vielen Miteigentümern der Aktiengesellschaft, die diese Aktie ausgegeben hat. Der Aktionär kommt dadurch in den Genuss von Mitgliedschaftsrechten (Stimmrecht an der Generalversammlung, Wahlrecht und Recht auf Wahl in den Verwaltungsrat) und Vermögensrechten (Recht auf Dividende, Recht auf Anteil am Liquidationsergebnis bei Konkurs der Gesellschaft und Bezugsrecht auf neue Aktien bei Kapitalerhöhung).

Das Aktienzertifikat: Im Aussterben begriffen

Früher gaben die Gesellschaften Aktienzertifikate wie das untenstehende aus. Aufgrund des Zeitaufwands und der Kosten für deren Druck, Verwahrung und Verwaltung wird diese physische Ausgabe allerdings immer seltener. Die physische Übertragung des Eigentumstitels wird nach und nach durch die rein buchmässige Registrierung der Eigentumsverhältnisse ersetzt.

Emittent
Der Inhaber der Aktie ist Miteigentümer der Gesellschaft UBS – zusammen mit Tausenden anderen Aktionären. Jede Aktie berechtigt zu einer Stimme.

Aktionär
Herr Max Muster ist Inhaberin dieser Aktie. Sie ist im Aktienbuch von UBSA eingetragen. Daneben gibt es auch Inhaberaktien, deren rechtmässiger Eigentümer ihr jeweiliger Inhaber ist.

Nominalwert
Sämtliche Namenaktien der Gesellschaft haben denselben Nominalwert, und zwar unabhängig vom Emissionsdatum. Dasselbe gilt auch für die Inhaberaktien. Dieser Nominalwert hat aber nicht viel zu tun mit dem Börsenwert, der normalerweise viel höher liegt und je nach Angebot und Nachfrage des Marktes, Gewinnaussichten des Unternehmens und allgemeinem Wirtschaftsumfeld schwankt.

Warum Aktien kaufen?

Wer Aktien hält, besitzt das Recht auf eine alljährliche Gewinnbeteiligung in Form einer Dividende. Die Höhe des ausbezahlten Betrags ist jedoch unterschiedlich. Oft gelangt auch gar nichts zur Auszahlung, wenn die Gesellschaft Verluste einfährt oder es vorzieht, anstelle einer Verteilung auf die Aktionäre den ganzen Gewinn einzubehalten. Dies geschieht nicht zwingend auf Kosten der Aktionäre. Denn wenn die neu investierten Mittel dem Unternehmen eine Verbesserung seiner Ertragslage ermöglichen, erhöht sich automatisch auch sein Börsenwert – zum Vorteil der Aktionäre. Dies ist übrigens der Hauptgrund für den Aktienerwerb. Der Aktionär setzt damit auf den guten Geschäftsgang des Unternehmens, in das er investiert. Bisweilen aber ist viel Geduld gefragt, bevor sich Kapitalgewinne einstellen. Dies ist im nachstehenden Beispiel zu sehen.

Eine langfristige Investition

Das Hauptmerkmal der Aktien ist ihre starke Volatilität, wie dies die Kursentwicklung der Nestlé-Namenaktie von 1991 bis 1998 zeigt. Aktien gesunder Unternehmen geben ihren Inhabern nur auf lange Frist Gewähr für Kapitalgewinne.

Quelle: Pictet & Cie./Datastream

Kapitalerhöhung und Split

Will eine Aktiengesellschaft ihr Kapital erhöhen, kann sie zusätzliche Aktien emittieren. Die neuen Aktien werden den Aktionären der Gesellschaft zu einem fixen Kurs und im Verhältnis der von ihnen bereits gehaltenen Aktien angeboten (Zeichnungsrecht). Dies erlaubt ihnen, den Prozentsatz ihrer Kapitalbeteiligung und das Gewicht ihres Stimmrechts zu erhalten.

Die Kapitalerhöhung darf nicht mit dem Split verwechselt werden, bei dem die Gesellschaft die Anzahl ihrer Titel erhöht, indem sie ihren Nominalwert zum Beispiel durch den Faktor 10 teilt. Dies hatte Nestlé vor einigen Jahren getan und diesen Nominalwert von 100 Franken auf 10 Franken gesenkt. Für die Gesellschaft ist dies eine rein buchmässige Massnahme: Für jede Aktie mit einem Nominalwert von 100 Franken, die in 10 Franken gesplittet wird, erhält der Aktionär 10 neue Aktien.
Wenn Unternehmen hin und wieder den Nominalwert ihrer Titel senken, wird damit deren höhere Liquidität an der Börse bezweckt. Die Halter solcher Titel können sie bei Bedarf leichter verkaufen.

Öffentliches Kaufangebot: Die Überraschung

Für den Aktionär sind öffentliche Kaufangebote ein neueres Phänomen. Ein solches Angebot wird gemacht, wenn jemand sämtliche Aktien eines Unternehmens aufkaufen will. Um zu vermeiden, dass Kleinaktionäre benachteiligt werden, zwingt das Gesetz den Investor, der die Kontrolle eines Unternehmens übernehmen will, allen Aktionären ein Angebot zu unterbreiten. Um sie zum Verkauf ihrer Aktien zu überreden, muss der Käufer deshalb einen Preis anbieten, der über dem Börsenkurs liegt.

Die Welt der Aktien

Alle Aktien gewähren Mitgliedschafts- und Vermögensrechte. Je nach ihrem Rechtsstatut – Inhaber- oder Namenaktien – und ihrem Kursverhalten sowie der Grösse des Unternehmens lassen sich jedoch verschiedene Varianten unterscheiden.

Unterscheidung nach dem Rechtsstatut

- **Inhaberaktien** Dies ist die einfachste Aktienform: Ihr rechtmässiger Eigentümer ist ihr jeweiliger Inhaber. Da Inhaberaktien keinen Übertragungsbeschränkungen unterliegen, eignen sie sich besonders gut für den Börsenhandel.

- **Namenaktien** Namenaktien werden auf den Namen eines Aktionärs ausgestellt. Dieser muss im Aktienbuch eingetragen sein. Mit der Emission von Namenaktien will die Gesellschaft eine gewisse Kontrolle über ihre Aktionäre ausüben, denn sie kennt damit deren Namen.
  Manche Unternehmen geben sich mit dieser Information zufrieden und gestatten den Haltern ihrer Titel den freien Handel wie mit Inhaberaktien.
  Bei grossen Unternehmen soll diese Praxis vor allem vor Grossinvestoren schützen, die versuchen, die Kontrolle zu übernehmen. Auch in den Statuten sind oft Bestimmungen verankert, die den Aktienbesitz eines einzelnen Aktionärs einschränken (Vinkulierung).

- **Partizipationsschein** Partizipationsscheine sind in vermögensrechtlicher Hinsicht den Aktien gleichgestellt. Die Partizipanten haben jedoch keine Mitgliedschaftsrechte und vor allem kein Stimmrecht. Einst war der Partizipationsschein für den Kleinanleger die einzige Möglichkeit, um direkt Titel grosser Schweizer Unternehmen zu einem günstigen Preis zu kaufen, denn der Minimalwert pro Titel lag bei 10 Franken.
  Mit der Revision des Gesellschaftsrechts wurde 1995 aber auch der Nominalwert der Aktien auf 10 Franken gesenkt. Daher ziehen die Unternehmen die Partizipationsscheine zunehmend aus dem Verkehr. Im übrigen besteht heute ein Trend zur Einheitsaktie, die auf den Namen oder auf den Inhaber lautet.
  Weiter gibt es Genussscheine ohne Nominalwert, die rechtlich sehr nah mit den Partizipationsscheinen verwandt sind.

Unterscheidung nach Kursverhalten oder Grösse

- **Zyklisch oder defensiv**

  Aktien lassen sich nach ihrer Reaktion auf die Konjunktur unterscheiden. Gewisse Unternehmen reagieren empfindlich auf die Wechselbäder der Wirtschaft, etwa Fluggesellschaften oder die Automobilindustrie. Der Kurs ihrer Titel spiegelt den Geschäftsgang. Sie werden daher zyklisch genannt. Im Gegensatz dazu reagieren gewisse Branchen wie etwa die Gesundheits- oder Nahrungsmittelindustrie kaum auf Konjunkturschwankungen. Titel solcher Unternehmen werden als defensiv bezeichnet.

- **Wachstum oder Wert**

  Wachstumsaktien zeichnen sich durch einen im Vergleich zu ihrem momentanen Gewinn hohen Börsenwert aus. Mit anderen Worten sind solche Titel teuer. Die Anleger zahlen so eine Prämie, um sich am Wachstum des Unternehmens, das sie als besonders vielversprechend erachten, beteiligen zu dürfen. Damit erhofft man sich saftige Kapitalgewinne in den folgenden Jahren.

  Umgekehrt sind Werttitel im Vergleich zu ihrem Ertrag und ihrer Dividende eher günstig. Der Buchwert des Unternehmens ist zudem hoch im Vergleich zum Börsenkurs. Wer in Werttitel investiert, hat daher ein mehr oder weniger regelmässiges Einkommen vor Augen, aber eher bescheidene Ansprüche hinsichtlich Kapitalgewinne.

- **Grosse oder kleine Kapitalisierung**

  Man unterscheidet Unternehmen auch nach ihrer Börsenkapitalisierung (Börsenkurs der Aktien multipliziert mit der Anzahl aller Aktien). Auf dem Schweizer Markt wiesen Novartis und Roche die grösste Börsenkapitalisierung auf Ende Februar 2000 aus. Die Titel dieser Unternehmen und anderer Zugpferde der Wirtschaft wie Nestlé werden «Blue chips» genannt. Der Begriff stammt vom Poker, wo die blauen Chips den höchsten Wert haben.

Zyklische und defensive Titel in einer Rezession

Die letzte Rezession in den USA geht auf die Jahre 1990 und 1991 zurück. Die zyklisch reagierende Automobilindustrie hielt sich logischerweise schlecht, während die amerikanische Lebensmittelbranche ihr Wachstum ohne Rücksicht auf die Launen der Konjunktur unverändert fortsetzte. Dieses unterschiedliche Verhalten wird vom Index dieser beiden Branchen mit Basis 100 dokumentiert. Zwischen den beiden Extremen liegt der S&P 500 Index.

Wie die Börse funktioniert

Wie auf jedem anderen Markt verändert sich der Wert der an der Börse gehandelten Titel je nach Angebot und Nachfrage. Eine Börse ist jedoch nicht zwingend an einen bestimmten Standort gebunden, sondern lässt sich dank moderner Elektronik auch dezentralisieren. In der Schweiz war dies der Fall, als die Börsen Genf, Zürich und Basel mit der Einführung der Elektronischen Börse Schweiz (EBS) im Jahre 1996 fusionierten.

Die Elektronische Börse Schweiz

Alle Mitgliedsbanken der Elektronischen Börse Schweiz sind heute mit einem computerisierten Transaktionssystem miteinander verbunden. Der gesamte Handel und alle damit zusammenhängenden administrativen Aufgaben werden heute am Bildschirm erledigt. Einer der grossen Vorteile dieser neuen Börse ist die gestiegene Liquidität, d. h. die Möglichkeit, einen Käufer zu suchen, wenn man seine Titel verkaufen möchte. Zudem wurde die Markttransparenz – die Verbreitung der Informationen über alle Transaktionen – erheblich verbessert. Sie ist erforderlich, um die Entscheidungen mit dem nötigen Hintergrundwissen treffen zu können.

Man beachte, dass die Transaktionskosten in der Schweiz mit dem Aufkommen des Discount Brokerage im Gefolge der Internet-Explosion erheblich sanken (siehe Seite 48ff.).

Ausführung eines Auftrags an der EBS

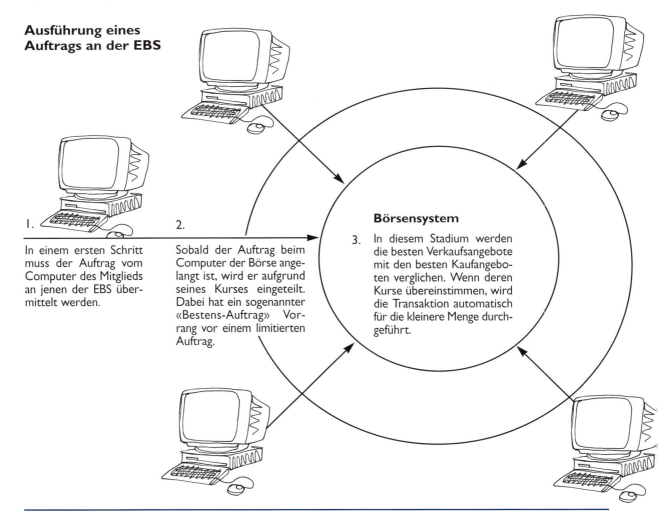

1. In einem ersten Schritt muss der Auftrag vom Computer des Mitglieds an jenen der EBS übermittelt werden.

2. Sobald der Auftrag beim Computer der Börse angelangt ist, wird er aufgrund seines Kurses eingeteilt. Dabei hat ein sogenannter «Bestens-Auftrag» Vorrang vor einem limitierten Auftrag.

Börsensystem

3. In diesem Stadium werden die besten Verkaufsangebote mit den besten Kaufangeboten verglichen. Wenn deren Kurse übereinstimmen, wird die Transaktion automatisch für die kleinere Menge durchgeführt.

Erteilung eines Börsenauftrags: Bestens oder limitiert?

Um einen Titel zu kaufen oder verkaufen, müssen Sie die Börse dazwischenschalten. Wollen Sie unbedingt, d. h. um jeden Preis kaufen oder verkaufen, zum Beispiel ein Paket Nestlé-Aktien, so können Sie einen «Bestens-Auftrag» erteilen. Ein solcher Auftrag wird sobald als möglich und unabhängig vom Preis des Marktes ausgeführt.

Der Bestens-Auftrag hat den Vorteil der Einfachheit, kann sich aber in einer Periode hoher Volatilität als riskant erweisen. Schnellen etwa die Preise hoch, besteht die Gefahr, dass Ihr Auftrag zu einem höheren Preis ausgeführt wird, als Sie wünschen.

Zum Schutz vor unangenehmen Überraschungen gibt es die sogenannten limitierten Kaufaufträge: Der Auftrag wird nur dann ausgeführt, wenn der Kurs des Titels unter der festgesetzten Limite liegt. Dementsprechend erlaubt der limitierte Verkaufsauftrag die Ausführung nur, wenn sich der Kurs unter der gesetzten Limite befindet. Die Gültigkeitsdauer solcher Aufträge wird vom Kunden festgesetzt. Befürchtet man einen Kurssturz, möchte die Titel aber noch nicht abstossen, kann man sich mit einer «Stop-loss order» (Stop-bei-Verlust-Auftrag) absichern. Es handelt sich um einen Verkaufsauftrag, der ausgeführt wird, sobald der Kurs des Titels unter eine gewisse Limite fällt.

Bedingte oder verzögerte Aufträge

Kaufauftrag mit Preislimite

Nehmen wir an, Sie wollen eine bestimmte Aktie kaufen, deren Kurs bei 1'000 Franken liegt. Sie erteilen einen limitierten Kaufauftrag zu diesem Preis, wobei der Auftrag einen Monat gültig sein soll. Wenn Ihr Auftrag bei der Börse eingeht, ist der Titel auf 1'050 gestiegen. Zwei Wochen später fällt er wieder auf 1'000 Franken und bewirkt die Ausführung Ihres Kaufauftrags.

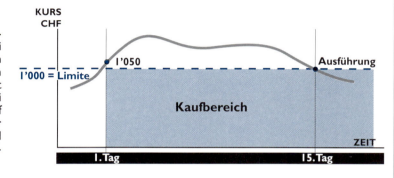

Verkaufsauftrag mit Preislimite

Sie wollen eine Aktie verkaufen, deren Kurs bei 500 Franken liegt, und die Erzielung dieses Preises sichern. Sie erteilen daher einen auf diesen Preis limitierten Verkaufsauftrag. Vorerst taucht der Titel auf 450, steigt dann aber am 10. Tag wieder auf 500. Nun wird Ihr Auftrag ausgeführt.

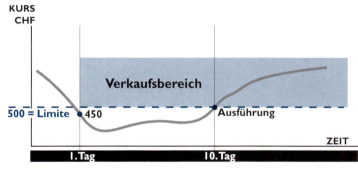

«Stop-loss order»

Nehmen wir an, Sie besitzen Titel, deren Kurs am 1. Tag bei 1'000 Franken liegt. Da Sie für die Titel ein Nachgeben des Kurses befürchten, erteilen Sie einen Stop-loss-Verkaufsauftrag mit einer Limite von 900 Franken. Der Titel kommt tatsächlich ins Trudeln, und der Auftrag wird am 12. Tag ausgeführt.

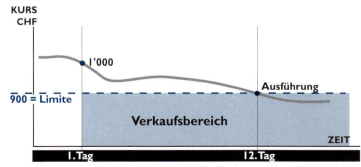

Erteilung eines Auftrags per Internet

Auch die Börse konnte sich der explosionsartigen Entwicklung von Internet nicht entziehen. Heute können Sie Ihre Aufträge zu Schleuderpreisen direkt über die Homepage eines Brokers erteilen – allerdings auch mit einem Ausverkaufsservice, d.h. ohne jegliche Beratung. Mit gewisser Verspätung auf die USA sind auch Europa und die Schweiz auf den Zug aufgesprungen.

Eine Dienstleistung für erfahrene Amateure

Dank Internet kann der Anleger heute sein Portefeuille völlig autonom verwalten. Er erhält unverzüglich die notwendigen Informationen, um Aufträge zu erteilen und um den Stand seines Kontos, seiner flüssigen Mittel und seines Portefeuilles zu prüfen. Ausserdem erhält er in Echtzeit Zugang zu den Kursen aller kotierten Titel und kann die Ausführung seiner Aufträge laufend verfolgen. Deutlich fallende Transaktionskosten führten dazu, dass diese neuen Dienstleistungen in der Schweiz im Frühling 1999 die Online-Vermittlungstätigkeit explosionsartig steigen liessen. Dieser Erfolg lässt sich – obwohl keine persönliche Beratung geboten wird – leicht erklären: Ein Teil der Kundschaft von Banken, die Börsendienstleistungen anbieten, konnte sich einen Vermögensverwaltungsservice und damit persönliche Dienstleistungen ohnehin nicht leisten. Hinzu kommen all jene, die ihr Wissen als genügend gross erachten, um ohne Beratung auszukommen, und so vom «Geschenk des Himmels» profitieren.

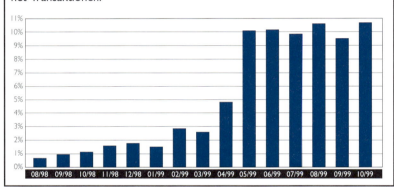

Explosion der Online-Aufträge

Als in der Schweiz im Frühling 1999 die ersten Discount-Broker in Erscheinung traten, führte dies unverzüglich zu einer enormen Zunahme der Internet-Transaktionen.

Schleuderpreise

Die Bezeichnung «Discount-Broker» wird nicht zu Unrecht verwendet: Während traditionelle Aufträge für die Schweizer Börse mindestens 80 Franken kosten (etwa bei der Credit Suisse), fällt die Courtage auf 40 Franken, wenn der Auftrag über ihren Online-Discount-Broker Youtrade abgewickelt wird (youtrade.com). Das Angebot der UBS scheint noch vorteilhafter zu sein, da die Bank über Tradepac (ubs.com/tradepac) eine Mindestgebühr von nur 35 Franken verlangt. Der Vergleich darf sich allerdings nicht auf diesen Betrag beschränken: Die UBS verlangt von jedem Tradepac-Kunden dafür ein Jahresminimum von 300 Franken.

In der Tat lassen sich diese Produkte aufgrund der unterschiedlichen Tarife und Dienstleistungen kaum miteinander vergleichen. Denn man erhält Zugang zu einer mehr oder weniger breiten Palette ausländischer Börsen sowie zu unterschiedlichen Finanzdatenbanken und bekommt die Homepage in einer einzigen oder in mehreren Sprachen präsentiert usw.

Die Wahl ist für den Konsumenten nicht einfach, da das Angebot sehr rasch ausgebaut wird: Neben der Credit Suisse und der UBS gehören zu den Anbietern auch:
- Zürcher Kantonalbank *(zkb.ch)*
- Banque Cantonale Vaudoise *(e-sider.com)*
- Oxford Partners *(swissbrokers.com)*
- MFC Merchant Bank *(swissnetbanking.com)*
- Consors *(consors.com)*
- Swissquote *(swissquote.com)*
- Eine Online-Broker Übersicht bietet *www.finanzinfo.ch/infoservice*

Zu beachten ist, dass die Anlagen ausserdem der eidgenössischen Umsatzabgabe in Höhe von 0,075% der Transaktion (0,15% bei ausländischen Titeln) sowie der Börsenabgabe von 0,010% unterliegen.

Gebrauchsanleitung

Bevor Sie mit dem Internet-Trading beginnen können, müssen Sie sich beim Erbringer der Dienstleistung anmelden. Bei Youtrade beispielsweise erhalten Sie Ihr persönliches – und geheimes – Passwort sowie die sogenannte SecurID-Karte. Diese generiert eine Transaktionsnummer, die jeweils einzugeben ist, wenn Sie Zugang zu Ihrem Konto erhalten wollen. Bei der UBS werden diese Zufallszahlen in Form einer Nummernliste geliefert, auf der nach jeder Eingabe eine Nummer zu streichen ist. Da ich keinen der Dienste bevorzugt behandeln will, habe ich nachstehend das Standardverfahren angegeben, das Online-Broker-Sites wie etwa Youtrade oder e-sider.com anwenden.

Sie beginnen mit der Abfrage Ihres Kontostands, Ihrer liquiden Mittel und Ihrer Titel und starten dann die Suche, um schliesslich einen Auftrag zu erteilen und auf dessen Ausführung zu warten.

Abfrage des Kontostands

Erster Schritt: Sie geben Ihre Vertragsnummer, Ihr Passwort und Ihre Zufallszahl ein. Wenn alle drei korrekt sind, werden Sie vom Discount-Broker akzeptiert. Sie gelangen darauf auf eine zweite Seite, wo Sie zuerst Ihren Kontostand abfragen und anschliessend Ihre finanzielle Situation prüfen.

Suche

Ist Ihre Kaufkraft bestimmt, können Sie in den Markt eintauchen: Über ein neues Menü erhalten Sie eine Unmenge von Informationen über den Titel, der Sie besonders interessiert, unter anderem über die Entwicklung seines Kurses in Echtzeit mit Grafiken und Angaben zu den Volumen.

Auftrag

Haben Sie einen bestimmten Titel gewählt, müssen Sie das Menü wechseln, um den Kauf- oder Verkaufsauftrag erteilen zu können. Nun brauchen Sie nur noch die Anzahl Titel und die Art des Auftrags (Kauf oder Verkauf, limitiert oder bestens) einzugeben. Das ist schon alles. Beachten Sie, dass Ihr Kaufauftrag nur dann akzeptiert wird, wenn er durch den auf Ihrem Konto verfügbaren Betrag gedeckt ist.

Ausführung

Die Geschwindigkeit, mit der Ihr Auftrag ausgeführt wird, hängt einerseits von der Liquidität des Marktes, anderseits von der Limite ab, die Sie gesetzt haben. Handelt es sich um Titel mit geringem Volumen oder liegt Ihre Limite klar über oder unter den Handelspreisen, bleibt Ihr Auftrag vor seiner Ausführung unter Umständen eine gewisse Zeit hängig. Unterdessen haben Sie jederzeit die Möglichkeit, den Stand der laufenden Transaktion zu prüfen. Sobald sie ausgeführt ist, wird Ihr Konto unter Berücksichtigung des Kaufs oder Verkaufs neu berechnet, damit Sie sogleich wieder über Ihre neue Kaufkraft informiert sind.

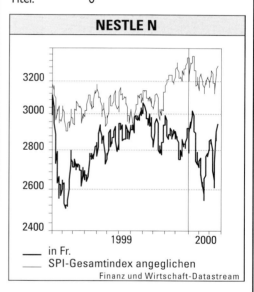

Von der Eröffnung des Kontos bis zum ersten Auftrag (4.1.2000)

Stand des Portefeuilles (Eröffnung)
Liquide Mittel: 10'000 CHF
Titel: 0

Finanz und Wirtschaft-Datastream

Um 10 Uhr wird Nestlé zu 2'865 CHF gehandelt. Sie erteilen nun einen auf 2'845 CHF limitierten Kaufauftrag für 3 Aktien mit einer Gültigkeit von einer Woche. Der Auftrag wird angenommen, da die Kaufsumme unter 10'000 CHF liegt.

Der Auftrag wird kaum eine Stunde später ausgeführt, da der Titel unter die Kauflimite auf 2'844 CHF fällt. Der Handel kostet Sie somit 8'532 CHF (3×2'844 CHF), zu denen noch die Transaktionskosten von 40 CHF, die eidgenössische Umsatzabgabe von 6.40 CHF (0,075%×8'532 CHF) sowie die Börsenabgabe von 0.85 CHF (0,01%×8'532 CHF) hinzukommen. Die Gebühren belaufen sich also auf insgesamt 47.25 CHF. Nach diesem Kauf sieht Ihr neuer Kontostand wie folgt aus:

Liquide Mittel: 1'420.75 CHF
Titel: 3 Nestlé-Aktien

Verfolgung der Börsenkurse

Für jede Börsentransaktion wird ein Preis festgesetzt. Man kann die Entwicklung dieser Kurse über die elektronischen Medien direkt mitverfolgen oder an den folgenden Tagen in der Fachpresse nachlesen, wo für jeden Titel jeweils der Schlusskurs angegeben ist.

Kurspublikation

Die Kurse der an der Schweizer Börse gehandelten Titel werden täglich in der Fachpresse veröffentlicht. Aber die immer grössere Bedeutung des Internet führt dazu, dass der Inhalt dieser Veröffentlichungen zunehmend an Wert verliert. Denn auf den Internet-Sites mit Finanzinformationen wie jener von Marvel (www.swissquote.ch) oder verschiedener Banken-Sites sind nicht nur die Kurse in Echtzeit und kostenlos jedem Internet-Benützer zugänglich, sondern auch eine Menge weiterer Informationen.

Allerdings stehen den Profis viel komplettere und fundiertere Informationen zur Verfügung, als Sie gratis konsultieren können. Dies gilt ganz besonders für die grafische Gestaltung, wo eine Datenbank wie Datastream vorderhand noch das Instrument der Fachanalysten bleibt.

Aber auch andere Anbieter wie etwa Reuters oder Bloomberg erbringen viel umfangreichere Dienstleistungen als die Gratisanbieter. Hier ändern sich die Verhältnisse aber sehr rasch. Immer mehr neue Unternehmen dringen zu viel günstigeren Preisen in den Profibereich vor und zwingen auch die anderen zu Preissenkungen.

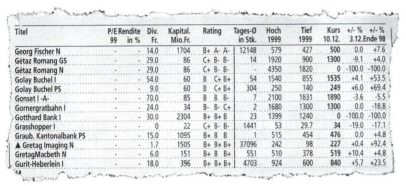

Quelle: FuW

Grafische Darstellung des Kursverlaufs

Nebst der Echtzeit ist ein gewichtiger Vorteil der Gratis-Finanzangebote im Internet, dass man Zugang zu den Datenbanken über die Entwicklung der Titel in der Vergangenheit (meistens über ein Jahr) sowie über die Transaktionsvolumen erhält. Ohne die professionelle Qualität von Datastream oder Bloomberg zu erreichen, ermöglichen diese Informationen immerhin einen viel besseren Überblick über den mittelfristigen Trend des Papiers als die in den Zeitungen publizierten Daten.

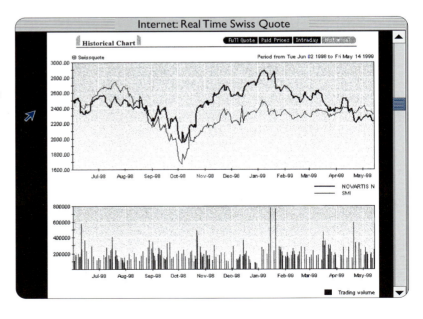

Die Fachpresse

Im Vergleich zur Internet-Datenflut muss die Fachpresse ausführlichere Informationen liefern als ihre elektronische Konkurrenz. Solche findet man etwa in der «Finanz und Wirtschaft» (siehe Beispiel unten).

Die zweimal wöchentlich erscheinende Zeitung bietet ein Rating der Emittenten aufgrund dreier Kriterien: Wachstum, Aktionärsbeziehungen und Transparenz. Jedes dieser Kriterien wird mit einer dreistufigen Rating-Skala beurteilt, die von A (gut) über B (mittelmässig) bis C (unterdurchschnittlich) reicht. Für noch feinere Abstufungen werden oft die Zeichen + und – verwendet.

P/E, Rendite und Dividende

Die P/E (Price/Earnings Ratio) bezeichnet das Verhältnis zwischen dem Aktienkurs und dem Gewinn. Sie darf nicht verwechselt werden mit der Rendite, d. h. der letztbezahlten Dividende pro Aktie, die dem Aktionär tatsächlich ausbezahlt wird.

Rating

Gemäss FuW weist Georg Fischer ein leicht überdurchschnittliches Wachstum auf (B+). Das Unternehmen zeichnet sich durch gute Aktionärsbeziehungen (A–) und eine ebenso gute Transparenz (A–) aus.

Letzter Kurs

Der Schlusskurs ist ein tatsächlich bezahlter Kurs, d. h. der Preis, zu dem eine Transaktion erfolgte. Allerdings liegt ein solcher nicht immer vor. Wie im vorliegenden Beispiel kann es vorkommen, dass während einer Börsensitzung kein Titel gehandelt wurde (siehe fehlendes Volumen an den vorangegangenen Tagen).

Titel	P/E 99	Rendite in %	Div. Fr.	Kapital. Mio.Fr.	Rating	Tages-Ø in Stk.	Hoch 1999	Tief 1999	Kurs 10.12.	+/- % 3.12.	+/- % Ende 98
Georg Fischer N	–	–	14.0	1704	B+ A– A–	12148	579	427	500	0.0	+7.6
Gétaz Romang GS	–	–	29.0	86	C+ B– B–	14	1920	900	1300	–9.1	+4.0
Gétaz Romang N	–	–	29.0	86	C+ B– B–	–	4350	1820	0	100.0	–100.0
Golay Buchel I	–	–	54.0	60	B C+ B+	54	1540	855	1535	+4.1	+53.5
Golay Buchel PS	–	–	9.0	60	B C+ B+	304	250	140	249	+6.0	+69.4
Gonset I -A-	–	–	70.0	85	B B B–	7	2100	1831	1890	–3.6	–5.5
Gornergratbahn I	–	–	24.0	34	B– B– C+	2	1680	1300	1300	0.0	–18.8
Gotthard Bank I	–	–	30.0	2304	B+ B+ B	23	1399	1240	0	–100.0	–100.0
Grasshopper I	–	–	0	22	C+ B– B–	1441	53	29.7	34	–19.0	–17.1
Graub. Kantonalbank PS	–	–	15.0	1095	B+ B B	1	515	454	476	0.0	+4.8
▲ Gretag Imaging N	–	–	1.7	1505	B+ B+ B+	37096	242	98	227	+0.4	+92.4
GretagMacbeth N	–	–	6.0	151	B+ B B	551	510	378	519	+10.4	+4.8
Gurit-Heberlein I	–	–	18.0	396	B+ B+ B+	4703	924	600	840	+5.7	+23.5

Quelle: FuW

Titelkategorie

Viele Schweizer Unternehmen sind an der Börse mit verschiedenen Titelarten kotiert, etwa Gétaz Romang mit einem Genussschein (daher Gétaz Romang GS) und einer Namenaktie (Gétaz Romang N). Das Kapital von Golay Buchel setzt sich aus Inhaberaktien (Golay Buchel I) und Partizipationsscheinen (Golay Buchel PS) zusammen.

Börsenkapitalisierung

Die bescheidene Börsenkapitalisierung von Grasshopper muss aufgrund der ungenügenden Liquidität der auf dem Markt angebotenen Titel jedem Anleger gebieten, Vorsicht walten zu lassen.

Volumen

Das Volumen, das die durchschnittliche Zahl der Titel nennt, die während der letzten zehn Börsensitzungen gehandelt wurden, ist ein äusserst wichtiger Indikator für die Beurteilung des Markttrends. Beginnt der Kurs eines Titels plötzlich zu steigen, ist dies nur bei einem hohen Volumen von Bedeutung. Andernfalls wird die Hausse wahrscheinlich nicht lange andauern.

Extremwerte

Bei einer technischen Analyse sind diese Angaben interessant, um das Ausmass eines Kursausschlags zu beurteilen. Beginnt ein Titel stark zu steigen und durchbricht gar den Höchststand des Vorjahres, bestehen gute Chancen, dass sich die Tendenz fortsetzt.

Die Börsenindizes

Um die allgemeine Entwicklung eines Börsenmarktes zu messen, verwendet man Indizes, die den Durchschnittskurs einer bestimmten Anzahl repräsentativer Titel widerspiegeln. Der Dow Jones Industrial, der die Kurse der New-Yorker Börse verkörpert, ist zweifellos der bekannteste Indikator. Für den Schweizer Markt ist der Swiss Market Index (SMI) am bekanntesten, umfassender jedoch ist der Swiss Performance Index (SPI).

Ein Trendbarometer

Die Indizes sind wertvolle Anhaltspunkte, um das Verhalten verschiedener Marktsegmente zu beurteilen, bergen aber bisweilen ein gehöriges Mass an Überraschungen. So unterlag der SMI – der Schweizer Index der Börsen-«Schwergewichte» – während des Börsenbooms von 1997 bis zum Gipfel im Juli 1998 weit grösseren Schwankungen als der SSCI (Swiss Small Companies), der nur Unternehmen mit geringer Börsenkapitalisierung umfasst (siehe unten). Dieses Ergebnis darf aber nicht verallgemeinert werden und ist gar nicht so erstaunlich, wie es scheint. Denn in Boomzeiten werden die attraktiven Werte – die Blue-chips – mit grosser Begeisterung aufgenommen, wenn die Emittenten erster Qualität sind. Aber alles hat seinen Preis! Denn wenn der Wind dreht, bezahlen die Blue-chips die Enttäuschung der Investoren um so teurer.

Schweizerische Blue-chips sind volatiler als kleine Werte

Der Swiss Small Companies Index (SSCI), der nur kleine Schweizer Unternehmen umfasst, scheint auf Basis 100 im Vergleich zum SMI stabil zu sein. Der SMI ist nur aus Börsengiganten wie Nestlé, Novartis oder Roche zusammengesetzt.

Indizes mit oder ohne Reinvestition der Dividende?

Der SPI (Swiss Performance Index) als allgemeiner Index des Schweizer Marktes wurde als Ausdruck einer Performance geschaffen, d. h. unter Berücksichtigung der Reinvestition der Dividenden. In der Folge wurde aber auch ein Index ohne Berücksichtigung der Dividenden kreiert, der sogenannte SPIX (SPI ohne Reinvestition). Er ermöglicht den Vergleich mit den meisten grossen ausländischen Börsen, welche die Dividenden nicht berücksichtigen. Umgekehrt schliesst der SMI die reinvestierten Dividenden aus. Um diesen ersten Index der grossen Börsenkapitalisierungen zu ergänzen, schuf die Börse in der Folge den SMIC (für SMI mit Reinvestition).

Publikation der Indizes

Die nationalen Börsenindizes machen in der Landespresse jeweils den Löwenanteil aus. Die Schweiz ist hier keine Ausnahme. So findet man namentlich auf den Börsenseiten der «Finanz und Wirtschaft» eine detaillierte Liste dieser Indikatoren für den Schweizer Markt. Die übrigen internationalen Indizes wurden zwar nicht vergessen, fristen aber eher ein Randdasein, obwohl sie viel grössere Märkte repräsentieren als die Schweizer Börse.

Swiss Market Index

Der Swiss Market Index (SMI) ist ein Index, der nur grosse und liquide Börsenkapitalisierungen einschliesst, die an der Schweizer Börse ständig gehandelt werden und auch ausländischen Anlegern zugänglich sind. Zu unterscheiden ist der SMI vom SMIC, der die reinvestierten Dividenden mit einschliesst.

Swiss Performance Index

Der Swiss Performance Index (SPI) enthält alle an der Schweizer Börse kotierten Titel. Er ist – wie übrigens alle anderen Indikatoren der Swiss-Index-Familie (SMI und SPI) – ein gewichtetes Mittel der Kurse aller Unternehmen, d. h., er berücksichtigt auch die Anzahl Titel. Dadurch wird vermieden, dass zum Beispiel eine Kursschwankung des Lonza-Titels gleich viel Gewicht hat wie ein ähnlicher Ausschlag der Novartis-Namenaktie, deren Börsenkapitalisierung wesentlich höher ist. Man unterscheidet den SPI, der die Reinvestition der Dividenden berücksichtigt, vom SPIX.

Indizes nach Titelkategorien

Der SPI ist in drei Subindizes verschiedener Titelkategorien unterteilt: Inhaberaktien, Namenaktien und Partizipationsscheine.

Branchenindizes

Der SPI ist ausserdem in zwölf Branchen-Subindizes unterteilt: SPI Energie, SPI Maschinen usw. Diese Unterteilung entspricht einem Bedürfnis der Händler, die einen klaren Überblick über die Entwicklung der verschiedenen Marktsegmente benötigen.

Indizes	Verlauf				
	Di. 7.12.	Mo. 6.12.	Fr. 3.12.	Do. 2.12.	Mi. 1.12.
Swiss Market Index					
SMI (ohne Reinvest.)	7406.10	7441.30	7547.30	7485.30	7478.40
SMIC (mit Reinvest.)	9234.60	9278.40	9410.50	9333.30	9324.70
Swiss Performance Index					
SPIX (ohne Reinvest.)	437.07	439.44	444.38	440.83	439.68
Schweiz (SPI gesamt, Reinv.)	4891.99	4918.54	4973.86	4934.12	4921.24
- Inhaberaktien	3576.42	3619.04	3627.79	3595.14	3569.26
- Namenaktien	6355.02	6381.96	6466.26	6412.37	6394.10
- Partizipationsscheine	6366.71	6401.06	6461.54	6428.89	6450.52
Dienstleistungen					
- Dienstleistungen	3452.62	3468.80	3497.77	3460.33	3453.77
- Banken	3689.87	3711.35	3753.21	3688.20	3691.65
- Versicherungen	5328.49	5351.84	5396.06	5380.85	5382.63
- Transporte	1654.82	1678.60	1681.50	1667.52	1665.94
- Detailhandel	1176.98	1196.92	1193.39	1178.06	1163.59
- übrige Dienstleistungen	2235.42	2234.97	2240.18	2229.71	2202.65
Industrie					
- Industrie	6561.24	6599.85	6685.86	6643.57	6623.34
- Maschinen	2537.69	2553.19	2546.55	2526.92	2499.25
- Energie	2413.91	2446.51	2383.73	2379.18	2394.70
- Chemie, Pharma	11930.45	12042.73	12305.67	12233.20	12184.14
- Lebens-/Genussmittel	5231.42	5265.51	5290.17	5273.22	5336.62
- Elektro	4547.39	4497.00	4488.34	4440.73	4380.51
- Baugewerbe, Baustoffe	3592.05	3576.27	3556.05	3585.58	3527.85

Quelle: FuW

Was bewegt die Börsenkurse?

Wenn den Kursschwankungen einer Aktie oft etwas Mysteriöses anhaftet, liegt dies an den zahlreichen Beeinflussungsfaktoren, die dabei eine Rolle spielen. Man kann diese in zwei Kategorien unterteilen: Faktoren, die direkt von der Aktie abhängen, und Faktoren, die von den allgemeinen Marktbewegungen bestimmt werden.

Beeinflussungsfaktoren

- **Immanente Eigenschaften**

  Hierbei handelt es sich um die Managementqualität des Unternehmens, seine Produkte, seine Marktpositionierung, seine Empfindlichkeit auf Konjunkturschwankungen usw. Jede positive oder negative Veränderung beeinflusst die Kurse. Allerdings ist es selbst für einen Fachmann schwierig, diese Faktoren richtig einzuschätzen. Erst bei der Publikation der Resultate erhalten die Analysten eventuell eine Bestätigung ihrer Prognosen – vielleicht aber mit bösen Überraschungen, die einen jähen Fall des Aktienkurses bewirken.

  Die finanzielle Gesundheit des Unternehmens ist eine weitere Quelle von Kursausschlägen. Jede Verschlechterung führt zu einem geringeren Wert des Titels und jede Verbesserung zu dessen Anstieg. Die drei oder vier wesentlichen Finanzindikatoren sind relativ leicht zu berücksichtigen, denn sie werden im Jahresbericht veröffentlicht. Aussagekräftig ist vor allem die Verschuldung. Je höher sie ist, desto empfindlicher reagiert das Unternehmen auf Zinserhöhungen.

- **Markt**

  Die Börse hängt ganz erheblich von der herrschenden Konjunktur ab: Eine gesunde Wirtschaft stützt den Aktienmarkt durch die Gewinnsteigerungen der Unternehmen. Diese verbessern damit ihre Substanz und rechtfertigen die Kursanstiege. Umgekehrt lässt eine Abschwächung der wirtschaftlichen Tätigkeit die Börsenkurse sinken.

  Parallel zu diesem langfristigen Trend haben auch die Zinssätze, die eng mit den Wirtschaftszyklen verbunden sind, kurzfristig einen wesentlichen Einfluss: Steigen die Zinsen, wird der Markt geschwächt, fallen die Zinsen, legt er zu.

  Dieses Phänomen hat eine einfache Begründung: Bei steigenden Zinsen lässt die Kreditverteuerung den Schuldendienst der Unternehmen anwachsen und schmälert damit ihre Rentabilität. Gleichzeitig werden festverzinsliche Titel wie Obligationen attraktiver. Umgekehrt verbessert sich die Ertragslage der Unternehmen bei fallenden Zinsen automatisch, während die Obligationen, die an Attraktivität verlieren, zugunsten der Aktien vernachlässigt werden.

  Kurzfristig spielt jedoch das Verhalten der Händler am Markt eine entscheidende Rolle: Börsencrashs sind nur bei massloser Spekulation mit anschliessenden Panikreaktionen möglich, wie dies 1987 der Fall war. Ohne sie dramatisieren zu wollen, muss mit dieser emotionalen Komponente auf dem Aktienmarkt immer gerechnet werden.

Unterschiedliche Empfindlichkeiten

Die Titel der Unternehmen reagieren unterschiedlich, je nachdem, welcher Kategorie sie angehören. Handelt es sich um einen zyklischen Wert, ist er empfindlich für Konjunkturveränderungen. Dasselbe gilt umgekehrt für defensive Werte. Auch Zinsschwankungen wirken sich nicht auf alle Unternehmen gleich aus. Auf jeden Fall vermag sich ein Titel nie dem allgemeinen Trend des Marktes zu entziehen, in dem er sich bewegt, und zwar nach oben gleichermassen wie nach unten.

Der Kurszerfall der UBS-Aktie 1998 ist ein Beispiel verschiedener interner und externer Einflüsse. Der Fall ist besonders interessant, weil er just zum Zeitpunkt eintrat, als der Schweizer Markt Höchstwerte erreichte, bevor er zusammensackte. Dabei ist der Sturz der UBS-Aktie im Rahmen einer Bewegung zu sehen, welche die Banktitel auf internationaler Ebene betraf. Auch die Credit Suisse blieb davon nicht verschont und büsste sogar noch mehr an Terrain ein als ihre Konkurrentin. Dies lässt sich aus ihrem starken Engagement auf dem russischen Markt erklären, der sich in einer Liquiditätskrise befand.

Der Fall der UBS

Jäher Kurseinbruch der UBS-Aktie 1998 nach einem steilen Anstieg, gedämpft hingegen der Fall der ganzen Schweizer Börse in derselben Periode, wie aus der untenstehenden Grafik auf Basis 100 mit dem Verlauf der UBS-Aktie und des SPI hervorgeht. Der Gesamtmarkt erlitt nach dem Höchststand im Juli einen Verlust von gegen 40%.

Am 7. Dezember 1997 kündigen die UBS und der SBV ihre Fusion an.

Im ersten Halbjahr 1998 übertrifft der Titel der neuen UBS den gesamten Markt, der seinerseits einen starken Aufwärtstrend verzeichnet.

Im August 1998 lässt die Russlandkrise die Börsenkurse fallen: Besonders betroffen sind davon die Bankaktien. Die UBS ist hier keine Ausnahme.

Am 24. September gibt die UBS einen Verlust von 950 Millionen Franken durch die Beteiligung am Hedge fund LTCM bekannt und beschleunigt damit den Kurseinbruch.

Am 2. Oktober tritt Verwaltungsratspräsident Matthis Cabiallavetta zurück. Die Aktie erholt sich darauf wieder.

Quelle: Pictet & Cie./Datastream

Beurteilung einer Aktie

Der Wert einer Aktie hängt von der Fähigkeit des Unternehmens ab, in Zukunft Gewinne zu realisieren. Die ganze Kunst des Finanzanalysten besteht somit darin vorauszusagen, welche Gewinnaussichten das Unternehmen hat, und diese in Beziehung zum Kurs der Aktie zu setzen. Dank dieser Analyse kann bestimmt werden, ob eine Aktie im Vergleich zum Gewinnpotential heute zu teuer oder zu günstig ist.

Die Price/Earning-Ratio

Eines der traditionellen Instrumente für die Beurteilung der Aktienkurse ist das Verhältnis zwischen dem Marktwert des Titels und den Gewinnerwartungen für die bevorstehenden Geschäftsjahre, also der Kurs geteilt durch den Gewinn. Dieses Verhältnis nennt man Price/Earning-Ratio (Kurs-Gewinn-Verhältnis) oder abgekürzt P/E. Wird ein Titel zu 200 Franken gehandelt und für das kommende Geschäftsjahr ein Gewinn von 20 Franken erwartet, so beträgt die Price/Earning-Ratio 10 (200 : 20 = 10). Dementsprechend gilt: Je höher die Price/Earning-Ratio ist, desto teurer ist die Aktie, denn sie spiegelt die Kurshöhe im Verhältnis zu den erwarteten Gewinnen wider. Umgekehrt gilt: Je tiefer sie ist, desto günstiger ist der Titel. Damit der Vergleich Sinn macht, nimmt man Titel derselben Branche. Unter diesen Bedingungen müsste der Entscheid schnell gefällt sein: Man verkauft die teuren Titel mit hoher Price/Earning-Ratio und kauft die billigen mit tiefer Price/Earning-Ratio. Aber Achtung: Man darf sich von dieser einfachen Regel nicht dazu verleiten lassen, vielversprechende Titel aufgrund ihrer hohen Price/Earning-Ratio abzustossen, denn vielleicht werden ihre Gewinne erst in zwei oder drei Jahren stark ansteigen!

Deshalb wird die Price/Earning-Ratio oft anhand der Gewinnerwartungen für die zwei folgenden Jahre berechnet. Die Unternehmen mit dem höchsten Potential weisen eine abnehmende Price/Earning-Ratio auf, denn sie wird anhand des aktuellen Kurses, aber mit steigenden Gewinnaussichten berechnet.

Ein rein arithmetisches Kriterium

Ausgehend von der Analyse der Bank Vontobel, die Ende März 1998 veröffentlicht wurde, hätten Sie besser Titel der Swiss Re als solche der Zurich Allied gekauft, denn sie wiesen eine Price/Earning-Ratio von 19,7 für die Gewinnerwartung 1998 und von 17,3 für 1999 auf, während jene der Zurich Allied für 1998 bei 22,8 und für 1999 bei 19,5 lag. Eine gute Gelegenheit bot UBS mit einer Price/Earning-Ratio von 13,7 für die Gewinnerwartung 1999. Die allgemeine Begeisterung für den Titel bis zu seinem Sturz im August 1998 zeigt, dass nicht nur die Analysten der Bank Vontobel sehr optimistisch waren.

Schweizer Markt	Kurs Preis am 30.3.98 in CHF	Gewinn pro Aktie		P/E-Ratio	
		98 geschätzt in CHF	99 geschätzt in CHF	98 geschätzt	99 geschätzt
BANKEN					
CS Group, Namen	299.00	14.50	17.00	20,7	17,6
UBS, Namen	499.00	23.50	36.50	21,3	13,7
UBS, Inhaber	2'496.00	117.00	183.00	21,3	13,6
VERSICHERUNGEN					
Swiss Re, Namen	3'325.00	169.00	192.00	19,7	17,3
Zürich, Namen	882.00	38.70	45.30	22,8	19,5

Die Price/Earning-Ratio ist ein relatives Mass

Obwohl die Price/Earning-Ratio ein unerlässliches Werkzeug ist, darf ihre Aussagekraft nicht überschätzt werden. Ihre Interpretation ist nämlich schwierig, da sie auf Gewinnschätzungen beruht, die per definitionem Näherungen sind. Die Price/Earning-Ratio ist aber auch ein relatives Mass: Sie muss in Beziehung gebracht werden zu jener der Branche, in der das Unternehmen tätig ist. Wenn diese Branche die Auswirkungen einer Krise zu spüren bekommt wie etwa der Banksektor 1998, sind davon die Titel aller Unternehmen betroffen. Und wenn der gesamte Markt zusammenbricht, wie dies im gleichen Jahr der Fall war, erleiden die Price/Earning-Ratios dasselbe Schicksal. Was gestern vielleicht noch günstig erschien, taucht im Schlepptau des Marktes schon bald wie die übrigen Werte.

Aus diesem Grund berücksichtigen die Finanzanalysten nicht nur die Price/Earning-Ratio von Einzelunternehmen, sondern auch jene der verschiedenen Branchen und des Gesamtmarktes, wie im nachstehenden Beispiel Pictet & Cie. gezeigt wird.

Jeder Branche ihre Price/Earning-Ratio

Die Unterschiede der Price/Earning-Ratio zwischen den verschiedenen Branchen hängen hauptsächlich davon ab, ob ihre Geschäftstätigkeit zyklisch oder defensiv ist. Die Maschinenindustrie beispielsweise, die aus Tradition zyklisch reagiert, bezahlt für ihre Volatilität eine Risikoprämie und muss sich daher mit einer tieferen Price/Earning-Ratio begnügen als der Marktdurchschnitt. Es erstaunt daher nicht, auf dem letzten Platz dieser Rangliste das Transportgewerbe zu finden, das äusserst konjunkturempfindlich ist.

Umgekehrt rechtfertigt die defensive Wachstumsbranche Chemie und Pharma, die von den beiden Giganten Novartis und Roche beherrscht wird, hohe Price/Earning-Ratios. Dasselbe Phänomen findet man auch in der Lebensmittelindustrie mit dem anderen Giganten Nestlé, der ebenfalls ein defensives Wachstumsunternehmen ist.

Bewertung nach Branchen am 26.3.99	P/E-Ratio	
BRANCHE	1999 geschätzt	2000 geschätzt
Banken	16,3	14,9
Baugewerbe	14,2	12,1
Chemie, Pharma	27,7	23,4
Einzelhandel	13,9	12,1
Elektrotechnik	18,0	15,9
Gebrauchsgüter	16,1	15,3
Lebensmittel	24,4	22,0
Maschinen	11,2	9,9
Transporte	10,2	8,9
Übrige Dienstleistungen	18,5	16,1
Übrige Industrie	16,5	14,5
Versicherungen	18,3	16,1
Gesamtmarkt	**20,8**	**18,3**

Absolutes Wertmass

Neben der Price/Earning-Ratio, die ein relatives Mass ist, gibt es noch einen anderen Indikator für den absoluten Wert eines Unternehmens: den Inventarwert (Net asset value). Damit ist der Wert gemeint, den die Aktionäre erhielten, wenn die Gesellschaft liquidiert würde, d. h. der Verkaufserlös aller Aktiven nach der Rückzahlung sämtlicher Schulden.

Normalerweise liegt die Börsenkapitalisierung weit über dem Inventarwert, denn die Aktionäre spekulieren mit der Fähigkeit des Unternehmens, in Zukunft Gewinn zu erwirtschaften. Es kann aber geschehen, dass eine sehr schlechte Nachricht (die das Unternehmen allerdings nicht an seiner weiteren Tätigkeit hindert) den Börsenwert unter seinen Inventarwert fallen lässt. Daraus ergibt sich eine gute Kaufgelegenheit, denn der Preis liegt unter dem Inventarwert.

Um völlig sicher zu sein, könnte man sogar ausschliesslich auf Titel setzen, deren Börsenkapitalisierung unter dem Inventarwert liegt. Dabei gibt es aber ein Problem: Dadurch sind von vornherein sämtliche Blue-chips ausgeschlossen, deren Börsenwert natürlich weit über dem Liquidationswert liegt. Ausserdem werden in Zeiten boomender Märkte bekannte Unternehmen nur selten ohne guten Grund so sehr entwertet.

Börsencrashs

Die Finanzmärkte erleben oft Luftlöcher und bisweilen gar brutale Stürze, die man Börsencrashs nennt. Glücklicherweise kommen solche allerdings nur selten vor. Im 20. Jahrhundert gab es nur deren zwei: 1929 und 1987. Ausgehend von New York zogen sie die ganze Welt mit hinein. Im Gegensatz zum ersten, der zur Weltwirtschaftskrise führte, hatte der zweite jedoch keine länger anhaltenden Folgen.

Die Geschichte wiederholt sich nicht

Die beiden Börsencrashs hatten bei weitem nicht dieselben Auswirkungen. Dies lässt sich der untenstehenden Grafik entnehmen, in der auf Basis 100 der Dow Jones Index der Jahre 1928 bis 1935 und der Jahre 1986 bis 1993 dargestellt ist. 1929 folgte auf den Kurszusammenbruch die Weltwirtschaftskrise, von der kein industrialisiertes Land verschont blieb. Jener von 1987 jedoch hatte keine unmittelbar sichtbaren Auswirkungen auf die Wirtschaftstätigkeit. Im Gegenteil: 1988 florierte die Wirtschaft, was in nur wenigen Monaten zu einer Erholung der Kurse bis zum Höchststand des vorangegangenen Jahres führte.

Es war der Start zu einem eigentlichen Börsenhöhenflug (Bull market), der erst im August 1998 mit einer heftigen Korrektur zu Ende ging. Aber auch diese Verluste wurden sehr schnell wieder wettgemacht. Wie erklärt sich dieser Unterschied? Unter all den angeführten Gründen fällt einer besonders auf:

Der Crash von 1929 erfolgte in einer Zeit, in der die Wirtschaftsaktivität – im Gegensatz zu 1987 – bereits rückläufig war. Zudem kam den Währungsbehörden 1987 die Erfahrung des früheren Crash zugute. Sie begingen die Fehler ihrer Vorgänger nicht. So gelang es dem Präsidenten der Federal Reserve, das amerikanische Finanzsystem vor dem Schiffbruch zu retten. Er lockerte unverzüglich seine restriktive Geldpolitik, um die Zinsen sinken zu lassen.

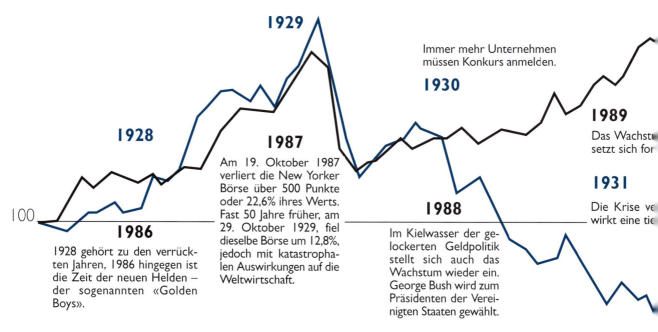

1929

1928 1928 gehört zu den verrückten Jahren, 1986 hingegen ist die Zeit der neuen Helden – der sogenannten «Golden Boys».

1986

1987 Am 19. Oktober 1987 verliert die New Yorker Börse über 500 Punkte oder 22,6% ihres Werts. Fast 50 Jahre früher, am 29. Oktober 1929, fiel dieselbe Börse um 12,8%, jedoch mit katastrophalen Auswirkungen auf die Weltwirtschaft.

Immer mehr Unternehmen müssen Konkurs anmelden.

1930

1988 Im Kielwasser der gelockerten Geldpolitik stellt sich auch das Wachstum wieder ein. George Bush wird zum Präsidenten der Vereinigten Staaten gewählt.

1989 Das Wachstu setzt sich for

1931 Die Krise ve wirkt eine tie

——— Dow Jones Industrial 1928–1935   ——— Dow Jones Industrial 1986–1993

Wie lassen sich solche Kursstürze erklären?

Wer sich nur auf den Kurssturz konzentriert, wird das Phänomen der Börsencrashs nicht verstehen. Ein Kurssturz folgt immer auf eine Finanzeuphorie, auf eine verbreitete und übertriebene Begeisterung. Ohne dies wissenschaftlich zu untermauern, kann man den Eintritt eines Börsencrash auch mit einer diabolischen Mechanik erklären, die durch die Verlockung des Geldes und die zügellose Spekulation genährt wird. In der Schlussphase kann die Börsenspekulation mit einem Glücksspiel gleichgesetzt werden. Zu Beginn läuft die Maschine stets mit geringer Geschwindigkeit: Da die Börse den breiten Massen suspekt ist, schrecken sie davor zurück, in Aktien zu investieren. Sie ziehen weniger riskante Anlagen wie Obligationen oder Geldmarktpapiere vor.

In einer zweiten Phase bahnt sich eine Markthausse an, die den bisherigen Anlegern erlaubt, satte Kapitalgewinne zu realisieren. Dadurch werden neue Anleger angelockt. Setzt sich die Aufwärtsbewegung fort, nehmen die Kapitalgewinne zu und verlocken immer schneller neue Kandidaten zum Börsenspiel: Die Hausse nährt die Hausse, bis sich die Kurse völlig loslösen von der wirtschaftlichen Realität und den Gewinnaussichten der Unternehmen, welche die Aktien ausgegeben haben.

In einem solch instabilen Umfeld ziehen sich die gewieftesten Spekulanten vom Markt zurück und verkaufen. Man befindet sich auf dem Gipfel des Marktes, eine gewisse zögernde Haltung macht sich bemerkbar, aber die Neuankömmlinge kompensieren die Abgänge. Der Börsencrash erfolgt, wenn die Spekulanten plötzlich (zum Beispiel nach einer schlechten Nachricht aus der Wirtschaft, einer Bankenkrise oder einem aufsehenerregenden Konkurs) realisieren, dass der Markt an seinen Grenzen angelangt ist. Alle wollen nun plötzlich aussteigen und verkaufen ihre Positionen zu jedem Preis, was zum Zusammenbruch des Marktes führt.

1990 Golfkrieg und Rezession.

1991

1992 Wirtschaftsaufschwung.

1993 Wahl von Bill Clinton ins Weisse Haus.

Kurzschluss

Die Heftigkeit des Börsenkrach von 1987 lässt sich – zumindest teilweise – mit den automatischen Trading-Programmen erklären, welche die institutionellen Anleger verwendeten. Um sich vor einem Kurssturz zu schützen, waren die Computer so programmiert worden, dass sie Verkaufsaufträge auslösten, sobald die Titel unter eine gewisse Limite fielen. Man versteht leicht, dass dies ein Teufelskreis war, in dem die Baisse das weitere Nachgeben der Kurse noch beschleunigte, zumal die Anwender dieses Systems den Handel aufgrund ihrer Grösse dominierten. Die New Yorker Börse führte in der Folge zweistufige Mechanismen ein, welche die Transaktionen unterbrachen, um eine Überhitzung zu vermeiden. Dies geschah vorerst nur für einige Minuten. Konnte dem Kurszerfall damit nicht Einhalt geboten werden, wurde die Sitzung bis zur Wiedereröffnung der Börse am folgenden Werktag geschlossen.

sich und be- e Rezession.

1932 Die Krise erreicht ihren Höhepunkt: In Amerika ist ein Viertel der aktiven Bevölkerung arbeitslos.

1933 Franklin Roosevelt wird Präsident. New Deal.

1934 Langsame Erholung der Wirtschaft.

1935

Quelle: Le Temps/Bloomberg

Eine zyklische Bewegung

Die Börse beschreibt langfristig eine Aufwärtsbewegung, aber mit sich abwechselnden Hausse- und Baisse-Zyklen, die bisweilen mehrere Jahre dauern können. Dieses Phänomen erklärt sich aus den Konjunkturbewegungen, welche die Börse widerspiegelt, ganz besonders in den USA.

Wie reagiert die Börse auf die wirtschaftliche Entwicklung?

Die Börse wird ganz wesentlich von den Konjunkturperspektiven und den damit verbundenen Inflationsprognosen beeinflusst.
Im allgemeinen beginnt das Inflationskarussell zu drehen, wenn sich die Wirtschaftsmaschinerie ihrer Höchstgeschwindigkeit nähert. Umgekehrt fällt die Inflation wieder, wenn die Wirtschaft in eine Rezessionsphase eintritt. Allerdings stimmt diese Regel nicht immer. Die Inflation kann selbst dann noch andauern, wenn die Wirtschaft bereits stagniert, was Stagflation genannt wird. Und dies sind natürlich denkbar schlechte Voraussetzungen für eine florierende Börse.
Um die Beziehung zwischen der Börse und der Wirtschaft zu verdeutlichen, kann man das nachstehende Modell eines vollständigen Börsenzyklus heranziehen.

Modell eines vollständigen Börsenzyklus

Man stellt die Börsenzyklen oft in fünf verschiedenen Phasen dar. Der Beginn eines Hausse-Marktes wird traditionsgemäss mit einem Stier dargestellt und entsprechend genannt. Beginnt der Markt nach Erreichen des Gipfels wieder umzukehren, ist der Bär an der Reihe. Man spricht dann von einem Bären-Markt (Bear market).

3. Die Wirtschaft kommt langsam ausser Atem, die Inflation steigt weiter und wird mit immer höheren Zinsen bekämpft. Der Markt erreicht nun seinen Höhepunkt.

2. Einige Monate später beginnt tatsächlich der Wiederaufschwung. Damit gehen aber auch Inflationsbefürchtungen einher, die zu einem Anstieg der Zinsen führen – allerdings nicht genügend, um den vorübergehenden Konjunkturaufschwung zu bremsen, der zu einem Anstieg der Börsenkurse führt.

4. Die Wirtschaft schwächt sich unter dem Druck der Zinsen ab. Der Markt fällt.

1. Der Markt hat seinen Tiefststand erreicht. Die Händler beginnen etwa fünf Monate vor Beginn des Wiederaufschwungs, das Ende der Rezession vorherzusehen. Die Zinsen sind am tiefsten.

5. Die Wirtschaft tritt in eine Rezessionsphase ein. Die Zinsen werden nun gesenkt, und die Börsenkurse erreichen ihren Tiefststand.

Die Börse als vorgezogenes Konjunkturbarometer

Nun reagiert die Börse aber bei weitem nicht so mechanisch wie im theoretischen Modell. Immerhin nimmt sie im allgemeinen Rezessionen und Wiederaufschwünge vorweg, wie dies in der untenstehenden Grafik des Dow Jones Industrial für die USA zu sehen ist. Einer Konjunkturabschwächung ging häufig ein sinkender Index voraus.

Zu beachten ist allerdings, dass die Verengung des Aktienmarktes nicht zwingend der Vorbote einer Rezession sein muss. Das beste Beispiel war der Crash von 1987, dem zwei Jahre Wirtschaftsboom folgten, der erst 1990 wieder von einer kurzen Rezessionsphase unterbrochen wurde.

Umgekehrt stiegen die Börsenkurse 1929 bis zum Einbruch unvermindert an, während die Wirtschaft bereits erste Anzeichen der Schwäche zeigte.

Man kann dem noch anfügen, dass der Zusammenhang zwischen Börse und Wirtschaft in der übrigen Welt noch weniger eng ist. Denn obwohl alle Märkte unter dem Einfluss von Wall Street stehen, entwickelt sich deren Wirtschaftslage selten parallel zur amerikanischen Konjunktur. Dies traf insbesondere auf die erste Hälfte der neunziger Jahre zu: Während die europäische Wirtschaft stagnierte, verzeichnete jene der USA ein starkes Wachstum. Die Dynamik der amerikanischen Wirtschaft könnte allerdings den ausgesprochen vitalen Markt während der ganzen neunziger Jahre nicht erklären. Der Dow Jones Index durchbrach in dieser Zeit die Schwelle von 10'000 und im Frühling 1999 sogar von 11'000 Punkten. Der zweite bedeutende Motor der Hausse sind die anhaltend sehr tiefen Zinsen, die auf den fehlenden inflationären Druck zurückzuführen sind.

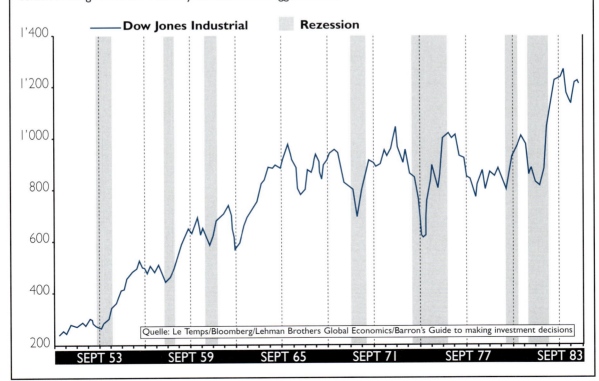

Der Dow Jones Index nimmt (oft) die amerikanischen Rezessionen vorweg

Die aussergewöhnliche Langlebigkeit des Wirtschaftsbooms dauert seit der letzten Rezession von 1991 an. Dies ist um so bemerkenswerter, als die vorangegangene Konjunkturschrumpfung auf die Zeit von 1982 und 1983 zurückgeht. Aus diesem Grund wurde hier um der höheren Aussagekraft und Lesbarkeit willen die Periode von Anfang 1951 bis Ende 1984 gewählt. Man stellt fest, dass das theoretische Modell der nebenstehenden Seite in diesen 34 Jahren jedesmal zutraf. Der Dow Jones Index begann seinen Fall stets eine gewisse Zeit vor Beginn der Rezession. Auch die Wiederaufschwünge hatte der Markt systematisch vorweggenommen.

Quelle: Le Temps/Bloomberg/Lehman Brothers Global Economics/Barron's Guide to making investment decisions

Wie man einen Markt beurteilt

Der Aktienmarkt hängt im wesentlichen von zwei Variablen ab: den Unternehmensgewinnen und den Zinsen. Das Geheimnis eines Marktes im Aufwärtstrend (Bull market) liegt in steigenden Gewinnen und sinkenden Zinsen. Umgekehrt lassen Gewinneinbussen und steigende Zinsen den Markt schrumpfen.

Messinstrumente

Gleich wie bei der Beurteilung einer Einzelaktie erfolgt die Berechnung des Marktzustands insgesamt auf der Grundlage der Price/Earning-Ratio. In diesem Fall nimmt man den Marktindex, für den amerikanischen Markt beispielsweise den S & P 500, und teilt ihn durch die erwarteten Gewinne. Dies ergibt eine Price/Earning-Ratio für den Gesamtmarkt. Man kann ein solches Mass mit den historischen Price/Earning-Ratios vergleichen, um zu prüfen, ob die Rendite des Marktes seiner langfristigen Entwicklung entspricht. Aber die Effizienz gebietet vielmehr, diese Price/Earning-Ratio mit den Renditen des Obligationenmarktes zu vergleichen. Denn die Rendite von Aktien und Obligationen verläuft stets mehr oder weniger parallel, mit einer Prämie für die Aktien, die mit einem erhöhten Risiko behaftet sind. Da die Obligationen im wesentlichen den Zinsschwankungen gehorchen (siehe Seite 75 ff.), unterliegen auch die Aktien diesem Einfluss. So stimulieren fallende Zinsen die Aktien, und umgekehrt lassen steigende Zinsen das Interesse daran schwinden.

Der Börsencrash von 1987 zeigt dieses Phänomen sehr schön auf, wie aus der untenstehenden Darstellung hervorgeht.

Schlüssel für die Beurteilung eines Aktienmarktes sind somit die beiden einfachen Variablen Gewinn und Zinsen. Gerade die Zinsentwicklung ist aber sehr schwer vorherzusehen. Diese Übung muss deshalb den Profis überlassen werden.

Zinsen und Gewinnsteigerungen am Werk

1987 war der Kursanstieg von den steigenden Gewinnen und sinkenden Zinsen stimuliert worden, was zu immer höheren Price/Earning-Ratios führte.

Der plötzliche Zinsanstieg war zweifellos einer der Hauptgründe für die Auslösung des Börsencrash. Dies geht klar aus dieser Grafik hervor, in der mit Basis 100 die Entwicklung des Dow Jones Index, seiner Price/Earning-Ratio und der Rendite amerikanischer Obligationen dargestellt ist.

Aber die sofort ergriffenen Massnahmen der Federal Reserve, um die Zinsen wieder fallen zu lassen, ermöglichte eine Erholung des Marktes. Dies war um so einfacher, als die Wirtschaft weiterhin wuchs und steigende Gewinne erwarten liess. Und so wurden die Verluste infolge des Crash innert kürzester Zeit wieder wettgemacht.

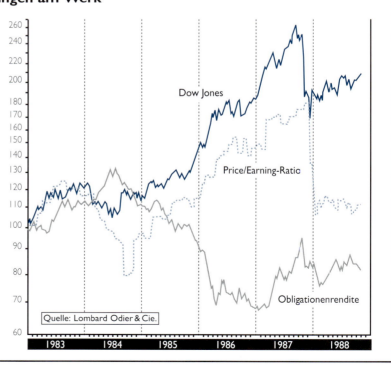

Quelle: Lombard Odier & Cie.

Die ausschlaggebenden Variablen

- **Gewinne**

  Die Gewinne der Gesamtwirtschaft hängen von einer Unzahl Faktoren im Zusammenhang mit der Konjunktur, dem Lohndruck, der Kursentwicklung von Rohstoffen und den Zinsen ab. Prognosen sind daher schwierig.

  Zudem fällt der Aktienkurs bei der vierteljährlichen Bekanntgabe dieser Gewinne, falls die Prognosen zu optimistisch ausgefallen waren. Umgekehrt gewinnt die Aktie an Wert, wenn die Vorhersagen zu pessimistisch waren. Dabei kann der Titel auch dann nachgeben, wenn bekanntgegeben wird, dass sich die hohen Erwartungen an den Gewinn bestätigt haben. Dieses Phänomen ist gar nicht so paradox, wie es scheinen mag: Der Kurs steigt, weil eine gute Neuigkeit angekündigt wird. Erfüllt sie sich, gibt es (kurzfristig) nichts mehr zu erwarten. Verschiedene Aktionäre verkaufen nun die Aktie, um den Gewinn zu realisieren. Um einen Überblick über die Gewinne aller Unternehmen zu erhalten, befassen sich die Analysten auch mit den Indikatoren der Kostensteigerungen, namentlich der Entwicklung des Stundenlohns.

  Die grosse Frage lautet, ob die andauernde Produktivitätssteigerung einer entwickelten Wirtschaft die (allfälligen) Lohnerhöhungen auszugleichen vermag oder nicht.

- **Zinsen**

  Die langfristigen Zinsen spiegeln insbesondere die Erwartung einer kommenden Inflation durch die Händler wider. Je ausgeprägter der Anstieg ist, desto grösser ist die Befürchtung erneuter Preisaufschläge. Und diese Befürchtung kommt in steigenden langfristigen Zinsen zum Ausdruck. Die Arbeitslosigkeit ist einer der Indikatoren, die am aufmerksamsten verfolgt werden. Ihr Rückgang ist paradoxerweise eine schlechte Nachricht für die Analysten – und für die Börse.

  Diese vordergründig unlogische Reaktion lässt sich mit der Vorwegnahme der Inflation erklären. Denn diese stellt sich mit der Austrocknung des Arbeitsmarktes früher oder später als Folge des Lohndrucks ein. Und dies führt wiederum dazu, dass die Zinsen steigen.

  Umgekehrt gibt eine zunehmende Arbeitslosigkeit den Analysten eine gewisse Sicherheit bezüglich Zinsen, die unter diesen Bedingungen tendenziell nach unten korrigiert werden.

Die Wirtschaftsprognosen

«Wenn sie sich mit dem Thema Wirtschaft mehr als 14 Minuten pro Jahr befassen, verlieren Sie deren 12 Minuten», erklärte eines Tages Peter Lynch, der «Guru» des Magellan-Fonds, der als einer der wichtigsten Anlagefonds der Welt gilt. Ohne so weit zu gehen wie der amerikanische Portfoliomanager, muss doch anerkannt werden, dass die makroökonomischen Prognosen nicht besonders zuverlässig sind. Historisch gesehen mag die Fehlerquote der Konjunkturforscher zwar beruhigend wirken. Das Problem liegt aber darin, dass die Grösse ihrer Fehler gerade in Zeiten der Umkehr der Wirtschaftslage ansteigt: Die Stärke des Wiederaufschwungs und das Ausmass von Rezessionen wurden schon oft unterschätzt. Nun sind aber gerade diese Perioden am wichtigsten für den Analysten, der entscheiden muss, ob er in einen Markt einsteigen oder wieder aussteigen will. Aus diesem Grund konzentrieren sich die Händler auf einfacher zu handhabende Indikatoren wie den Gewinn oder die Zinsen.

Wie man mit Aktien Geld verdient (oder verliert)

Der Traum eines jeden Anlegers ist, zum günstigsten Preis zu kaufen und anschliessend zum Höchstkurs wieder zu verkaufen. Diese Technik wird Market Timing genannt, ist aber mit grösster Vorsicht zu geniessen, denn Fehler sind mit empfindlichen Gewinneinbussen zu bezahlen.

Market Timing

Der traditionelle Ansatz für Aktienanlagen umfasst zwei Phasen: Sie beurteilen zuerst den Markt als Ganzes und – falls Ihnen die Price/Earning-Ratio angemessen erscheint – wählen dann die einzelnen Titel. Diese Methode ist als Ansatz bekannt, denn sie stützt sich auf eine Top-down-Analyse. Wenn Sie versuchen, Titel zum günstigsten Preis zu kaufen, müssen Sie nicht nur die Gewinnaussichten des Unternehmens beurteilen, sondern auch vorhersehen, wann der Markt kippt, um nur in Flautezeiten zu kaufen und die Titel zum Höchstpreis abzustossen. Leider laufen Sie Gefahr, in der herrschenden Euphorie zum Höchstpreis zu kaufen und Ihre Positionen ausgerechnet dann zu veräussern, wenn der Markt einer Korrektur unterliegt, um gleich darauf wieder zuzulegen.

Vergessen Sie übrigens nie, dass jeder Käufer auch einen Verkäufer braucht! Sind Sie sicher, auf der richtigen Seite der Transaktion zu stehen? Sie dürfen auch die Transaktionskosten nicht vernachlässigen, die erheblich sind, wenn sie zu den eingetretenen Verlusten hinzukommen.

Zum Trost sei gesagt, dass selbst Profis, die auf unzählige Informationsquellen und beträchtliche Mittel zurückgreifen können, sich immer wieder irren.

Denn man muss nicht nur wissen, ob ein Markt überhitzt ist, sondern auch, wann die Korrektur erfolgt und in welchem Ausmass. Gewisse Fachleute sind denn auch der Ansicht, dass es unmöglich ist, die kurzfristigen Marktbewegungen vorherzusehen. Und diese Schlussfolgerung ist beunruhigend, denn Timing-Fehler haben schwerwiegende Folgen für die Performance.

Market Timing in Frage gestellt

Fidelity Investment, die weltweit führende Anlagefondsgruppe, warnt vor den Gefahren des Market Timing. Eine solche besteht darin, ausgerechnet dann auszusteigen, wenn die Märkte sich wieder beleben.

Zur Stützung dieser These macht Fidelity die Statistiken über die Entwicklung des amerikanischen Marktes von Anfang Jahrhundert bis 1995 geltend. Daraus geht hervor, dass der Markt im Durchschnitt während 70% der Zeit zugelegt hat. Insgesamt beträgt die durchschnittliche Jahresperformance 10%: In Hausse-Zeiten lag der durchschnittliche Anstieg bei 66%, während in rückläufigen Phasen mittlere Verluste von 20% verzeichnet wurden.

Um die Rendite zu optimieren, müssen daher Baisse-Perioden vermieden werden. Dies ist aber schwierig, und man läuft Gefahr, auch die darauf folgenden Haussen, die oft heftig und unerwartet kommen, zu verpassen. Der Veranschaulichung dieser Auswirkung diene die nebenstehende Darstellung der Jahresperformance des S & P 500 Index für die Zeit von 1983 bis 1992, was 2'526 Börsentagen entspricht. Berücksichtigt man die besten Tage nicht, schrumpft die Performance ganz erheblich.

S & P 500 von 1983 bis 1992

Die 2'526 Börsentage	16,2%
Ohne die 10 besten Tage	11,6%
Ohne die 20 besten Tage	8,6%
Ohne die 30 besten Tage	6,0%
Ohne die 40 besten Tage	3,6%

Alternative Strategie

Was tun, wenn man auf das Market Timing verzichten will? Die Gegner dieser Politik empfehlen, die Titel möglichst lange zu behalten. Sie vertreten die «Buy and hold»-Strategie (kaufen und behalten) – nicht indem irgend etwas gekauft wird, sondern indem man sorgfältig einige Unternehmen auswählt, um deren Titel möglichst lange zu halten. Der grosse Vorteil davon ist, dass man Transaktionskosten spart und mit dem hohen Mehrwert rechnen kann, den die Aktien guter Unternehmen im Laufe der Jahre erzielen.

Aber die Methode stösst ebenfalls an ihre Grenzen. Denn einerseits muss man jene Titel ausfindig machen, die nicht über 5, sondern über 10 oder 20 Jahre Gewinn versprechen. Anderseits hat eine solche Politik eine Konzentration der Risiken auf einige Werte zur Folge, was dem Konzept der Diversifikation widerspricht.

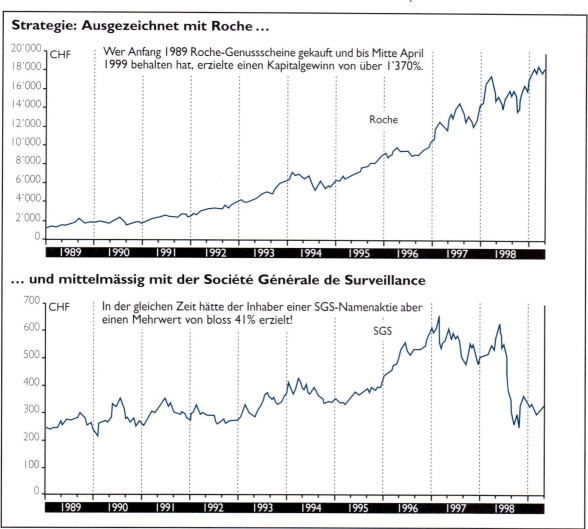

Strategie: Ausgezeichnet mit Roche …

Wer Anfang 1989 Roche-Genussscheine gekauft und bis Mitte April 1999 behalten hat, erzielte einen Kapitalgewinn von über 1'370%.

… und mittelmässig mit der Société Générale de Surveillance

In der gleichen Zeit hätte der Inhaber einer SGS-Namenaktie aber einen Mehrwert von bloss 41% erzielt!

Gemischte Strategie

Weder das Market Timing noch die «buy and hold»-Methode sind Wundermittel. Am besten versöhnt man diese völlig entgegengesetzten Ansätze miteinander, indem Techniken gewählt werden, die irgendwo dazwischen liegen. Die Verwendung gedeckter Optionen (siehe Seite 122 ff.) ist zum Beispiel ein Kompromiss für die Verbesserung der Performance ohne kostspieliges Hin und Her nach dem Zufallsprinzip, wenn der Markt tendenziell an Ort tritt.

Anlagen an ausländischen Börsen

Wenn Sie ausländische Aktien kaufen wollen, können Sie dies direkt über die entsprechende Börse tun, indem Sie beispielsweise eine IBM-Aktie in New York erwerben. Wie viele andere ausländische Titel, die in Form von Aktienzertifikaten in Schweizer Franken kotiert sind, können Sie diese aber auch an der Schweizer Börse kaufen.

Doppelte Kotierung

In der Finanzpresse sind die Kurse ausländischer Aktien unter der Rubrik des entsprechenden Landes zu finden. Sie sind somit in ihrer Landeswährung kotiert, im nachstehenden Beispiel amerikanische Titel in Dollar. Jene Aktien, die in der Schweiz in Form von ausländischen (amerikanischen, europäischen, japanischen, südafrikanischen oder anderen) Aktienzertifikaten in Schweizer Franken kotiert werden, erscheinen ebenfalls unter der Rubrik Börse Schweiz SWX. Die nachstehenden Beispiele stammen aus der «Finanz und Wirtschaft».

Wechselkurs

Rechnet man den Wert der ausländischen Aktien in Schweizer Franken um, so stimmt der erhaltene Betrag mehr oder weniger mit dem Wert der entsprechenden Aktienzertifikate überein. Abbott beispielsweise hatte einen Wert von 36,38 Dollar, und ihr in der Schweiz kotiertes Zertifikat kostete 56,75 Franken, d. h. rund Fr. 1.56 pro Dollar, was dem Wechselkurs des entsprechenden Tages entsprach.

Aktienzertifikate folgen den ausländischen Märkten

Die enge Beziehung zwischen den beiden Märkten erklärt sich aus der Tätigkeit von Spezialisten, die tätig werden, sobald sich eine Abweichung zwischen dem Kurs des Zertifikats und jenem der Aktie im Ausland abzeichnet. Diese Händler profitieren von der Differenz, indem sie den Titel dort kaufen, wo er tiefer bewertet ist, um ihn auf dem anderen Markt wieder zu verkaufen und so für einen Ausgleich zu sorgen.
Die Transaktionsvolumen amerikanischer Aktienzertifikate sind im Vergleich zu den Volumen an der Börse von New York sehr bescheiden. Dies erstaunt weiter nicht, denn an den in der Schweiz kotierten Zertifikaten sind fast ausschliesslich Schweizer Kleinanleger interessiert. Die Kurse der amerikanischen Aktienzertifikate folgen somit lediglich den Bewegungen der Börse von New York und den Wechselkursschwankungen des Dollars.

Wechselkursrisiko

Die Einführung des Euro hat die europäische Währungslandschaft stark vereinfacht. Aber der Schweizer Anleger hat das Wechselkursrisiko weiterhin zu tragen, wenn er seine Referenzwährung verlässt und in ausländische Märkte investiert.

Die schliesslich in Schweizer Franken berechnete Rendite unterliegt nämlich den Wechselkursschwankungen. Fällt der Dollar beispielsweise in wenigen Wochen von Fr. 1.60 auf Fr. 1.40, so bedeutet dies, dass sich von jedem investierten Dollar 20 Rappen in Luft aufgelöst haben.

Die Abwertung einer Währung ist um so schmerzhafter, als sie oft mit Kursstürzen einhergeht. Dies hat zur Folge, dass die Verluste für Anleger, die in Fremdwährungen investieren, noch verstärkt werden.

Aber auch das Gegenteil kann eintreffen, denn Haussen werden oft von einer Aufwertung der Währung begleitet. Dabei verdient der ausländische Anleger gleich doppelt.

Zwischen diesen beiden extremen Situationen erzielt der ausländische Anleger in der Lokalwährung vielleicht einen Gewinn, erleidet aber einen Verlust, wenn er diesen Gewinn in seine Referenzwährung umrechnet. Oder er beklagt einen Verlust mit der Anlage in der Lokalwährung und verdient trotzdem, wenn er diesen aus der Warte seiner Referenzwährung sieht.

Die Wirkung des Wechselkurses

Die Volatilität der Wechselkurse hat grosse Unterschiede in der Performance zur Folge, je nachdem, ob man in der Lokalwährung oder in der Referenzwährung (Schweizer Franken) rechnet, wie dies hier mit Basis 100 am Beispiel des japanischen Nikkei Dow Jones in Yen, umgerechnet in Schweizer Franken, veranschaulicht wird. Während sich der japanische Index zwischen Anfang 1992 und Ende 1994 eher schlecht hielt und in Yen 14,2% nachgab, war seine Performance in Schweizer Franken mit einem Wachstum von 4,6% positiv. Dies war möglich dank der Aufwertung der japanischen Währung gegenüber den meisten anderen Währungen.

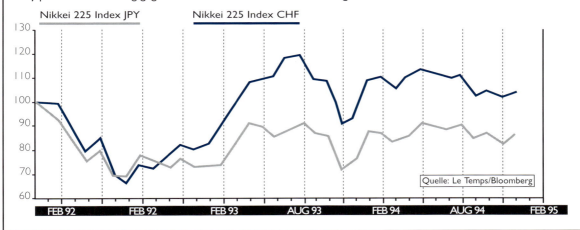

 ### Aktienzertifikate schützen nicht vor dem Wechselkursrisiko

Investiert ein Anleger in Aktienzertifikate, denkt aber ausschliesslich in Schweizer Franken, darf dieser Vorteil nicht zu Illusionen verleiten. Denn ihr Kurs hängt von der Schwankung der an der Ursprungsbörse zugrunde liegenden Titel und somit auch von den Schwankungen ihrer Währung gegenüber dem Schweizer Franken ab.

Dies macht die Aufgabe der Vermögensverwalter bisweilen schwierig, denn sie müssen ihren Kunden erklären können, wie sie ihr Vermögen verwaltet haben – etwa dann, wenn die amerikanischen Aktienzertifikate in Schweizer Franken gefallen sind, während die entsprechenden Aktien in Dollar an der Wallstreet einen Kursanstieg verzeichneten.

Ein weiterer Nachteil ist, dass man kaum Optionen auf ausländische Aktienzertifikate in Schweizer Franken kaufen oder verkaufen kann. Alle diese Nachteile erklären, dass diese heute weniger gefragt sind als früher. Und dies obwohl die Transaktionskosten für Zertifikate weniger hoch sind als jene für Transaktionen an ausländischen Börsen.

Die Schweizer Börse

Die Schweizer Börse nimmt hinsichtlich Transaktionsvolumen weltweit den achten Rang ein. Der Handel wird von einigen Blue-chips von erdrückendem Gewicht dominiert. Ein Markt für kleine Wachstumswerte, der New Market, ist erst vor kurzem geschaffen worden.

Eine Börse von mittlerer Bedeutung

Die Schweizer Börse nimmt in der Rangliste der Weltbörsen handelsvolumenmässig den achten Rang ein (siehe Seite 70). Diese beachtliche Performance trotz des kleinen Schweizer Marktes lässt sich mit der Anwesenheit einiger multinationaler Unternehmen wie Nestlé, Novartis oder Roche erklären, wie aus der nebenstehenden Darstellung ersichtlich ist. Aber das Gewicht dieser Riesen ist zugleich auch die Achillesferse der Schweizer Börse: Der Handel dieser Blue-chips erfolgt mehr und mehr in London. Das Phänomen wird noch verschärft durch die Aufrechterhaltung der Stempelabgabe auf dem Handel, der sich die Anleger am britischen Finanzplatz entziehen.

Diese Stempelabgabe könnte die Schweiz auch in ihren Integrationsbemühungen für die Teilnahme am Aufbau eines europaweiten elektronischen Marktes behindern (siehe Seite 72). Glücklicherweise besitzt die Schweizer Börse aber andere Vorteile, namentlich die erfolgreiche Entwicklung eines vollständig elektronischen Systems von der Auftragserteilung bis zur abschliessenden Bezahlung (siehe Seite 46).

Im Bereich der Derivate nimmt die Schweizer Börse ebenfalls eine Leaderstellung ein. Ihre Tochter Eurex, die sie zu gleichen Teilen mit der Deutschen Börse hält, ist in der Tat die wichtigste europäische Börse für derivative Instrumente (siehe Seite 126).

Ein von wenigen Schwergewichten dominierter Markt
Allein auf Nestlé, Novartis, Roche, UBS und ABB entfallen rund 63,9% (Dezember 1999) der gesamten Börsenkapitalisierung des Schweizer Marktes.

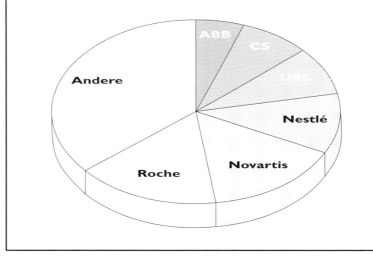

Eine breite Palette

Aktien sind nicht die einzigen Titel, die an der Schweizer Börse gehandelt werden, machen jedoch rund drei Viertel des Volumens aus. So entfielen Ende 1998 nahezu 72% der gesamten Börsentransaktionen (1'287 Milliarden CHF) auf Schweizer Aktien. Ausländische Aktien machten bloss 4% des Gesamtvolumens aus, während die Optionsscheine (somit ohne Eurex) kaum 7% erreichten. Der Rest wurde mit Obligationen erzielt (siehe «Schweizer Obligationenmarkt», Seite 94 ff.), und zwar 12,5% mit inländischen und 5% mit ausländischen Obligationen.

Im Juni 1999 nahm die Schweizer Börse eine neue Tätigkeit auf, den noch wenig bekannten elektronischen Repo-Markt. Bei einem Repo (Repurchase Agreement) verkauft der Geldnehmer Wertpapiere an den Geldgeber mit der gleichzeitigen Vereinbarung, Wertpapiere gleicher Gattung und Menge zu einem späteren Zeitpunkt zurückzukaufen. Vom wirtschaftlichen Standpunkt her gesehen ist ein Repo-Geschäft ein durch Wertpapiere garantiertes Darlehen.

Der New Market

IPO: drei magische Buchstaben... Für viele Anleger sind IPO (Initial Public Offering oder Öffnung einer privaten Aktiengesellschaft durch die Ausgabe und Kotierung von Aktien) eine wahre Goldgrube. Begründet ist diese Ansicht in der Hoffnung, sich am Kapital einer neuen Microsoft zu beteiligen und so von ihrem unaufhaltsamen Wachstum zu profitieren.

Um einerseits dem Appetit der Investoren und anderseits dem Finanzierungsbedarf junger Wachstumsgesellschaften zu entsprechen, hat die Schweizer Börse deshalb im Juli 1999 den New Market aus der Taufe gehoben. Für IPO wurden die Minimalanforderungen an das Kapital und den bisherigen Geschäftsgang («track record») reduziert.

Um die Risiken, die mit noch sehr jungen Wachstumsgesellschaften verbunden sind, auszugleichen, verlangt die Börse dafür ein besonderes Mass an Transparenz im Vergleich zu den am Hauptmarkt kotierten Werten. Dies geschieht zum Beispiel, indem die Anwendung internationaler Buchführungsnormen (IAS oder die amerikanische Norm GAAP) und die Präsentation von Vierteljahresberichten verlangt werden.

Eine Bank, die bei der Plazierung der IPO mitwirkt, muss sich dazu verpflichten, für genügend Liquidität für die von ihr an der Börse eingeführte Aktie zu sorgen.

Bis Ende 1999 waren nach diesem Konzept bereits mehrere IPOs am Markt, die in den ersten Wochen und Monaten nach ihrer Einführung starke Kursanstiege verzeichnen konnten. Die grosse Ausnahme ist Complet-e N, die sofort einen Taucher hinnehmen musste.

SWX NEW MARKET

Titel	Hoch 1999	Tief 1999	Kurs 7.12.	+/- % 3.12.	+/- % Emission
4M Technologies N	510	302	492	+3.8	+64.0
Biomarin N	29.05	15.8	21.5	+0.5	+8.9
Card Guard N	30	25	26.05	-3.5	+4.2
Complet-e N	177.75	120.5	156	0.0	-13.3
Miracle N	488	336	420	+6.3	+75.0
Swissfirst I	807	725	790	-1.3	+18.8

Volatilität

Die Besonderheit der IPO ist ihre extreme Volatilität, wie dies bei jeder Wachstumsgesellschaft der Fall ist. Beispielsweise die Biomarin Namenaktie, der erste kotierte Wert auf dem New Market, weist seit ihrer Emission im Juli 1999 eine Kurssteigerung von 8,9% auf. Zuvor aber musste sie in derselben Periode Ausschläge von +47% bis −20% hinnehmen.

Quelle: FuW

Sind IPOs Goldesel?

Auf den ersten Blick müsste sich jeder vernünftige Anleger mit nur ein klein wenig Abenteuergeist auf die IPOs des New Market stürzen. Denn selbst wenn die Volatilität über jener des Hauptmarktes liegt, scheint die Performance einiges mehr zu versprechen. Dies war etwa beim Frankfurter Neuen Markt der Fall, der im März 1997 eingeführt wurde und dessen Index in zweieinhalb Jahren um 430% stieg! Hier sind allerdings einige Bemerkungen anzufügen. Aus dem Beispiel des amerikanischen Nasdaq (siehe Seite 71), der bereits eine lange Tradition hat, kann einiges gelernt werden. Nach Aussage des amerikanischen Brokerhauses Prudential Securities, das eine umfangreiche Studie über mehr als 1'500 in den Jahren 1991, 1992 und 1993 an der Börse eingeführte Titel durchführte, stehen nur jene auf der Gewinnerseite, welche die IPO zu ihrem Emissionskurs erwerben können. Denn die Superperformance dauert nicht lange an: Die zusätzliche Performance gegenüber dem Nasdaq-Index erreicht nach drei Monaten ihr Maximum und sinkt anschliessend nach einem oder zwei Jahren rapide ab. Wurde der Titel zum Schlusskurs am ersten Tag gekauft, ist die Performance noch bescheidener: Sie schlägt den Markt bei ihrem Höchststand nach einem Quartal bloss um 3,3% und verzeichnet nach einem Jahr ein unterdurchschnittliches Wachstum. Diese Ergebnisse sind besonders interessant, da sie frühere Studien über die achtziger Jahre bestätigen. Ausserdem darf nicht vergessen werden, dass es sich um einen spekulativen Markt handelt, der von einer Hausse-Welle getragen wird. Die Gefahr einer blinden Begeisterung – und damit von schmerzhaften Korrekturen – ist gross.

Die grossen internationalen Börsen

Die USA verfügen mit zwei Hauptbörsen – die New York Stock Exchange und Nasdaq – über die bedeutendsten Finanzmärkte der Welt. Deutlich abgeschlagen folgen London und Paris.

Die amerikanische Börse in Spitzenposition

Wallstreet belegt in der Börsen-Weltrangliste unangefochten den ersten Rang. Ihr Einfluss reicht weit über Amerika hinaus und erstreckt sich auf alle Börsenplätze der Welt. Weniger bekannt als Wallstreet ist der Nasdaq, der amerikanische Markt für Wachstumswerte, der in der Welthierarchie trotz allem auf dem zweiten Platz anzutreffen ist, noch vor Paris und London zusammen. Immerhin fällt die gute Plazierung der Londoner Börse auf, die noch vor jener von Tokio liegt, obwohl diese die weltweit zweitstärkste Wirtschaftsmacht widerspiegelt. Der Erfolg von London erklärt sich aus dem internationalen Charakter dieses Börsenplatzes: Nicht weniger als 65% der Titel, die ausserhalb ihres Ursprungslandes gehandelt werden, finden über London einen Abnehmer. Dieser Anteil steigt für die europäischen Titel sogar auf 90% an. Die japanische Börse hatte ihre Sternstunde Ende der achtziger Jahre, als sie zur grössten Börse der Welt – noch vor Wallstreet – avancierte. Aber seit die Spekulative Blase geplatzt ist, hat sie in drei Jahren 60% an Wert verloren, befindet sich jetzt allerdings wieder in einem langsamen Aufwärtstrend. In der Zwischenzeit haben aber alle anderen Börsen erheblich zugelegt.

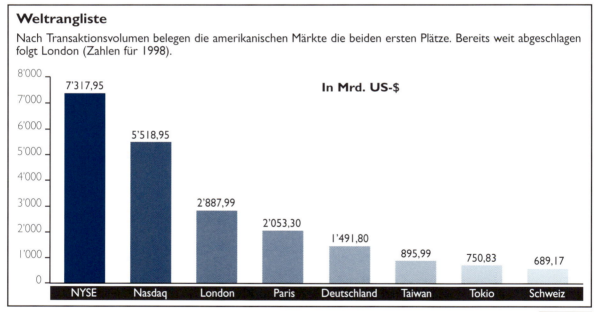

Weltrangliste

Nach Transaktionsvolumen belegen die amerikanischen Märkte die beiden ersten Plätze. Bereits weit abgeschlagen folgt London (Zahlen für 1998).

Quelle: FIBV

Dow Jones und S & P 500

Der Dow Jones Industrial (DJI) der New Yorker Börse ist zwar der am meisten beachtete Börsenindikator der Welt, aber auch einer der ungenausten, denn er enthält nur 30 Werte. Ausserdem stellt er nur einen einfachen Durchschnitt der Kurse dar, ohne jede Gewichtung der Börsenkapitalisierung der Einzelunternehmen. Aber die historische Bedeutung ist zweifellos ausschlaggebend dafür, dass der DJI in der heutigen Form beibehalten wird: Der Dow Jones erlebte zwei aufsehenerregende Crashs in den Jahren 1929 und 1987. Im übrigen ist dieser Indikator nützlich für die Verfolgung von Blue-chips.
Dabei verfügt auch Wallstreet über einen ausgezeichneten gewichteten Gesamtindex des Marktes: den Standard & Poor's 500. Er ist deshalb das Instrument, das die Börsenprofis bevorzugt einsetzen.

Der Nasdaq im Schatten von Wallstreet

Die New Yorker Börse befindet sich an der Wall Street, von der sie ihren Namen hat, im Stadtteil Manhattan. Den Marktsaal des Nasdaq sucht man dagegen vergeblich: Es gibt gar keinen! Die Teilnehmer dieser Börse handeln dank eines Systems der laufenden Kursnotierung, zu dem sie über ihren Monitor Zugang haben, telefonisch von ihrem Büro aus. Der 1971 gegründete Markt Nasdaq hat eine enorme Entwicklung durchgemacht, denn er ermöglicht vielen kleinen Wachstumsgesellschaften, die zu klein sind für eine Kotierung in New York, den Zugang zum Kapitalmarkt. Sein Erfolg lässt sich auch mit dem Erfolg einiger Gesellschaften erklären, die inzwischen zu Giganten angewachsen sind. Man denke nur an Microsoft, Apple oder Intel. Auch viele ausländische Gesellschaften ziehen Nasdaq vor, darunter auch einige grosse Namen wie Volvo oder Ericsson. An diesem elektronischen Markt sind denn auch mehr nichtamerikanische Unternehmen kotiert als an der Börse von New York und an der American Exchange. In bezug auf die Anzahl kotierter Gesellschaften – 5'100 – kann Nasdaq für sich beanspruchen, der grösste Aktienmarkt der Welt zu sein.

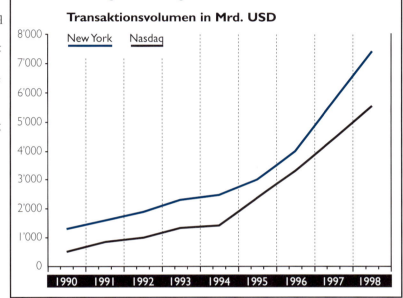

Das Verfolgungsrennen

Wie aus der untenstehenden Darstellung hervorgeht, ist Nasdaq der New-Yorker Börse volumenmässig dicht auf den Fersen. Seine Börsenkapitalisierung hingegen ist viel bescheidener. Dies hinderte ihn 1998 allerdings nicht daran, die Börse von Tokio und London in der Rangliste zu überholen und zu Wallstreet aufzuschliessen. Immerhin bleibt die Börse von New York – zumindest vorläufig – noch unangetastet.

Transaktionsvolumen in Mrd. USD

Quelle: FIBV

Die Bedrohung kommt vom Internet

Während der Nasdaq versucht, Wallstreet den ersten Rang streitig zu machen, ist am amerikanischen Horizont bereits eine neue potentielle Gefahr aufgetaucht, die sogenannten Electronic Communication Networks, besser bekannt unter der Abkürzung ECN. Es handelt sich um Gesellschaften, die Internet einsetzen, um eine Art Minibörsen zu bilden, an denen eine gewisse Zahl von Bluechips gehandelt wird.
Der Handel ist automatisiert, und zwar kostengünstiger als an den traditionellen amerikanischen Börsen, deren Einnahmen hauptsächlich aus der Differenz zwischen dem Kauf- und dem Verkaufspreis stammen (Spread). Im Gegensatz dazu erheben diese neuen Gesellschaften eine Kommission, wenn der Auftrag ausgeführt wird. Die Geschwindigkeit der Auftragserledigung und ihre sehr tiefen Kosten bieten einem solchen System ein enormes Entwicklungspotential. So erreichten die von allen ECN zusammen gehandelten Titel nicht weniger als 30% des Volumens der an Nasdaq kotierten Papiere. Die Bedrohung für die traditionellen Börsen scheint um so ernsthafter, als diese neuen Gesellschaften bereits von mehreren grossen Brokerfirmen, die Mitglied der New Yorker Börse sind, unterstützt werden, so etwa von Merrill Lynch und Goldman Sachs, die in ihre gemeinsame Tochtergesellschaft Archipelago investiert haben.
Auch Europa kann sich dem neuen Trend hin zu ECN nicht entziehen: In London ist für britische Aktien die Gesellschaft Tradepoint gegründet worden. Ende 1999 erreichte das Handelsvolumen zwar noch kaum 1% desjenigen der Londoner Börse, aber bereits sind drei Finanzgiganten eingestiegen: Merrill Lynch, Credit Suisse First Boston und Dresdner Kleinwort Benson.

Die europäischen Börsen im Zeitalter des Euro

Der Euro hat in Europa zu einem grossen Gebiet der Einheitswährung geführt, dem auch die wichtigsten europäischen Börsen angehören – mit Ausnahme des grössten Finanzzentrums London und der Schweizer Börse.

Ein zerbröckelter Markt

Die Börsenkapitalisierung der Euro-Zone ist zwar die drittgrösste nach der New Yorker Börse und dem Nasdaq, sie verteilt sich jedoch auf mehrere Börsen mit weiterhin sehr unterschiedlichen Gesetzgebungen.

Kurz vor Einführung des Euro wurden Allianzen zwischen verschiedenen Märkten geschlossen. Im Mai 1999 unterzeichneten die acht europäischen Börsen von London, Frankfurt, Paris, Mailand, Madrid, Amsterdam, Brüssel und Zürich ein Vereinbarungsprotokoll mit dem Ziel, eine einzige elektronische Plattform mit einem eigenen gemeinsamen Reglement zu errichten. Diese Vereinbarung führte im September 1999 zum Beschluss, aus vielen Märkten einen Markt in Form eines offenen Börsenplatzes zu schaffen, indem die verschiedenen Märkte über eine virtuelle Börse miteinander verbunden werden. In einer ersten Phase dürfte der Markt zwischen 300 und 600 grosse europäische Titel mit nur einem Preis pro Papier umfassen. Die Einführung ist bis November 2000 geplant. Diese rasante Entwicklung darf zweifellos als Antwort auf die Bedrohung des Projekts von vier amerikanischen Banken – JP Morgan, Merrill Lynch, Morgan Stanley und Goldman Sachs – gewertet werden. Diese Finanzinstitute planten nämlich die Schaffung einer elektronischen Plattform für die Kotierung der europäischen Titel. Ob die Ambitionen dies- oder jenseits des Atlantiks nun konkretere Formen annehmen oder nicht – der Kampf um Marktanteile wird auf jeden Fall andauern.

Die Ausgangslage von London scheint gut zu sein, in Europa vor Paris und Frankfurt weiterhin die Führungsrolle zu spielen.

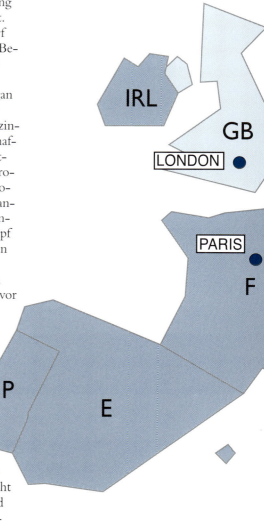

Branchenansatz bevorzugt

Die allgemeine Tendenz in der Vermögensverwaltung verlagert sich zunehmend von einem geographischen Ansatz zu einem Branchenansatz. Damit wird auf das Verschwinden der Währungsgrenzen innerhalb der Euro-Zone reagiert. Denn die meisten europäischen Finanzinstitute (Pensionskassen, Versicherungsgesellschaften usw.) werden Portefeuilles, die vom Gesetz immer weniger gezwungen werden, in ihre jeweiligen Binnenmärkte zu investieren, neu zusammenstellen. Der geographische Ansatz dürfte zwar nicht völlig aufgegeben werden, wird aber mit der gegenseitigen Annäherung der Gesetzgebungen und Vorschriften einerseits und der Wirtschaftspolitik andererseits zunehmend in den Hintergrund gedrängt.

Neue Indizes

Die Messung der Performance von Titeln, die aus der Euro-Zone stammen, erhält ebenfalls Konkurrenz. Entstanden sind so der Eurotop 1000, der Morgan Stanley Capital Index (MSCI) und die Familie der Dow Jones Stoxx.

Es scheint, dass die letzte Kategorie von Indizes den Sieg davontragen wird.

Dabei handelt es sich um eine von der deutschen, französischen und Schweizer Börse geschaffene Index-Familie, die zwei Aktiengruppen umfasst. Die erste beruht auf den 15 Staaten der Europäischen Union und der Schweiz (DJ Stoxx), die andere nur auf den elf Teilnehmern der EWU (DJ Euro Stoxx), d. h. ohne Grossbritannien, Schweden, Dänemark und die Schweiz. Beide Indizes werden nochmals in zwei neue Kategorien unterteilt: einen breiten und einen engen Index, der nur aus 50 Blue-chips besteht.

- Mitgliedstaat der Europäischen Währungsunion
- Mitgliedstaat der Europäischen Union, aber nicht der Währungsunion
- Nicht der Europäischen Union angehörender Staat

Quelle: Union européenne

Berechnung der historischen Werte

Der Übergang zum Euro stellt die Finanzanalysten vor das Problem der historischen Daten. Denn die europäischen Titel werden seit dem 1. Januar 1999 nur noch in Euro gehandelt. Will man eine mehrjährige Performance, ist zuerst die Entwicklung des Titels in seiner ursprünglichen Währung vor dem Zusammengehen zu beurteilen, um ihn anschliessend zum definitiven Wechselkurs in Euro umzurechnen.

Für die Siemens-Aktie beispielsweise müssen Sie den Kurs in DM durch den Wechselkurs 1,95583 teilen, um die Entwicklung des Titels in Euro verfolgen zu können.

Obligationen

Es mag Sie vielleicht erstaunen, dass dem im Grunde recht einfachen Instrument der Obligation fast ebensoviel Raum geschenkt wird wie der Aktie, selbst wenn es davon zahlreiche Varianten gibt wie etwa Wandelanleihen, Optionsanleihen, Pfandbriefe, Kassascheine, Nullprozent-Anleihen usw.

Aber weil Obligationen viel mechanischer reagieren als Aktien, ist es sehr wichtig, Einflussfaktoren wie die Zinsen gut zu kennen. Und zwar auch dann, wenn Sie – wie ich Ihnen empfehle – Obligationen nur einsetzen, um regelmässige und absehbare zukünftige Bedürfnisse zu decken, und nicht etwa, um mit Kursschwankungen zu spekulieren. Das Timing Ihrer Anlagen in Obligationen ist nämlich nicht unerheblich für deren Rendite. Grundsätzlich gilt, dass sich der Kurs der Obligationen in umgekehrter Richtung wie die auf dem Markt herrschenden Zinssätze verändert. Steigen also die Marktzinsen, fällt der Kurs der Obligationen. Sind die Zinsen rückläufig, so steigt der Kurs der Obligationen.

Bei sehr tiefen Zinsen ist es gefährlich, Obligationen mit sehr langer Laufzeit – etwa zehn Jahre – zu kaufen. Denn wenn Sie eine solche Laufzeit wählen und die Zinsen bald darauf wieder steigen, erleiden Sie einen Ertragsausfall aufgrund der höheren Zinsen, die Sie erzielen könnten, wenn Sie nicht mit einer langfristigen Anlage blockiert wären. Sie können natürlich Ihren Titel verkaufen, müssen aber einen Verlust in Kauf nehmen.

Daraus geht hervor, dass der Schlüssel zu einer optimalen Obligationenverwaltung in einer guten Qualität der Zinsprognosen liegt. Der Vergleich zwischen den kurz- und den langfristigen Zinsen ist im allgemeinen ein gutes Instrument der Prognose, da es die Inflationsprognosen des Marktes widerspiegelt.

Sobald man sich für eine Währung entschieden hat, erfolgt die individuelle Auswahl der Obligationen nach fünf Hauptkriterien: Qualität des Emittenten, Domizil, Rendite auf Verfall, Liquidität und Restlaufzeit.

Um die Qualität des Emittenten zu beurteilen, vergeben spezialisierte Agenturen wie Standard & Poor's und Moody's Investors Service Gütesiegel. Für die begehrte Höchstnote wird die Buchstabenkombination «AAA» (Triple-A) verwendet.

Falls Sie unschlüssig sind, ob Sie einer Obligation oder einer Aktie den Vorzug geben sollen, können Sie Wandelanleihen oder Optionsanleihen kaufen. Wollen Sie sich nicht auf den Franken beschränken, nehmen Sie ausser dem Zinssatzrisiko auch ein Wechselkursrisiko in Kauf. Mit der Einführung des Euro hat sich das Währungsumfeld jedoch vereinfacht, denn für die elf Staaten der Währungsunion gilt nun dieselbe Einheitswährung.

Schliesslich können Sie in den Euromarkt investieren, der nicht mit dem Euro-Markt – dem Markt des Währungsraums Euro – zu verwechseln ist. Auf dem Euromarkt werden Eurowährungen gehandelt. Es handelt sich um Währungen, die ausserhalb ihres Emissionslandes gehandelt werden, beispielsweise der Dollar in London. Der Hauptvorteil von Euro-Anleihen besteht darin, dass sie keiner Verrechnungssteuer unterliegen.

Die Obligation – eine Forderung

Jede Obligation verkörpert einen Bruchteil der Anleihe eines Unternehmens oder einer öffentlich-rechtlichen Körperschaft, die von einer grossen Zahl von Anlegern gekauft wird. Solche Titel werden jeweils in einer Serie mit identischen Rückzahlungsbedingungen, Emissionspreisen, Zinssätzen und Laufzeiten ausgegeben. Dank der Standardisierung der Obligationen einer bestimmten Anleihe können sie leicht gehandelt werden.

Neuemissionen

Da Obligationen Darlehen sind, die nach einer bestimmten Laufzeit zurückbezahlt werden, erfolgen regelmässig Neuemissionen am Markt. Oft werden neue Anleihen aufgelegt, um die Rückzahlung verfallener Anleihen zu refinanzieren. Die Banken des Emissionssyndikats machen diese neuen Produkte in der Presse bekannt. In Kotierungsinseraten werden die Anleger über die Art und die Bedingungen des angebotenen Produkts informiert, wie dies die Banque Cantonale de Genève am 6.3.1999 für eine eigene Anleihe in der «Finanz und Wirtschaft» gemacht hat.

Zinssatz und Laufzeit

Der Inhaber eines Titels dieser Anleihe mit einem Nominalwert von 5'000 Franken hat jedes Jahr Anrecht auf die Bezahlung von 3% Zins oder Fr. 162.50 (3 x 5'000 = 162.50). Dies gilt bis zum Verfall im Jahre 2009, wenn die 5'000 Fr. zurückbezahlt werden. Die jährliche Auszahlung erfolgt gegen Coupons.

Betrag

Die 100'000'000 Franken entsprechen dem Gesamtbetrag der auf dem Markt plazierten Anleihe. Die bescheidene Grösse dieser Anleihe mag allerdings einen Anleger abschrecken, der sicher sein will, schnell einen Käufer zu finden, wenn er seine Obligationen nicht während der ganzen Laufzeit behalten will.

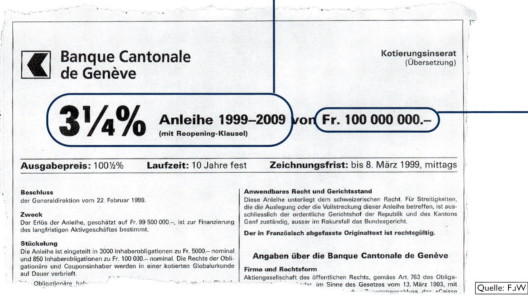

Nominalwert ist nicht gleich Börsenwert

Die Obligation kann bis zum Ende ihrer Laufzeit an der Börse gekauft oder verkauft werden. Ihr Kurs liegt je nach den Marktbedingungen und insbesondere der Zinsentwicklung unter oder über ihrem Nominalwert (meistens 5'000 Franken). Bei der Fälligkeit erreicht der Börsenkurs den Nominalwert, denn dieser Betrag wird dem Inhaber der Obligation ausbezahlt, wodurch seine Forderung erlischt. Um den Vergleich zu ermöglichen, wird der Kurs der Obligationen immer als Prozentsatz angegeben, der sich somit um rund 100% bewegt.

Warum soll man Obligationen kaufen?

Anleger kaufen Obligationen, um künftige, regelmässig wiederkehrende Aufwendungen wie zum Beispiel Steuern oder Ausbildungskosten der Kinder zu decken. Mit dieser Absicht erwirbt ein Anleger den Titel und wartet dann in aller Ruhe die Auszahlung seines Coupons sowie die Rückzahlung an einem im voraus festgelegten Termin ab. Im Hinblick auf Kapitalgewinne lässt sich aber auch mit den Schwankungen des Obligationenmarktes spekulieren. In diesem Fall gilt es, die Entwicklung der Zinssätze – die Hauptfaktoren der Schwankungen – vorherzusehen. Ein solcher Ansatz ist allerdings den Profis vorbehalten, denn Vorhersagen sind heikel.

Zu beachten ist noch folgendes: Auch wer mit der Absicht investiert, die Obligation bis zu ihrer Rückzahlung zu behalten, muss sich in den folgenden Jahren Gedanken über die Zinsentwicklung machen, vor allem wenn die Sätze am Anfang tief sind. Damit soll vermieden werden, dass man vielleicht zehn Jahre lang mit einer sehr bescheidenen Rendite blockiert ist, während die Zinsen inzwischen gestiegen sind.

Anlage und Spekulation

Der Standpunkt des Obligationen-Anlegers ist unterschiedlich, je nachdem, ob er die Titel bis zum Ende der Laufzeit behalten will oder ob er sich dem Trading widmet. Nehmen wir das Beispiel einer Obligation in Schweizer Franken, die in einer Stückelung von 1'000 Fr. zum Zinssatz von 3% jährlich und einer Laufzeit von 8 Jahren ausgegeben wird.

1. Verwahrungskauf

Für den passiven Käufer sind die Kursschwankungen unerheblich, da er nur mit der Verzinsung und der Rückzahlung rechnet.

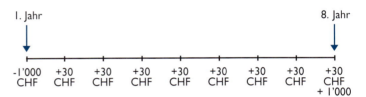

2. Hin und her

Für den Trader zählt alles: die Kursschwankungen, die Verzinsung und das Datum der Rückzahlung.
Für ihn geht es darum, zum Tiefstpreis zu kaufen und zum Höchstpreis zu verkaufen und sich dabei laufend die Zinsen auszahlen zu lassen.

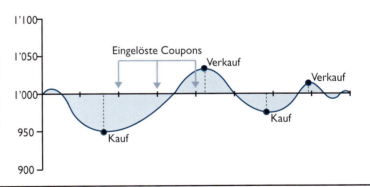

 ## Obligationen sind nicht völlig risikolos

Obligationen sind sicherer als Aktien, denn im Gegensatz zu diesen sind sie mit einer festen Verpflichtung zur Zahlung eines gleichbleibenden Zinses verbunden und werden nach Ende ihrer Laufzeit zurückbezahlt. Diese Sicherheit ist jedoch alles andere als absolut. Zum Beispiel dann, wenn der Emittent bankrott geht. In diesem Fall befindet sich der Inhaber einer Obligation bei der Verteilung der Konkursmasse zwar in einer besseren Lage als der Aktionär, aber wenn es wirklich soweit kommt, gibt es meist ohnehin nicht mehr viel zu verteilen…

Um dieses sogenannte spezifische Risiko (oder Kreditrisiko) zu begrenzen, ist das Portefeuille zu diversifizieren.

Das ist aber einfacher gesagt als getan, wenn man nicht über ein grosses Vermögen verfügt. Wer bereit ist, sich mit einem bescheideneren Ertrag zufriedenzugeben, kann immerhin Titel in Schweizer Franken mit sehr hoher Sicherheit erwerben: Bundesanleihen. Denn es müsste schon eine Katastrophe eintreten, damit die Schweiz sich erlauben könnte, ihre Schulden nicht zurückzuzahlen.

Die Welt der Obligationen

Obwohl Obligationen standardisierte Forderungen sind, gibt es zahlreiche Varianten von einfachen bis zu ausgeklügelten Instrumenten, wie etwa die Wandelanleihe oder die Optionsanleihe. Die Unterschiede sind vor allem rechtlicher Art.

Die wichtigsten Kategorien von Obligationen

- **Normale Anleihe (Straight)** — Dies ist die geläufigste Obligation mit einem im voraus festgesetzten Zinssatz und vollständiger Rückzahlung der ausgeliehenen Summe am Ende der Laufzeit. Wie jede Obligation kann sie mit einer Klausel versehen sein, welche die vorzeitige Rückzahlung erlaubt.

- **Pfandbrief** — Der Pfandbrief ist eine Obligation, die durch ein Grundpfand gesichert ist. Aufgrund dieser Sicherheit ist die Rendite solcher Titel geringer als jene von Emissionen der Privatwirtschaft.

- **Wandelanleihe** — Eine Wandelanleihe oder Wandelobligation räumt dem Inhaber das Recht auf Eintausch ein. Er kann sie zu den im voraus festgesetzten Bedingungen innerhalb einer bestimmten Zeitspanne anstelle einer Rückzahlung in eine oder mehrere Aktien umwandeln.

- **Optionsanleihe** — Eine Optionsanleihe gibt dem Inhaber das Recht, über ein Optionsschein zu einem im voraus festgesetzten Preis verschiedene Wertpapiere wie Aktien, Partizipationsscheine, ein Portefeuille von Beteiligungspapieren, Devisen, Gold oder andere Rohstoffe zu kaufen.

- **Kassenobligation** — Kassenobligationen (oder Kassenscheine) sind Obligationen mittlerer Laufzeit, die von Banken mit verschiedenen Nennwerten, aber in runden Beträgen direkt am Schalter verkauft werden. Sie werden daher nicht an der Börse kotiert, und das Geld ist bis zur Fälligkeit nicht verfügbar.

- **Null-Prozent-Anleihe** — Solche Obligationen, auch Zerobonds genannt, geben kein Recht auf Zinszahlung, werden aber erheblich unter ihrem Rückzahlungswert gehandelt, beispielsweise zu einem Drittel dieses Betrags, wenn das Ende der Laufzeit noch in weiter Ferne liegt. Solche Obligationen sind am volatilsten.

- **Andere Anleihen** — Weiter zu erwähnen sind: die nachrangige Anleihe, deren Gläubiger bei einem allfälligen Konkurs im Rang hinter alle übrigen Gläubiger zurücktreten; sodann die Doppelwährungsanleihe, die Anleihe mit variablem Zinssatz und der Junk bond oder High-yield bond (hochverzinsliche Anleihe); schliesslich die Euro-Anleihe, die auf eine am Emissionsort ausländische Währung lautet, wie etwa eine in London aufgelegte Anleihe in Dollar.

Straight-Anleihe
(ausländische Anleihe in CHF)

Der Schweizer Kapitalmarkt ist bei vielen ausländischen Schuldnern gefragt. Im nebenstehenden Beispiel handelt es sich um eine Anleihe der holländischen Bank ABN Amro. Paradoxerweise ist der Käufer solcher Obligationen gegenüber dem Erwerber vergleichbarer Schweizer Titel bevorteilt. Die Coupons von Anleihen ausländischer Schuldner sind nämlich von der Verrechnungssteuer befreit. Zu beachten ist allerdings der Emissionspreis von 102,6%, der die Rendite eines solchen Titels herabsetzt.

Pfandbrief

Nur die Pfandbriefzentrale, der alle Kantonalbanken angeschlossen sind, und die Pfandbriefbank Schweizerischer Hypothekarinstitute sind zur Ausgabe von Pfandbriefen ermächtigt. Aufgrund ihrer Sicherheit liegt der Zinssatz unter jenem eines Titels gleicher Laufzeit, der von einem Privatunternehmen ausgegeben wird. Im vorliegenden Fall ist aber auch der Emissionspreis von 101,4% tiefer als für die Anleihe von ABN Amro, was die Renditedifferenz zwischen den beiden Titeln wieder ausgleicht.

Quellen: FuW

Null-Prozent-Wandelanleihe

Diese Anleihe verbindet zwei Eigenschaften: Sie ist wandelbar und wird nicht verzinst. Im Vergleich zu einer normalen Anleihe sind zwei zusätzliche Kriterien sorgfältig zu prüfen: einerseits die Bedingungen, zu denen die Obligation in Aktien umgewandelt wird – 5 Aktien für eine Obligation zum Preis von 5'125 Fr. –, anderseits die Rückzahlungsbedingungen der Anleihe, nämlich 114,5%. Wie im Prospekt angegeben, ergibt sich daraus eine Rendite auf Verfall von 2,745%. Dies ist wesentlich weniger als für eine Straight-Anleihe gleicher Laufzeit. Dieser Preis beinhaltet das Recht, allenfalls von einem Kursanstieg der Also-Titel zu profitieren, indem das Wandelrecht ausgeübt wird.

Wie der Obligationenmarkt funktioniert

Der Obligationenmarkt wird vor allem auf mechanische Weise von den Zinsschwankungen beeinflusst: Steigen die Zinsen, verengt sich der Markt; umgekehrt weisen die Preise nach oben, wenn die Zinsen sinken.

Zinssatz und Rendite

Um die Beziehung zwischen dem Zinssatz und dem Kurs von Obligationen zu verstehen, muss zuerst der Begriff «Obligationenrendite» geklärt werden. Es handelt sich um das Verhältnis zwischen den festen Erträgen der Obligation und ihrem Börsenwert. Dieser entwickelt sich je nach Angebot und Nachfrage, d.h. entsprechend der Rendite, die der Markt verlangt. Steigen die Zinsen, sind die bereits im Umlauf befindlichen Obligationen weniger gefragt, da ihre Rendite zu tief ist. Ihr Kurs wird daher sinken. Fallen dagegen die Zinsen, werden diese Obligationen aufgewertet, denn ihre Rendite übersteigt jene, die der Markt verlangt.

Ein gutgeölter Mechanismus

Um diesen Mechanismus zu illustrieren, nehmen wir eine amerikanische Schatzanweisung mit einer Laufzeit von 30 Jahren, die mit einem Zins von 6% zu pari, d.h. zu 100% des Nennwerts emittiert wird.

Marktzins   **Obligationenrendite**

1. Bei der Emission entspricht die Verzinsung von 6% dem Satz, den die Anleger für einen solchen Titel verlangen. Die Rendite der Anleihe beträgt somit ebenfalls 6% oder 6%/100%.

2. Steigen die Zinsen, so dass sich der Marktzins von 6% auf 7% erhöht, verliert die Schatzanweisung ihre Attraktivität für den Anleger, da ihm der Markt bessere Renditen anbietet.

3. Das Gleichgewicht stellt sich aber schnell ein: Die Anleihe findet keine Abnehmer und sinkt um 15% auf 85% ihres Nominalwerts, um so wieder die vom Markt verlangte Rendite von 7% zu erreichen (6%/85% = 7%).

4. Nehmen wir an, dass der Marktzins den umgekehrten Weg einschlägt und auf 6,5% fällt. Nun wird die Anleihe zu einem Zins von 6% und einer Kotierung von 85% sehr attraktiv, da ihre tatsächliche Rendite 7% beträgt.

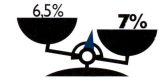

5. Das Ungleichgewicht ist jedoch nicht von langer Dauer. Angezogen von der Rendite des Titels, bewirken seine Käufer, dass die Notiz schon bald auf 92% steigt, um die vom Markt verlangte Rendite von 6,5% (6%/92% = 6,5%) zu erreichen.

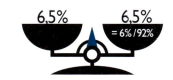

Rendite und Börsenkurs sind siamesische Zwillinge

Die enge Beziehung zwischen der Entwicklung der marktüblichen Zinsen und dem Kurs sämtlicher Obligationen geht aus der untenstehenden Grafik hervor. Sie zeigt zwei Komponenten des allgemeinen Obligationen-Indexes in Franken, der von der Privatbank Pictet & Cie. erstellt wird: Kapital und Rendite. Dieser Index wird auf der Grundlage einer Stichprobe von Titeln berechnet, die in genügender Menge gehandelt werden, um den Kursen die nötige Aussagekraft zu verleihen.

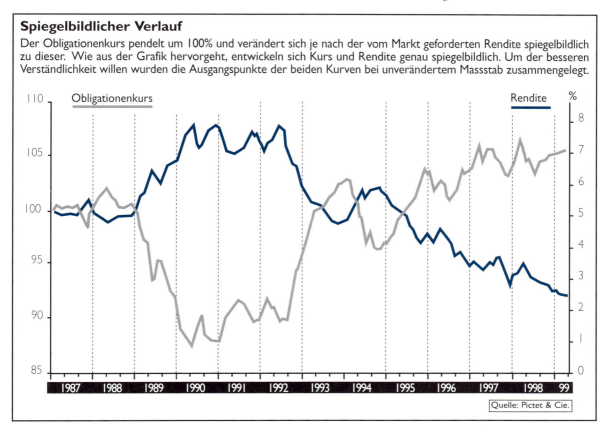

Spiegelbildlicher Verlauf
Der Obligationenkurs pendelt um 100% und verändert sich je nach der vom Markt geforderten Rendite spiegelbildlich zu dieser. Wie aus der Grafik hervorgeht, entwickeln sich Kurs und Rendite genau spiegelbildlich. Um der besseren Verständlichkeit willen wurden die Ausgangspunkte der beiden Kurven bei unverändertem Massstab zusammengelegt.

Quelle: Pictet & Cie.

Direktrendite und Rendite auf Verfall

Man kann die Rendite einer Obligation auf unterschiedliche Weise berechnen. Die einfachste besteht darin, wie im Beispiel der vorangegangenen Seite ihren Zinssatz durch den letzten Börsenkurs zu teilen. Bei dieser Methode spricht man von Direktrendite.

Diese Formel hat zwar den Vorteil der Einfachheit, ist jedoch für Investitionen in Obligationen unbrauchbar, da sie weder den Rückzahlungswert des Titels noch die Reinvestition der Zinsen und die Restlaufzeit berücksichtigt. Wenn Sie einen Titel zu 110% seines Nominalwerts kaufen und er in drei Jahren zur Rückzahlung fällig ist, bedeutet dies, dass sie 10% Ihrer Investition in die Anleihe verloren haben. Dieser Faktor ist daher alles andere als zu vernachlässigen.

Aus diesem Grund verwenden die Profis eine Berechnungsmethode, die den Kapitalgewinn oder -verlust im Falle der 100prozentigen Rückzahlung bei Verfall berücksichtigt. Sie wird «Rendite auf Verfall» genannt und berücksichtigt die Reinvestition der eingelösten Coupons.

Die Berechnung der Rendite auf Verfall ist etwas kompliziert. Sie erhalten sie aber von Ihrer Bank problemlos für die Obligation, die Sie interessiert. Immerhin werden Sie leicht verstehen, dass Sie bei der Rückzahlung des Titels einen Kapitalgewinn erzielen, wenn der gegenwärtige Kurs der Obligation unter 100% liegt. Dadurch verbessert sich die Rendite, die ausschliesslich anhand der Verzinsung berechnet wurde. Umgekehrt erleiden Sie einen Kapitalverlust, wenn der Kurs 100% übersteigt (siehe Anhang).

Wie man in Obligationen investiert

Ein Anleger, der sein Geld in Obligationen investiert, tut dies meistens um der Sicherheit willen und um sich regelmässige Einkünfte bis zur Rückzahlung der Anleihe am Ende der Laufzeit zu sichern. Aber selbst wenn der Anleger einen Titel mit AAA-Rating kauft, muss er die Zinsentwicklung verfolgen.

Obligationen-Strategie

Die Wahl der Laufzeit der Obligationen hängt vor allem von den Bedürfnissen ab, denen eine solche Anlage gehorcht. Wenn sie das Geld unbedingt innert zwei Jahren benötigen, ist der Kauf von Obligationen mit einer Laufzeit von 10 Jahren wahrscheinlich nicht die beste Wahl. Sie wären dann nämlich gezwungen, die Titel frühzeitig zu verkaufen, und zwar nicht unbedingt zum besten Preis, wenn die Zinsen seit dem Kauf gestiegen sind. Müssen nun aber die zehn Jahre, während deren Sie beispielsweise regelmässige Einkünfte benötigen, zwingend der Laufzeit Ihres Obligationen-Portefeuilles entsprechen? Nicht unbedingt. Vor allem wenn die Zinsen sehr tief sind. Denn falls diese in den kommenden Jahren steigen, wären Sie auf den zu tiefen Zinsen festgenagelt bis zur Rückzahlung Ihrer Obligationen. In einem solchen Fall ist es von Vorteil, wenn Sie kürzere Laufzeiten wählen, um nicht auf dem falschen Fuss erwischt zu werden. Sie sind also gezwungen, auch dann eine Zinssatzprognose zu stellen, wenn Sie die Titel bis zum Ende ihrer Laufzeit behalten wollen. Die Frage ist nur, wie gut Sie die Entwicklung der Inflation vorhersehen können. Dies ist nämlich eine schwierige Übung, die Profis vorbehalten bleibt.

Was tun, wenn die Inflation wieder anzieht, stabil bleibt oder zum Rückgang tendiert?

Wenn Sie davon ausgehen, dass die Inflation…

1. …wieder zu Kräften kommt, werden auch die langfristigen Zinsen wieder steigen. Sie warten deshalb besser, bevor Sie Ihr Geld mit Zinsen blockieren, die unter den späteren Marktzinsen liegen.

2. …stabil bleibt, dürfte auch das allgemeine Zinsniveau auf kurze oder lange Frist erhalten bleiben: Je länger die Laufzeiten sind, desto höhere Zinsen werden geboten. In diesem Fall darf die Abstufung der Laufzeiten nur vom Bargeldbedarf und vom höheren Ertrag einer langfristigen Anlage abhängen.

3. …unter Kontrolle kommt, werden die langfristigen Zinsen sinken. Die Hochzinsperiode sollte deshalb genutzt werden, um Titel zu kaufen, die langfristig höhere Einkünfte garantieren, als der Markt in der Folge bieten kann.

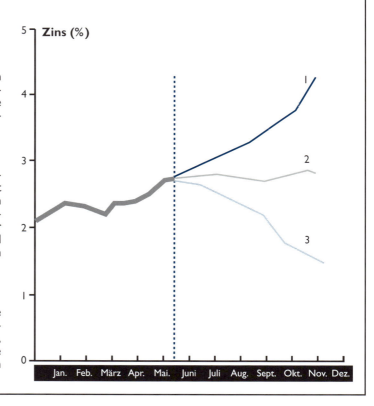

Wie verwaltet man ein Obligationen-Portefeuille?

Zinssatzprognosen sind die Grundlage der Obligationenverwaltung, denn die Zinsen wirken sich nicht nur auf den Obligationenpreis, sondern auch auf die Rendite der ausbezahlten Zinsen aus, die wieder angelegt werden können. Dieser doppelte Einfluss kompliziert allerdings die Aufgabe des Obligationenverwalters. Denn wenn fallende Zinsen die Preise der Titel steigen lassen, verschlechtern sich gleichzeitig auch die Bedingungen für die Reinvestition der Coupons. Die Bewegungen des Kurses der Obligation und der Ertrag der Verzinsung verlaufen also entgegengesetzt. Umgekehrt werden die Ertragsmöglichkeiten der Zinsen interessanter, wenn der Kurs der Obligation bei steigenden Zinsen sinkt. Konkret sieht sich der Vermögensverwalter mit einer breiten Palette von Laufzeiten und Zinssätzen konfrontiert. Setzt er auf steigende Zinsen, wird er sich für kurzfristige Titel mit dem höchstmöglichen Zinssatz entscheiden. Aber wie entscheidet er sich zwischen zwei Obligationen gleicher Rendite auf Verfall und einer Laufzeit von 2 Jahren bei einem Zinssatz von 4% bzw. einer Laufzeit von 3 Jahren und 5% Zins? Der Wahl geht die Anwendung einer mathematischen Formel voraus, mit der die sogenannte Duration berechnet wird. Sie berücksichtigt sowohl die Zeitperiode bis zur Endfälligkeit als auch die Verzinsung (Höhe und Periodizität) sowie die Marktrendite. Die Zahl drückt die mittlere Bindungsdauer des Kapitals in Jahren aus.

Bemessung der Bindungsdauer des Kapitals: Duration

Die längste Duration weisen Null-Prozent-Anleihen auf, denn das gesamte Kapital und die Zinsen sind bis zur Fälligkeit gebunden. Für solche Titel werden sowohl das Kapital als auch die Zinsen erst bei Verfall ausbezahlt. Bei einer solchen Anleihe stimmen Duration und Restlaufzeit der Anleihe völlig überein.

Anfängliche Anlage 40% — Rückzahlung nach 100%
Das Kapital bleibt während zehn Jahren gebunden
1 2 3 4 5 6 7 8 9 10 Jahren

Umgekehrt weist ein Titel gleicher Laufzeit, aber mit Coupons eine viel kürzere Duration auf als die Null-Prozent-Anleihe, denn die Kapitalbindung ist geringer.

Anfängliche Anlage 100% — Rückzahlung nach 100%
Jahreszins 5% 5% 5% 5% 5% 5% 5% 5%
1 2 3 4 5 6 7 8 9 10 Jahren

Wie wird die Duration eingesetzt?

Die Duration als Gradmesser für die Bindungszeit des Kapitals ist kurz bei einem hohen Zins und einer kurzen Restlaufzeit. Je tiefer die Verzinsung und je weiter entfernt die Endfälligkeit ist, desto länger ist die Duration. So sind Titel mit einer kurzen Duration zu wählen, wenn von steigenden Zinsen ausgegangen wird. Steht hingegen eine Zinssenkung bevor, kommen Obligationen mit einer langen Duration in Frage (siehe Anhang).

Wie man die Zinsentwicklung vorhersieht

Die wichtigsten Einflussfaktoren des Kurses der Obligation sind die Inflation und – eng damit verknüpft – die Zinsen. Deshalb muss man unbedingt versuchen, deren Entwicklung vorherzusehen.

Kurz- und langfristige Zinsen

Wer versuchen will, die zukünftigen Zinssätze zu ergründen, kann sich mit den makroökonomischen Prognosen befassen. Allerdings ist es interessanter, eine Reaktion des Marktes zu analysieren – etwa die Beziehung zwischen den kurzfristigen und den langfristigen Zinsen. Sie liefert oft wertvolle Hinweise auf den allgemeinen Zinstrend.
Die Abweichung zwischen kurz- und langfristigen Zinsen ist nicht konstant, sondern spiegelt insbesondere die Inflationsprognosen. Befürchtet der Markt eine Überhitzung der Wirtschaft mit gleichzeitiger Inflation, steigen die langfristigen Zinsen und vergrössern den Abstand zu den kurzfristigen Zinsen. Diese Differenz wird sich erst verringern, wenn eine restriktivere Geldpolitik eingeschlagen wird, da diese einen unverzüglichen Anstieg der kurzfristigen Zinsen herbeiführt. In einer Rezessionsphase liegen die kurzfristigen Zinsen sehr nahe an den langfristigen Sätzen und übertreffen diese sogar. Zeichnet sich ein Aufschwung ab, kippt die Differenz zugunsten der langfristigen Zinsen. Anleger mit einem Anlagehorizont von mehreren Jahren berücksichtigen dann bereits die Inflation, welche die Erholung der Wirtschaft begleiten wird.

Eine aussergewöhnliche Situation

Wie in allen europäischen Ländern mehrere Jahre lang war auch in der Schweiz das Verhältnis zwischen den kurz- und den langfristigen Zinsen von Anfang 1989 bis Ende 1993 umgekehrt (invers). Zwei Phänomene erklären diese aussergewöhnliche Situation: die (zu starke) Lockerung der Geldpolitik nach dem Börsencrash von 1987 und die deutsche Wiedervereinigung, die mehrere Zinserhöhungen durch die Deutsche Bundesbank zur Folge hatte, der sich die Mitglieder des Europäischen Währungssystems anschliessen mussten. Auch die Schweiz konnte sich dieser Bewegung nicht entziehen. Die Politik stürzte Europa in eine Rezession. Erst Ende 1993 wurde die deutsche Geldpolitik gelockert, worauf die kurzfristigen Zinsen wieder unter die langfristigen sanken.

Wie die Renditekurve interpretiert wird

Um das Verhältnis zwischen den kurz- und den langfristigen Zinsen für gleichartige Titel wirksam nutzen zu können, greifen die Finanzexperten auf die sogenannte Renditekurve (Zinsstrukturkurve, Yield curve) zurück. Die grafische Darstellung setzt die Laufzeit (in der Abszisse) mit der zu einem bestimmten Zeitpunkt damit verbundenen Rendite (in der Ordinate) in Beziehung. Daraus ergibt sich ein gutes Abbild der Zinssituation für die verschiedenen Laufzeiten. Die Form dieser Kurve weist je nach den Marktprognosen darauf hin, dass die Inflation stabil bleibt, zunimmt oder unter Kontrolle ist.

Interpretation der Renditekurven

Zur Illustration dieser Analyse wird je ein Beispiel der drei möglichen Renditekurven vorgestellt: mit der Prognose einer stabilen, steigenden und sinkenden Inflation.

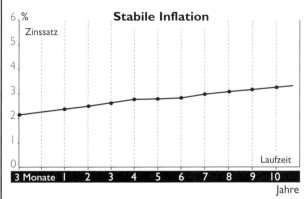

Eine solche Kurve, die mit zunehmender Laufzeit langsam steigt, spiegelt die Erwartung, dass die Inflation stabil bleibt. Die bescheidene Steigung entspricht dem Grundsatz, dass das Geld um so besser verzinst werden muss, je länger die Laufzeit dauert.

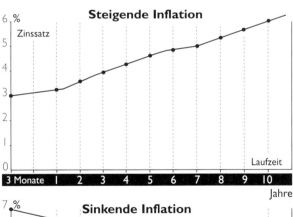

Die steiler steigende Kurve ist auf den Rückgang der kurzfristigen und den gleichzeitigen Anstieg der langfristigen Zinsen zurückzuführen. Dieses Phänomen lässt sich mit den Inflationsbefürchtungen erklären, die zur Investition in kurzfristige Titel verleiten, um nicht auf langfristigen Obligationen mit zu tiefen Zinsen sitzenzubleiben. Dadurch fallen aber die kurzfristigen Zinsen. Um Investoren anzulocken, werden nun die Anleiheschuldner, die langfristiges Kapital benötigen, die langfristigen Zinsen erhöhen müssen.

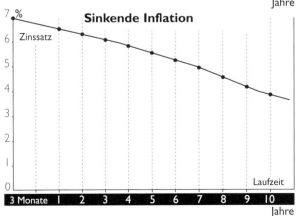

Die Abflachung oder gar Umkehr der Renditekurve, d.h., wenn die kurzfristigen Zinsen die langfristigen übersteigen, ist Ausdruck der Zuversicht, dass die Inflation in nächster Zeit unter Kontrolle gerät.
Bei solchen Aussichten versuchen die Anleger, sich auf langfristige Titel zu verlagern, um vom Zinsniveau zu profitieren, bevor es sinkt, während von den kurzfristigen Anlagen abgelassen wird, was wiederum zum Anstieg der kurzfristigen Zinsen führt.
Umgekehrt ziehen es die Schuldner vor, einen erneuten Zinsrückgang abzuwarten, bevor sie neue langfristige Emissionen ausgeben. Um sich zu finanzieren, greifen sie auf den kurzfristigen Markt zurück, was zum Zinsanstieg beiträgt.

Wie man Obligationen auswählt

Ob man sich für Titel entscheidet, die bereits im Umlauf sind, oder für neue Obligationen – die Auswahlkriterien sind immer dieselben: Währung, Qualität und Domizil des Emittenten, Rendite, Liquidität und Restlaufzeit.

Die Hauptkriterien

- **Währung** — Dieses Kriterium ist von zentraler Bedeutung: Beschliessen Sie nämlich, Ihre Referenzwährung – wahrscheinlich der Franken – zu verlassen, gehen Sie ein Wechselkursrisiko ein, das zu einer Erhöhung Ihrer Rendite oder zum teilweisen Verlust Ihres Kapitals führen kann.

- **Qualität des Emittenten** — Zu berücksichtigen ist auch die Solvenz des Schuldners. Denn der Kauf einer Obligation ist zwar weniger riskant als der Erwerb einer Aktie, schützt aber trotzdem nicht vor den Folgen eines allfälligen Konkurses des Schuldners.

- **Domizil** — Für den Schweizer Markt ist die Unterscheidung zwischen schweizerischem und ausländischem Schuldner fiskalisch von grosser Bedeutung. Eine Verrechnungssteuer wird nur auf den Zinsen erhoben, die von Schuldnern mit Domizil in der Schweiz ausbezahlt werden.

- **Rendite** — Es handelt sich um die Rendite auf Verfall, die misst, wieviel die Anlage wirklich einbringt, wenn der Titel bis zum Ende seiner Laufzeit behalten wird, und zwar unter Berücksichtigung der bezahlten Zinsen, ihrer Reinvestition und der Rückzahlung bei Verfall.

- **Liquidität** — Die Höhe des Anleihevolumens spielt eine wesentliche Rolle für die Liquidität des Marktes, d. h. für die Wahrscheinlichkeit, zu einem bestimmten Zeitpunkt leicht einen Käufer zu finden, ohne dass Gefahr besteht, seine Titel verschleudern zu müssen. Je kleiner der Markt ist, desto volatiler ist er.

- **Laufzeit** — Normalerweise gilt: Je länger die Laufzeit, desto höher der Zinssatz. Bei einer voraussichtlich rückläufigen Inflation ist es allerdings möglich, dass sich dieses Verhältnis umkehrt und die kurzfristigen Zinsen die langfristigen übersteigen.

 Vorzeitige Rückzahlung

Wenn Sie Obligationen kaufen, achten Sie auf die Bestimmungen über die vorzeitige Rückzahlung: Sie können nämlich böse Überraschungen erleben! Mit solchen Bestimmungen behält sich der Emittent vor, die Anleihe mehr oder weniger früh vor der Endfälligkeit zurückzuzahlen. Das kommt vor, wenn die Zinsen seit der Emission der Anleihe gesunken sind. Zweck der Übung ist, eine neue Anleihe zu besseren Konditionen aufzulegen. Das geschieht natürlich zum Nachteil des Anleihegläubigers, der das ihm zurückbezahlte Geld notgedrungen zu tieferen Zinsen als zuvor neu anlegen muss.

Vorteil von Neuemissionen

Wer Obligationen auf dem Schweizer Markt kaufen oder verkaufen will, wird mit dessen geringer Liquidität konfrontiert, weswegen sich die Ausführung der Aufträge oft als langwierig und schwierig erweist. Mit Ausnahme der Bundesanleihen und der Obligationen eines knappen Dutzends ausländischer Gesellschaften werden nur Neuemissionen während einiger Monate in solcher Menge gehandelt, dass sich jederzeit problemlos entsprechende Papiere auftreiben lassen.

Aus diesem Grund veröffentlicht die Presse regelmässig Listen mit den Neuemissionen (siehe unten). Ein weiterer Vorteil von Neuemissionen ist, dass ihre Verzinsung nahe der Marktrendite liegt und sie daher zu einem Kaufpreis von rund 100% gehandelt werden (zu pari). Wird davon ausgegangen, die Titel bis zum Ende ihrer Laufzeit zu behalten, sichert man sich dadurch die Rückzahlung des gesamten investierten Kapitals. Die Pari-Nähe erlaubt auch eine tiefere Volatilität des Titels im Vergleich zu einer Obligation, die erheblich unter 100% notiert, daher tief verzinst und entsprechend volatil ist. Schliesslich sind die Kosten für den Erwerb neuer Obligationen geringer als bei alten: Die Banken verlangen nämlich von den Kunden, bei denen sie die neuen Emissionen plazieren, keine Kommission, da sie von den Emittenten entschädigt werden.

Liquidität
Auf dem Kapitalmarkt sind 200 Millionen Franken ein bescheidener Betrag. In einigen Monaten wird es schwierig und kostspielig sein, diesen Titel zu kaufen oder zu verkaufen.

Zeichnungsschluss, Liberierung
Neue Titel werden direkt auf dem Markt, dem sogenannten Graumarkt, zur Zeichnung aufgelegt. Dort kann man sie innerhalb einer bestimmten Frist (Zeichnungsschluss) zu einem Preis kaufen, der nahe dem Emissionspreis liegt. Danach wird der Kurs vor allem aufgrund der allgemeinen Zinsentwicklung schwanken. Das Datum der Liberierung entspricht dem Tag der Bezahlung.

Rendite auf Verfall
In der Rendite auf Verfall sind die Rückzahlung und die Reinvestition der Zinsen mitberücksichtigt.

NEU LANCIERTE FRANKEN-EMISSIONEN

Valor, Emittent, Lead Manager, Rating**	Betrag in Mio. Fr.	Laufzeit Jahre	Zinssatz in %	Zeichnungsschluss	Liberierung	Briefkurs	Rendite in %
Anleihen und Notes inländischer Schuldner							
1 023 805 Basler Kantonalbank[2]	200	6	4	15.12.	12.1.	99,40	4,11
1 025 939 Ente Ospedaliero Cantonale Bellinzona (Banca del Gottardo)[15]	20	8	4⅛	–	21.12.	–	–
• 1 026 414 Stadt Zürich (CSFB)	250	8	3½	13.1.	17.1.	99,90	3,51
Anleihen und Notes ausländischer Schuldner[6]							
1 021 391 British Columbia (WDR) Aa3/AA[10]	100	4½	3	14.12.	21.12.	99,05	3,23
1 020 392 Monumental Global Funding (WDR) AAA[9]	200	3¼	3¼	17.12.	30.12.	100,05	3,23

Quelle: FuW

Zinssatz und Laufzeit
Der Zinssatz hängt im wesentlichen von zwei Faktoren ab: der Qualität des Schuldners und der Restlaufzeit. Beide wirken sich auf das Risiko aus. Je geringer die Bonität des Schuldners ist und je später er seine Anleihe zurückzahlt, desto höher fällt der Zinssatz aus.

Emissionspreis
Der Preis der Obligationen wird immer in Prozent ihres Nominalwerts ausgedrückt. Dadurch lassen sich die Kurse der verschiedenen Obligationen direkt miteinander vergleichen. Das ist nützlich, weil sie selbst bei ihrer Emission nur selten zum Nominalwert von 100% in den Verkauf gelangen. Ihr Briefkurs liegt meistens leicht darüber oder darunter. Erklären lässt sich dieses Phänomen mit der Arbitrage zwischen dem angebotenen Zinssatz, der für den Anleger genügend attraktiv sein muss, und dem Emissionspreis, der nicht zu hoch sein darf.

Wie man die Qualität von Obligationen beurteilt

Das Hauptrisiko von Obligationen betrifft die Zahlungsunfähigkeit des Schuldners. Um die Höhe dieses Risikos abschätzen zu können, haben spezialisierte Agenturen ein Ratingsystem geschaffen, das Angaben zur Bonität des Schuldners macht. Die beiden wichtigsten Anbieter auf diesem Gebiet sind die amerikanischen Unternehmen Standard & Poor's und Moody's Investors Service.

Klassierung nach der Qualität

Die Ratingsysteme der beiden grossen amerikanischen Agenturen Standard & Poor's und Moody's Investors Services gleichen sich. Beide verwenden Buchstaben mit zusätzlichen Symbolen wie Ziffern oder Plus-/Minuszeichen zur genaueren Abstufung der Beurteilung.

Standard & Poor's	Moody's	Qualität der Schuldner
AAA	Aaa	Bestnote. Der Emittent ist von ausgezeichneter Qualität. Das Risiko für den Anleger ist am geringsten.
AA	Aa	Hohe Qualität. Auf lange Frist geringfügig riskanter als AAA.
A	A	Obere Mittelklasse. Man verzeichnet zahlreiche positive Aspekte, aber auch langfristige Risikofaktoren.
BBB	Baa	Mittlere Qualität. Das Unternehmen scheint im Moment in der Lage zu sein, seine Schulden zurückzuzahlen, auf lange Frist besteht aber Ungewissheit.
BB	Ba	Die Zukunft ist nicht gesichert, und auf längere Frist besteht Ungewissheit hinsichtlich Rückzahlung.
B	B	Die langfristige Zins- und Kapitalzahlungserwartung ist gering.
CCC	Caa	Geringe Qualität. Es besteht eine klare Gefahr, dass die Zahlungen eingestellt werden.
CC	Ca	Der Titel ist äusserst spekulativ. Der Schuldner ist häufig zahlungsunfähig.
C	C	Tiefstes Rating: Die Rückzahlungserwartung ist sehr gering, selbst wenn der Schuldner im Moment noch zahlt.
D		Zahlungsunfähig.

Je besser das Rating, desto tiefer der Zinssatz

Die Ratings der Unternehmen und öffentlich-rechtlichen Körperschaften spielen eine entscheidende Rolle am Kapitalmarkt. Denn ein Anleiheschuldner mit einem günstigen Rating wird leichter Zugang zum Kapitalmarkt finden als ein weniger gut oder gar nicht bewertetes Unternehmen.

Die Qualität des Ratings ist auch ausschlaggebend für die Finanzierungskosten von Obligationen: Je besser das Unternehmen bewertet wird, desto geringer ist die von den Investoren verlangte Prämie, um ihr Risiko zu decken. Ausserdem kann ein fehlendes oder schlechtes Rating die Finanzgemeinschaft so sehr abschrecken, dass die Auflage einer Neuemission verunmöglicht wird.

Die wichtigsten Aspekte, die von den Rating-Agenturen analysiert werden, sind das Länderrisiko, die Besonderheiten der Branche und die spezifischen Eigenheiten des Unternehmens.

Logischerweise vergeben die grossen Agenturen nie höhere Ratings, als das Domizilland des untersuchten Unternehmens erhält, selbst wenn seine Bonität eigentlich für ein höheres Rating gut wäre.

Denn wie bei verschiedenen Krisen in Schwellenländern zu beobachten war, können sich die inländischen Unternehmen den Auswirkungen auf den Finanz- und Geldmarkt nicht entziehen, wenn der Staat nicht mehr zahlungsfähig ist.

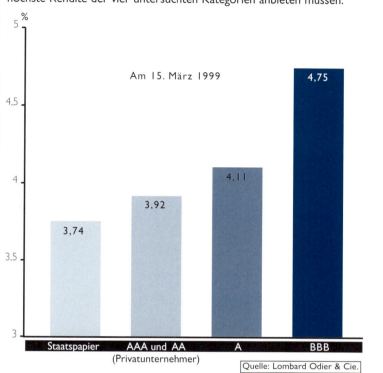

Ratings auf dem Euro-Markt

Logischerweise werden für Staatspapiere die besten Zinsen des Marktes bezahlt, während am anderen Ende Obligationen mit einem BBB-Rating die höchste Rendite der vier untersuchten Kategorien anbieten müssen.

Am 15. März 1999

Staatspapier	AAA und AA	A	BBB
3,74	3,92	4,11	4,75

(Privatunternehmer)

Quelle: Lombard Odier & Cie.

 ## Legen Sie Wert auf Qualität!

Wenn Sie in Obligationen investieren, kaufen Sie nie Titel, die ein geringeres Rating als A aufweisen: Das Risiko lohnt sich nämlich nicht! Und lassen Sie auf jeden Fall die Hände von Obligationen ohne jedes Rating! Solche Anlagen sind riskant und lassen sich wahrscheinlich nur schwer wieder verkaufen.

Allerdings schützt auch ein ausgezeichnetes Rating den Anleger nicht vor Unfällen, wie dies die Obligationen der Firma RJR Nabisco Ende der achtziger Jahre zeigten. Die amerikanische Gruppe war mit einem Leverage-Effekt aufgekauft worden, d. h. mit einem hohen Darlehen auf dem Rücken des übernommenen Unternehmens. Nach Abschluss der Transaktion war die RJR hoch verschuldet. Die neue Situation führte zur Herabsetzung ihrer Kreditwürdigkeit, die von «ausgezeichnet» auf «spekulativ» fiel. So hielten die Inhaber von Obligationen, die vor der Übernahme ausgegeben worden waren, von einem Tag auf den anderen sehr unsichere und rasch fallende Titel in den Händen. Statistisch gesehen ist dieses Risiko allerdings gering: Eine Untersuchung von Standard & Poor's zeigt, dass zum Beispiel zwischen 1981 und 1993 die Wahrscheinlichkeit, dass ein Emittent mit AAA-Rating auch ein Jahr danach noch gleich eingestuft war, bei 88% lag. Ausserdem sind Übernahmen mit einem Leverage-Effekt heute selten geworden.

Wie ein Mehrwährungs-Portefeuille verwaltet wird

Wenn Sie die Referenzwährung – in unserem Fall den Franken – verlassen, geniessen Sie die Vorteile einer geographischen Diversifikation, nehmen dafür aber ein Wechselkursrisiko in Kauf.

Die Benchmarks

Bevor man einen bestimmten Titel kauft, muss dessen Rendite unter Verwendung der Bonitätsbewertungen von Standard & Poor's oder Moody's Investors Service mit einer Referenz (Benchmark) verglichen werden. Als Referenz wird meistens die Staatsanleihe (in der Schweiz die Bundesanleihe) herangezogen, da der Staat nicht Konkurs machen kann. Alle anderen, weniger vertrauenswürdigen Anleiheschuldner müssen höhere Renditen anbieten. In der Presse (das untenstehende Beispiel stammt aus der Finanz und Wirtschaft) werden Übersichten über Staatsanleihen gleicher Laufzeit in ihrer jeweiligen Landeswährung veröffentlicht.

Dollar

Die Laufzeit der Referenzanleihen beträgt meistens zehn Jahre. Für die USA verwendet man auch Schatzpapiere mit einer Laufzeit von 30 Jahren, da sie am häufigsten gehandelt werden.

Yen

Die sehr tiefen Zinsen für Anleihen in Yen spiegeln teilweise die Rezession wider, mit der Japan seit Beginn der neunziger Jahre kämpft.

KENNZIFFERN ZINSEN INTERNATIONAL

	Ende 97	Ende 98	Hoch 99	Tief 99	3. 12.	6. 12.	7. 12.
Renditen Staatsanleihen (10 Jahre)							
– USA	5,74	4,64	6,25	4,61	6,17	6,15	6,11
– USA (Longbond)	5,92	5,08	6,39	5,06	6,28	6,24	6,23
– Kanada	5,61	4,88	6,29	4,89	6,09	6,07	5,99
– Japan	1,77	1,87	2,28	1,28	1,79	1,78	1,78
– Australien	6,05	5,01	6,83	4,91	6,64	6,64	6,61
Europäische Währungsunion							
– Deutschland	5,30	3,87	5,46	3,62	5,14	5,05	5,03
– Frankreich	5,33	3,90	5,59	3,71	5,25	5,16	5,13
– Italien	5,65	4,03	5,71	3,88	5,38	5,30	5,22
– Spanien	5,63	3,99	5,68	3,87	5,37	5,29	5,25
– Niederlande	5,32	3,94	5,61	3,72	5,28	5,19	5,15
Übriges Europa							
– Grossbritannien	6,29	4,35	5,88	4,14	5,39	5,34	5,27
– Griechenland	–	6,92	7,25	5,84	6,45	6,34	6,32

Quelle: FuW

Pfund Sterling

Neben dem Franken ist das Pfund die einzige wichtige europäische Währung, die noch nicht von der Europäischen Zentralbank (EZB) abhängt. Während aber Ende 1999 in Pfund ähnliche Zinsen bezahlt wurden wie in seinen Nachbarwährungen, boten die Schweizer Bundesanleihen eine um rund 1,5 Prozentpunkte geringere Rendite.

Euro

Obwohl sie alle in derselben Währung (Euro) aufgelegt werden, weisen die Staatsanleihen der EWU-Teilnehmer keine einheitliche Rendite auf. Darin spiegelt sich weiterhin die Hierarchie der Schuldnerqualität wider, in der Deutschland den ersten Rang belegt.

Warum soll man überhaupt in ausländischen Währungen investieren?

Wenn Sie sich für Obligationen in Fremdwährungen entscheiden, könnten Sie versucht sein, sich auf jene zu stürzen, welche die höchsten Renditen versprechen. Aber Vorsicht! Wenn diese Zinsen dazu dienen, eine geschwächte Währung zu stützen, besteht Gefahr, dass diese sich nächstens abwertet, es sei denn, der Wechselkurs wird durch einen kräftigen Zinsanstieg gestützt. Im ersten Fall erleiden Sie einen Wechselkursverlust, im zweiten einen Kapitalverlust durch den Kursverlust der Obligationen. Im übrigen vermag eine restriktive Geldpolitik die Währung ohnehin nicht auf Dauer zu stützen, wenn nichts unternommen wird, um die Wirtschaft des betroffenen Landes zu sanieren.

Der Käufer solcher Obligationen riskiert in diesem Fall gleich einen doppelten Verlust: einerseits aufgrund der gestiegenen Zinsen, anderseits durch den gesunkenen Wechselkurs der Fremdwährung. Wenn Sie lieber in scheinbar solide ausländische Währungen wie den Dollar investieren, besteht Ihr Hauptrisiko im Wechselkurs. Die Bandbreite seiner Schwankungen ist nämlich wesentlich grösser als der Zinsunterschied zwischen zwei Währungen. Wenn Sie beispielsweise mit einer Dollar-Anleihe Jahr für Jahr 2% mehr Zins einnehmen als mit einem Schweizer Titel gleicher Qualität, können Sie trotzdem 10% Ihres in Dollar angelegten Kapitals verlieren, wenn die amerikanische Währung in der gleichen Zeit gegenüber dem Franken nachgibt.

Auch die Profis wählen die Währungen für ihre Obligationen sorgfältig aus. Die Entscheidung beruht auf der Analyse der Wirtschaftszyklen des Landes und auf der voraussichtlichen Entwicklung seiner Ertragsbilanz, denn beides wirkt sich auf die Währung aus.

Wie Sie nun bestimmt verstehen, ist der Kauf von Obligationen in Fremdwährungen nicht geeignet, um sich ein festes und regelmässiges Einkommen zu sichern. Denn vom Wechselkurs hängen sowohl die Höhe der Zinszahlungen als auch der Wert in Franken bei der Rückzahlung des Kapitals am Ende der Laufzeit ab.

Für den Anleger, der an jedem Zinstermin ein Einkommen sucht, ohne auf einen festen Betrag angewiesen zu sein, sind Obligationen in Fremdwährungen zweifellos eine interessante Anlage. Angesichts der Komplexität des Themas ist es in solchen Fällen allerdings ratsamer, auf Obligationenfonds zurückzugreifen (s. Seite 28 ff.).

Zinssatzrisiko und Wechselkursrisiko

Langfristig wird der Wert eines Obligationen-Portefeuilles guter Qualität, dessen Erträge systematisch reinvestiert werden, ansteigen, wie dies beim Index von Lombard Odier & Cie. für Obligationen in Dollar der Fall ist. Auch umgerechnet in Franken ist die Performance positiv, wird aber durch die Abschwächung des Dollars insgesamt geschmälert, wie dies aus der untenstehenden Grafik mit Basis 100 hervorgeht.

Kurz- oder mittelfristig kann die Kurve nach unten weisen. Dieser Wertverlust beruht auf dem Zinsanstieg, der den Wert der Obligationen sinken lässt.

Quelle: Le Temps/Bloomberg

Warum soll man Wandelanleihen kaufen?

Die Wandelanleihe verbindet die Sicherheit einer Obligation mit der Beteiligung an einem allfälligen Kapitalgewinn der Aktie, gegen die sie eingetauscht wird.

Grundprinzip

Der Wandelanleihe liegt die Idee zugrunde, den Inhaber teilweise am Kursgewinn der damit verbundenen Aktie teilhaben zu lassen, jedoch mit der Sicherheit, sie bei der Fälligkeit auf jeden Fall zu pari zurückzahlen zu lassen.

Der Inhaber einer Wandelobligation hofft somit, dass der Wert des zugrunde liegenden Titels möglichst stark steigt, was sich auf den Kurs seiner Obligation auswirkt. Um Profit daraus zu ziehen, kann der Anleger auf zwei verschiedene Arten vorgehen: Entweder er verkauft seine Obligation und streicht den erzielten Gewinn ein, oder er verlangt nach den im voraus festgesetzten Wandelbedingungen die Umwandlung seiner Obligation in eine Aktie, die er anschliessend an der Börse verkaufen kann.

Der Kurs der Wandelobligation hängt von zwei Faktoren ab: einerseits vom Wert der Obligationenanlage (unabhängig von ihrer Wandelbarkeit), der sich aus der Qualität des Anleiheschuldners und dem angebotenen Zinssatz ergibt, anderseits von der Entwicklung der zugrunde liegenden Aktie.

Der Einfluss dieser beiden Faktoren ist offenkundig, wenn man wie in der nachfolgenden Grafik die Entwicklung einer Wandelobligation unter Berücksichtigung des Wandelverhältnisses zu jener der zugrunde liegenden Aktie in Beziehung setzt. Im vorliegenden Fall gäbe eine Obligation Anrecht auf eine Aktie. Die Kursabweichung zwischen den beiden Titeln wird «Wandelprämie» genannt. Sie entspricht dem Mehrpreis, der im Vergleich zum Kurs der zugrunde liegenden Aktie für die Möglichkeit zukünftiger Gewinne bei der Wandlung zu zahlen ist.

Einfluss des Zinssatzes und des Kurses der zugrunde liegenden Aktie

1. Solange der Kurs der Aktie weit unter jenem der Obligation bleibt (beide in % ausgedrückt), hängt der Obligationenkurs vor allem von den Zinsen ab.

2. Nähert sich der Aktienkurs jenem der Obligation, reagiert diese, indem sie die Höherbewertung der Aktie in ihren Kurs mit einbezieht.

Quelle: Guide mondial des investissements

Die Arbitrageure sind auf der Lauer

Der Kurs der Wandelobligation liegt fast immer über jenem des Titels, in die sie umgetauscht werden kann. Übersteigt nämlich der Kurs der Aktie jenen der Obligation, werden sogleich Arbitrageure aktiv, um einen sicheren Gewinn zu erzielen: Sie kaufen Wandelobligationen, um Aktien zu erhalten, die sie unverzüglich verkaufen, um die Differenz einzustreichen. Man beachte, dass es dem Markt der Wandelanleihen notorisch an Liquidität fehlt!

Wie Wandelanleihen ausgewählt werden

Die Wandelobligation ist per Definition weniger riskant als die ihr zugrunde liegende Aktie. Aber je mehr der Wert der Aktie steigt, desto höher wird auch die Wandelobligation bewertet. Mit dem steigenden Aktienkurs wird also die Wandelobligation immer mehr von den Bewegungen der Aktie beeinflusst. Erreicht der Titel beispielsweise 130% seines Rückzahlungswerts, bedeutet dies, dass 30% seines Kurses nicht mehr durch die Garantie des Schuldners gedeckt sind. Fällt der Aktienkurs, wird die Obligation notgedrungen denselben Weg einschlagen. Ihr Verhalten gleicht dabei viel mehr jenem einer Aktie als jenem einer Obligation.

Wenn umgekehrt der Aktienkurs vor sich her dümpelt, hängt der Kurs der Obligation hauptsächlich von ihrer Rendite auf Verfall ab. Je höher der Obligationenkurs steigt, desto weniger sind die Anleger bereit, einen Mehrpreis für die Sicherheit der Anlage zu zahlen. Der Kurs der Aktie und der der Obligation nähern sich einander immer mehr und reduzieren damit zusehends die Wandelprämie. Mit anderen Worten wird die Sicherheit, die Obligationen von Natur aus bieten, vermindert und muss daher auch weniger teuer erkauft werden. Die Profis nutzen daher die Wandelprämie, um den Obligationencharakter der Wandelobligation zu beurteilen: Je tiefer die Prämie ist, desto mehr gleicht die Obligation einer Aktie, und je höher die Prämie ist, desto mehr verhält sie sich wie eine normale Obligation.

Da die Wandelprämie darauf hinweist, um wieviel teurer als der Direktkauf einer Aktie ihr indirekter Kauf über den Erwerb einer Wandelobligation ist, wird sie mit einer einfachen Substraktion berechnet: Kurs der Obligation minus Börsenwert der Anzahl Aktien, die pro Obligation bezogen werden können (der sogenannte Aktienwert). Um Vergleiche zu ermöglichen, wird diese Prämie auch in Prozent des Werts der Obligation gemessen.

Wie die Wandelprämie berechnet wird

Der Zusammenhang wird an einem Beispiel deutlich. Ausgangssituation: eine Wandelanleihe mit einer Laufzeit von acht Jahren und einem Zinssatz von 4%. Jede Obligation hat einen Wert von 5'000 Fr. und kann bis zum Ende der Laufzeit gegen 25 Aktien umgetauscht werden.

Der Wandelpreis beträgt also 200 Fr. pro Aktie. $\frac{5000}{25} = 200$

Wie hoch war die Wandelprämie drei Jahre nach der Emission, wenn bekannt ist, dass der Aktienkurs zu jener Zeit 235 Fr. und der Kurs der Wandelobligation 120% oder 6'000 Fr. betrug?

Wandelprämie pro Obligation =

Kurs der Obligation	6000 Fr.	
− Aktienkurs	− 235 Fr. x 25	= 125 Fr.

Prämie in % =

Wandelprämie	125 Fr.	
Kurs der Obligation	6000 Fr.	= 2,08%

Die Wandelprämie kann auch ausgehend von der Aktie anstelle der Obligation berechnet werden. Nach dieser Methode ergibt sich der Vor- oder Nachteil, falls Wandelobligationen für den Kauf von Aktien erworben werden. Man erhält diese Prämie mit folgender Formel:

Prämie für die Aktie =

Wandelpreis x Kurs der Obligation in %	200 Fr. x 120%	
− Aktienkurs	− 235 Fr.	= 5 Fr.

Prämie in % =

Wandelprämie	5 Fr.	
Kurs der Obligation	235 Fr.	= 2,13%

Der Schweizer Obligationenmarkt

In der Schweiz werden laufend Anleihen in grosser Zahl zur Zeichnung aufgelegt, sei es von Schweizer oder ausländischen Unternehmen oder von öffentlich-rechtlichen Körperschaften. Im Gegensatz zu den Schweizer Schuldnern sind ausländische Emittenten nicht verrechnungssteuerpflichtig (35%).

Attraktivität des Finanzplatzes Schweiz

Ausländische Schuldner kommen in die Schweiz, weil dieser Markt als effizient gilt und die Vermögensverwaltung einen wichtigen Geschäftszweig darstellt. Es ist daher leicht, mit Hilfe der beiden grossen Banken Anleihen zu plazieren. Die traditionell tieferen Zinsen als in anderen Ländern mit Ausnahme von Japan stellen für ausländische Anleiheschuldner einen weiteren Pluspunkt dar. Dieser Vorteil erweist sich aber als Seifenblase, wenn sich der Franken gegenüber den anderen Währungen stark aufwertet und dadurch die bescheidenen Zinsen in Franken berechnet teuer zu stehen kommen.

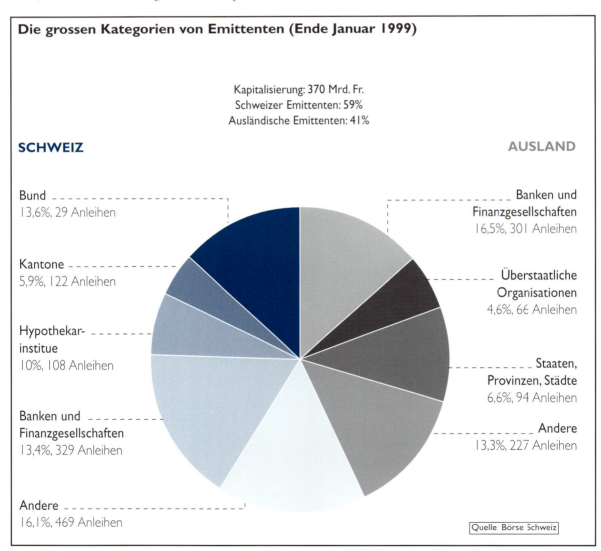

Die grossen Kategorien von Emittenten (Ende Januar 1999)

Kapitalisierung: 370 Mrd. Fr.
Schweizer Emittenten: 59%
Ausländische Emittenten: 41%

SCHWEIZ

Bund
13,6%, 29 Anleihen

Kantone
5,9%, 122 Anleihen

Hypothekarinstitute
10%, 108 Anleihen

Banken und Finanzgesellschaften
13,4%, 329 Anleihen

Andere
16,1%, 469 Anleihen

AUSLAND

Banken und Finanzgesellschaften
16,5%, 301 Anleihen

Überstaatliche Organisationen
4,6%, 66 Anleihen

Staaten, Provinzen, Städte
6,6%, 94 Anleihen

Andere
13,3%, 227 Anleihen

Quelle: Börse Schweiz

Messung der Performance

Die Bank Pictet & Cie. hat einen Index etabliert, der auf einer Stichprobe liquider Titel beruht, deren Kurse somit aussagekräftig sind. Der Index wird auf zwei verschiedene Arten berechnet: einerseits nur unter Berücksichtigung derjenigen Kurse, die nahe 100% schwanken, anderseits einschliesslich der Reinvestition der Zinsen. Die erste Berechnungsmethode basiert somit nur auf dem Kapital, die zweite auf dem Kapital und dem Ertrag. Um ihre Performance mit dem Index zu vergleichen, verwenden die Vermögensverwalter die zweite Berechnungsmethode.

Kapital und Zinsen

Die Pictet-Obligationen-Indizes werden seit dem 30. Dezember 1987 berechnet. Da die Berechnung die systematische Reinvestition der Zinsen einschliesst, sind diese Indizes gute Anhaltspunkte (Benchmarks) für den Vergleich der Performance von Vermögensverwaltern, die nach diesem Datum auf dem Markt aktiv werden.

Rendite

Es handelt sich um die Rendite auf Verfall, d. h. unter Berücksichtigung der Reinvestition der Zinsen und der Rückzahlung der Obligation am Ende ihrer Laufzeit. Man beachte, dass die inländischen Anleihen bessere Renditen als die ausländische Obligationen aufweisen! Langfristig ist jedoch die Performance der ausländischen Titel (184.63) leicht besser als jene der inländischen (181.35).

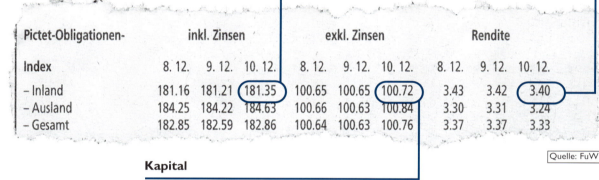

Pictet-Obligationen-	inkl. Zinsen			exkl. Zinsen			Rendite		
Index	8. 12.	9. 12.	10. 12.	8. 12.	9. 12.	10. 12.	8. 12.	9. 12.	10. 12.
– Inland	181.16	181.21	181.35	100.65	100.65	100.72	3.43	3.42	3.40
– Ausland	184.25	184.22	184.63	100.66	100.63	100.84	3.30	3.31	3.24
– Gesamt	182.85	182.59	182.86	100.64	100.63	100.76	3.37	3.37	3.33

Quelle: FuW

Kapital

Dieser Prozentsatz besitzt isoliert betrachtet keine grosse Aussagekraft für den Anleger. Vergleicht man ihn jedoch mit den Werten früherer Sitzungen, erhält man einen genauen Überblick über die Marktentwicklung.

Gewicht der Staatsverschuldung

Wie sich leicht feststellen lässt, sind die schweizerischen und ausländischen öffentlichen Anleihen alles andere als zu vernachlässigen. Aufgrund der zunehmenden Defizite steht der Bund daher an oberster Stelle. Aufgrund ihrer Fähigkeit, Steuern zu erheben, um ihre Budgets zu finanzieren, gelten Staaten als die sichersten Schuldner. Sie geniessen daher das beste Rating und die vorteilhaftesten Finanzierungsbedingungen des Marktes. Das Gesetz von Angebot und Nachfrage bringt diese Logik aber bisweilen durcheinander: So ist die Emission eines Flaggschiffs der Schweizer Wirtschaft oder eines ausgezeichneten ausländischen Unternehmens, das nicht der Verrechnungssteuer unterliegt und nur selten auf den Kapitalmarkt gelangt, in der Regel sehr gefragt. So kann es geschehen, dass die Unternehmensanleihe gleich oder sogar tiefer als eine Bundesanleihe rentiert. Denn solche Titel erlauben den Investoren, ihre Portefeuilles zu diversifizieren.

Normale Anleihen dominieren

Die erdrückende Mehrheit der in der Schweiz aufgelegten Anleihen ist zur Kategorie der normalen Anleihen zu zählen: 96,6% für Anleiheschuldner mit Domizil in der Schweiz und 93,4% für Schuldner mit Domizil im Ausland. Die wichtigsten Spezialanleihen sind Wandelanleihen, Optionsanleihen und Anleihen mit variablem Zinssatz. Auch Euro-Anleihen werden auf dem Frankenkapitalmarkt gehandelt. Nach einem sehr bescheidenen Beginn erreichte ihr Volumen Ende 1999 eine Milliarde Franken.

Der Markt des Euro

Der Euro hat in Europa zu einem enormen Obligationenmarkt im Wert von 6'050 Mrd. $ geführt (beruhend auf Zahlen von 1996). Das entspricht nahezu einem Drittel des Obligationen-Weltmarktes, der auf über 20'000 Mrd. $ geschätzt wird.

Drei grosse Währungsblöcke

Mit der Einführung des Euro haben die Anleger nun die Wahl zwischen drei grossen Währungsblöcken: dem Dollar, dem Euro und dem Yen. Man kann davon ausgehen, dass die amerikanischen institutionellen Anleger, die in Euro diversifizieren wollen, einen gewissen Ausgleich der Positionen herbeiführen werden. Der Franken und das Pfund sind die Alternativen für Anleger, die in Europa investieren, die Risiken aber nicht auf den Euro konzentrieren wollen.

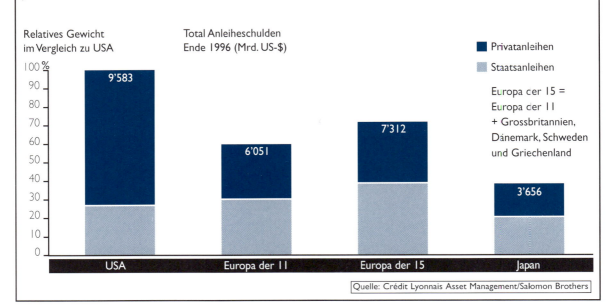

Die USA sind weiterhin führend

Der Euro ermöglicht Europa endlich, über einen Markt zu verfügen, der seinem wirtschaftlichen Gewicht nach jenem der USA entspricht. Seine Struktur ist aber aufgrund des viel höheren Anteils von Staatsanleihen überhaupt nicht mit jenem auf der anderen Seite des Atlantiks vergleichbar.

Relatives Gewicht im Vergleich zu USA
Total Anleiheschulden Ende 1996 (Mrd. US-$)

■ Privatanleihen
▨ Staatsanleihen

Europa der 15 = Europa der 11 + Grossbritannien, Dänemark, Schweden und Griechenland

USA: 9'583
Europa der 11: 6'051
Europa der 15: 7'312
Japan: 3'656

Quelle: Crédit Lyonnais Asset Management/Salomon Brothers

Entwicklung der privaten Anleihen

Der Euro-Markt wurde Anfang 1999 von den öffentlich-rechtlichen Anleihen dominiert. Die privaten Anleihen machten kaum 5% der gesamten Kapitalisierung aus. Dies ist viel weniger als in den USA, wo auf diese Kategorie 20% des Marktes entfallen.
Die europäische Situation wird sich aber zweifellos dem amerikanischen Markt annähern. Man kann davon ausgehen, dass mehr und mehr Privatunternehmen Anleihen auflegen werden. Die Voraussetzungen sind nämlich erfüllt: Der Markt ist grösser und liquider geworden, und er zieht immer mehr private Emittenten an.
Die Bewegung dürfte zu einer Ausweitung der Rating-Palette der auf dem Markt angebotenen Titel führen. Rund 70% der Anleihen in Euro gelten nämlich als sehr sicher: Diese Obligationen haben mindestens ein AA-Rating, während es fast keine Emissionen mittlerer Qualität (BBB) gibt. Auch die Schaffung eines Marktes für hochverzinsliche Obligationen ist zu erwarten, wobei allerdings auch das Risiko entsprechend hoch sein wird.

Ein einziger, aber heterogener Währungsraum

Mit der Einführung des Euro sind nicht alle Unterschiede zwischen den Staaten, die der Währungsunion angehören, auf einen Schlag verschwunden. Die Hierarchie der Zinsen für öffentliche Anleihen ist ebenfalls erhalten geblieben. Das hat verschiedene Gründe, die einerseits mit der Entwicklung der einzelnen Inlandmärkte und anderseits mit der wirtschaftlichen und finanziellen Gesundheit des Schuldners zu tun haben.

Die europäischen Märkte weisen in der Tat sehr grosse Unterschiede bezüglich Liquidität, Tiefe und Entwicklung von Deckungsinstrumenten auf. Auf Märkten wie Deutschland oder Frankreich ist die Gefahr von Zinsschwankungen gering und schraubt damit die Renditeansprüche der Anleger herunter. Im übrigen wird das Risiko der Zahlungsunfähigkeit der Staaten unterschiedlich beurteilt. Die Höhe der Verschuldung und die Rückzahlungsfähigkeit spielen dabei eine wesentliche Rolle. Auch in dieser Beziehung sind die verschiedenen Staaten alles andere als gleich: Die Staatsverschuldung ist in Italien beispielsweise doppelt so hoch wie in Deutschland. Logischerweise sind die Renditen italienischer Staatsanleihen auch höher als in Deutschland. Aber das Gewicht dieser Verschuldung wird bis zu einem gewissen Grad ausgeglichen durch die grosse Liquidität italienischer Titel – und dies paradoxerweise gerade wegen der hohen Verschuldung. Die geringen Renditeunterschiede zwischen Ländern, die sich in einer sehr ähnlichen makroökonomischen Lage befinden, lassen sich durch die Aufrechterhaltung unterschiedlicher Steuergesetzgebungen erklären (Bemessungsgrundlage, Steuerbefreiungsgrad etc.).

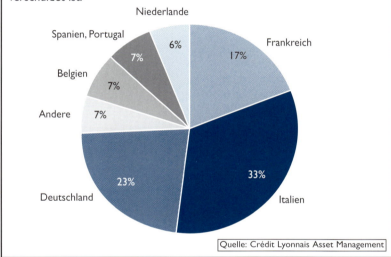

Struktur des Obligationenmarktes der Europäischen Währungsunion

Die italienische Verschuldung und damit das Volumen der Schuldverschreibungen sind im Verhältnis zum wirtschaftlichen Gewicht des Landes wesentlich höher als beispielsweise jene Deutschlands. Dasselbe gilt für Belgien, das schwer verschuldet ist.

- Frankreich 17%
- Italien 33%
- Deutschland 23%
- Andere 7%
- Belgien 7%
- Spanien, Portugal 7%
- Niederlande 6%

Quelle: Crédit Lyonnais Asset Management

Ratings

Die grossen Rating-Agenturen Standard & Poor's und Moody's vergeben ihre Ratings für Anleihen der EWU-Mitgliedstaaten, wie wenn es sich dabei um Schulden in Fremdwährungen handelte. Im Vergleich zu den früheren Ratings vor der Einführung des Euro hat nur Standard & Poor's Änderungen vorgenommen, und zwar in allen Fällen nach unten. Während zuvor alle elf Einzelstaaten ein AAA-Rating vorweisen konnten, wurden nicht weniger als sechs Länder herabgestuft: Belgien (AA+), Spanien (AA), Finnland (AA), Irland (AA+), Italien (AA) und Portugal (AA-).

	Ratings in Auslands- und Euroverbindlichkeiten	
	S & P	Moody's
DEUTSCHLAND	AAA	Aaa
ÖSTERREICH	AAA	Aaa
BELGIEN	AA+	Aa1
SPANIEN	AA	Aa2
FINNLAND	AA	Aaa
FRANKREICH	AAA	Aaa
IRLAND	AA+	Aaa
ITALIEN	AA	Aa3
LUXEMBURG	AAA	Aaa
NIEDERLANDE	AAA	Aaa
PORTUGAL	AA-	Aa2

Der Euromarkt

Der Markt der Eurowährungen, d. h. der ausserhalb ihres Emissionslandes gehandelten Währungen, bildet den Euromarkt. Ein sehr wichtiger Anleihenmarkt hat sich in Eurowährungen, vor allem in Dollar, entwickelt. Vorsicht! Euro-Anleihen haben nichts mit der europäischen Währung Euro zu tun.

Vorteile des Euromarktes

Euro-Anleihen zeichnen sich durch eine Währung aus, die nicht ihrem Emissionsort entspricht, wie das bei einer auf Dollar lautenden Anleihe, die in London aufgelegt wird, der Fall ist. So gibt es auch Anleihen in Yen, die ausserhalb von Japan emittiert werden, oder Anleihen in Deutschen Mark, die ausserhalb von Deutschland ausgegeben und gehandelt werden.

Einem Anleger bietet der Euromarkt verschiedene Vorteile: die Anonymität sowie das Fehlen administrativer und fiskalischer Einschränkungen, da diese Anleihen in Währungen emittiert werden, die ausserhalb ihres Ursprungslandes gehalten werden und sich somit den entsprechenden Währungsbehörden entziehen. Aus den mehrheitlich gleichen Gründen sehen sich Unternehmen oder öffentlich-rechtliche Körperschaften dazu veranlasst, Euro-Anleihen aufzulegen.

Ist vom Euromarkt die Rede, muss man wissen, dass dieser Markt heute den europäischen Rahmen und den Dollar bei weitem sprengt: Der Euromarkt hat sich beispielsweise auf den asiatischen Finanzplätzen sehr stark entwickelt. Aber die US-Währung spielt weiterhin die dominierende Rolle, wie aus der untenstehenden Grafik hervorgeht.

Der Euromarkt wird vom Dollar beherrscht

Der Markt der Euro-Anleihen wies Ende März 1999 einen Wert von nicht weniger als 3'579 Mrd. $ auf. Der Löwenanteil davon (ausgedrückt in Mrd. $) entfiel auf den Dollar. Zu beachten ist, dass der Anteil in Franken auf Anleihen ausländischer Schuldner entfällt, die in der Schweiz aufgelegt werden und nicht eigentliche Euro-Anleihen in Franken sind, denn solche gibt es formell gar nicht.

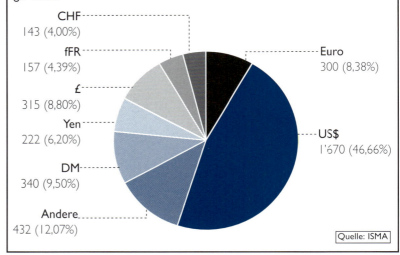

Quelle: ISMA

Warum gibt es keine Euro-Anleihen in Franken?

Die Schweizerische Nationalbank (SNB) übte über längere Zeit Druck aus, damit solche Anleihen nicht aufgelegt werden können. Der Grund für dieses Verhalten war hauptsächlich fiskalischer Art: Die Stempelgebühr für Emissionen wäre so dem Bund entgangen. In den letzten Jahren hat die SNB allerdings ihre Praxis hinsichtlich Kapitalexporten nach und nach gelockert. So ist nicht mehr völlig ausgeschlossen, dass Anleihen in Franken im Ausland aufgelegt werden.

Aber die für die Emission verantwortliche Bank (Lead manager) muss nicht nur die Anleihe der SNB ankündigen, sondern auch in der Schweiz oder in Liechtenstein domiziliert sein. Sie muss somit die eidgenössische Stempelabgabe für die gesamte Emission entrichten. Dies schränkt natürlich das Interesse für den Euromarkt erheblich ein, zumal die Erträge von schweizerischen Anleihenemissionen ausländischer Schuldner von der Verrechnungssteuer befreit sind. Man nennt sie deshalb auch Anleihen in «Pseudo-Eurofranken».

Der Euromarkt und der Markt des Euro

Die Bezeichnung «Euro», die für die europäische Einheitswährung und den Markt der ausserhalb ihres Emissionslandes gehandelten Währungen zugleich verwendet wird, sorgt immer wieder für Verwirrung. Es handelt sich um völlig unterschiedliche Märkte. Die Unterschiede werden in den Indizes von Lombard Odier & Cie deutlich. Sie geben die täglichen Preisbewegungen des Portefeuilles wieder, wobei die während des Tages angesammelten Zinsen hinzugefügt und verrechnet werden, wie wenn sie reinvestiert würden. Bei der publizierten Rendite handelt es sich um die Rendite auf Verfall.

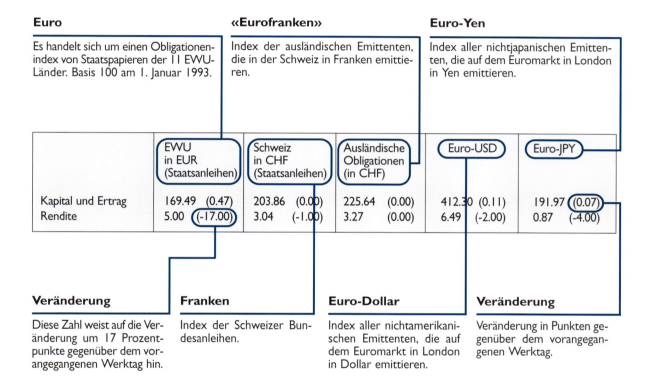

Euro
Es handelt sich um einen Obligationenindex von Staatspapieren der 11 EWU-Länder. Basis 100 am 1. Januar 1993.

«Eurofranken»
Index der ausländischen Emittenten, die in der Schweiz in Franken emittieren.

Euro-Yen
Index aller nichtjapanischen Emittenten, die auf dem Euromarkt in London in Yen emittieren.

Veränderung
Diese Zahl weist auf die Veränderung um 17 Prozentpunkte gegenüber dem vorangegangenen Werktag hin.

Franken
Index der Schweizer Bundesanleihen.

Euro-Dollar
Index aller nichtamerikanischen Emittenten, die auf dem Euromarkt in London in Dollar emittieren.

Veränderung
Veränderung in Punkten gegenüber dem vorangegangenen Werktag.

Die Zukunft des Euromarktes

Wird die Einführung der europäischen Einheitswährung zum Untergang des Marktes von Eurowährungen führen? Die Frage ist berechtigt. Beispielsweise eine in Frankreich emittierte Anleihe in DM, d. h. in Euro-DM, wird sich in eine Euro-Anleihe in Euro, d. h. in Euro-Euro, verwandeln. Im Vergleich zum alten Fiskalstatus hat sich für die so verwandelten Titel nichts geändert: Sie sind weiterhin von jeder Verrechnungssteuer befreit. Aber alle innerhalb der Europäischen Währungsunion in Euro emittierten Anleihen werden nun unter derselben Bezeichnung aufgelegt. Wie eine nationale Anleihe kann sich damit keine der steuerlichen Erfassung in dem Emissionsland entziehen.
Da aber der grösste Teil des Euromarktes über London (ausserhalb der Währungsunion) und in Dollar abgewickelt wird, stehen ihm immer noch gute Tage bevor. Zumindest sofern sich die Anwendlungen gewisser europäischer Politiker, eine Quellensteuer für Obligationen einzuführen, nicht konkretisieren. Eine solche Massnahme wäre für die Euro-Währungen der Todesstoss, da sie so ihre Daseinsberechtigung verlieren würden. Man beachte, dass für im Umlauf befindliche Titel der Emissionsprospekt ausschlaggebend ist! Je nach den Bestimmungen werden die Anleihen bei der Einführung einer Besteuerung frühzeitig zu pari zurückbezahlt.

Derivative Finanzinstrumente

Aufgrund mehrerer Skandale und des aufsehenerregenden Konkurses der Barings Bank im Jahre 1995 geniessen Derivate heute einen miserablen Ruf. Es sollten sich aber nicht nur Spekulanten für diese Instrumente interessieren, sondern auch Anleger, die ihre Risiken decken wollen. Dies ist nur vordergründig widersprüchlich, denn Derivate sind Verträge, die auf der Kursentwicklung anderer Produkte beruhen. Dabei werden die Bedingungen vereinbart, zu denen man diese kaufen oder verkaufen kann – sei es, um zu spekulieren oder um sich abzusichern.

Falls Sie sich zur Spekulation hingezogen fühlen, vergessen Sie nie, dass es sich dabei um ein Nullsummenspiel handelt, um eine Wette, und dass es am Fälligkeitstag immer einen Gewinner und einen Verlierer gibt. Glauben Sie wirklich, Sie könnten gegen Profis gewinnen?

Bevor solche Produkte eingesetzt werden, muss man sie gut kennen. Grundsätzlich sind Terminkontrakte oder Futures – feste Verpflichtungen beider Vertragspartner – von Optionen zu unterscheiden, bei denen der Käufer ein Kauf- oder Verkaufsrecht gegenüber dem Verkäufer erwirbt. Der Futures ist ein standardisierter Terminkontrakt, der auf organisierten Märkten gehandelt wird. Er ist das spekulativste und auch gefährlichste Instrument. Oft genügt bereits eine einzige Börsensitzung, um die ganze Investition zu verlieren! Berücksichtigt man die gebotene Deckung, ist der Index-Futures immerhin ein wirksames Schutzinstrument für den Fall, dass der Markt einbricht: Man spricht dann von einer Portefeuille-Versicherung.

Optionen gibt es auf verschiedene Produkte. Auch sie erlauben entweder eine intensive Spekulation oder den Vermögensschutz.

Mit sogenannten Call-Optionen wird ein Produkt auf Termin zu einem im voraus festgesetzten Preis gekauft. Put-Optionen ermöglichen analog dazu den Verkauf dieses Produkts.

Die Palette von Optionen, die dem Privatanleger angeboten werden, ist breit: Eurex-Optionen für den Schweizer Markt sowie unzählige Varianten von Warrants (Optionsscheinen). Hierbei handelt es sich um Optionen, die von Privatunternehmen ausgegeben und anschliessend wie kotierte Aktien an der Börse gehandelt werden. Eurex-Optionen hingegen werden nur an der gleichnamigen Derivat-Börse gehandelt.

Mit einer Option kann der Käufer zum Optionspreis – der sogenannten Prämie – sein Risiko beschränken. Erreicht der Kurs des zugrunde liegenden Produkts den Ausübungspreis nicht, übt der Inhaber der Option diese selbstverständlich nicht aus. Der Verkäufer einer Kauf- oder Verkaufsoption setzt sich hingegen der Willkür des Käufers aus, der ihm gegenüber ein Recht besitzt. Diese Verletzbarkeit kann eine zerstörerische Wirkung haben, wenn unvorsichtig verkauft worden ist.

Der Verkauf von Optionen muss nicht zwingend spekulativ sein. Er stellt in einer aktiven Portefeuille-Verwaltung unter Umständen sogar eine sinnvolle Ergänzung dar. Dies ist der Fall, wenn sogenannte gedeckte Optionen verkauft werden.

Die Welt der Finanzderivate

Derivate sind Verträge, in denen ein Käufer und ein Verkäufer vereinbaren, zu einem späteren Zeitpunkt eine Transaktion zu im voraus festgesetzten Bedingungen durchzuführen. Man unterscheidet zwei grosse Familien von Derivaten, die auf den grossen Finanzplätzen der Welt gehandelt werden: Termingeschäfte und Optionen.

Die beiden Derivat-Familien

- **Termingeschäft** Um ein Termingeschäft zu verstehen, genügt es, seine Entstehungsgeschichte zu betrachten: Ursprünglich schlossen die Produzenten und Käufer von Rohstoffen Verträge, in denen für beide Partner die Lieferung einer bestimmten Menge dieses Rohstoffs zu einem im voraus festgesetzten Preis und Datum verbindlich vereinbart wurde. Auf diese Weise sicherten sich beide Parteien gegen zukünftige Kursschwankungen während der Laufzeit des Vertrags ab.
  Diese Verträge verbreiteten sich in der Folge so sehr, dass Börsen entstanden, an denen standardisierte Terminkontrakte – sogenannte Futures – gehandelt werden.

- **Option** Auch den standardisierten Optionen, die täglich auf den grossen Finanzplätzen gehandelt werden, liegen Rohstoffmärkte zugrunde. Im Unterschied zu den Futures, die eine feste Verpflichtung zum Kauf oder Verkauf eines Guts oder Finanzinstruments zu den vertraglichen Bedingungen beinhalten, gewähren Optionen das Recht, aber nicht die Pflicht zum Kauf oder Verkauf dieses Guts oder Finanzinstruments. Der Käufer einer Kaufoption auf einen Nestlé-Titel zum Beispiel wird auf den starken Kursanstieg dieses Titels setzen. Wenn sich seine Erwartungen erfüllen, wird er sein Recht ausüben und die Aktie zu einem Preis unter dem Börsenkurs kaufen, nämlich zu dem im voraus vereinbarten Preis zuzüglich der Optionsprämie. Dabei ist zu beachten, dass der Verkäufer der Option keine Wahl hat und zum Verkauf verpflichtet ist, wenn der Käufer sein Recht ausübt.

 ## Hoch spekulative Märkte

Die Derivat-Märkte sind den meisten Leuten suspekt – aufgrund der grassierenden Spekulation gar nicht zu Unrecht. Gewisse Händler versuchen zwar tatsächlich, die Risiken im Zusammenhang mit den Kursschwankungen der Waren zu decken, die sie liefern oder abnehmen müssen. Die Mehrheit der Händler sind jedoch reine Spekulanten. Sie setzen auf die Kursschwankungen der Kontrakte, um durch deren Kauf und Verkauf in rascher Folge Gewinn zu machen. Ihr Appetit wird durch die Hebelwirkung, die sowohl auf dem Futures- als auch auf dem Optionen-Markt eine Vervielfachung der Gewinne (oder der Verluste!) ermöglicht, zusätzlich angestachelt. In der Tat genügt ein Bruchteil des Vertragswerts, um sich auf diesen Märkten zu engagieren. Man beachte, dass die Tätigkeit der Spekulanten nicht etwa eine Abart des Systems ist, sondern eine «conditio sine qua non»! Denn sie stellen die Liquidität her, die erforderlich ist, damit jederzeit Transaktionen durchgeführt werden können.

Kontrakte kaufen und verkaufen?

Auf den Märkten für Finanzderivate können Sie sehr einfach Kontrakte kaufen und verkaufen und die Differenz zwischen den beiden Transaktionen einstecken, wenn Sie richtig gewettet haben.

Sie fragen sich aber sicher, wie man denn überhaupt einen Kontrakt (also einen Vertrag) kaufen und dann wieder verkaufen kann. Hier handelt es sich im Grunde um einen falschen Sprachgebrauch, der aber sehr wohl dem Mechanismus dieser Instrumente entspricht. Wenn man beispielsweise bei einem Futures sagt, dass Sie Käufer des Kontrakts sind, ist damit gemeint, dass Sie in diesem Vertrag jene Partei sind, die das Produkt auf Termin kauft. Verkaufen Sie hingegen den Kontrakt, bedeutet dies, dass Sie in diesem Vertrag Verkäufer des Produkts zu denselben Bedingungen sind. So werden Ihre beiden Verpflichtungen gegenseitig verrechnet und aufgehoben. Sie könnten auch mit dem Verkauf eines Futures beginnen und ihn anschliessend wieder zurückkaufen, um damit die Operation aufzuheben. Dabei lassen sich die beiden Geschäfte nur dann gegenseitig verrechnen, wenn sie zwischen denselben Partnern geschlossen werden. Aus diesem Grund ist bei allen Kontrakten - ob Sie nun Käufer oder Verkäufer sind - einer der Vertragspartner die Clearingzentrale der Börse. Diese wirkt also immer als Verkäuferin oder Käuferin mit. Jeder Kauf eines Kontrakts kann so jederzeit annulliert werden, indem ein Verkaufsauftrag erteilt wird – mit dem Vorteil, dass man sich über die Solvenz des Vertragspartners keine Gedanken zu machen braucht.

Wie eine Derivat-Börse funktioniert

1. Nehmen wir an, Sie kaufen am 1. März einen Terminkontrakt über 100 Unzen Gold zum Preis von 300 Dollar pro Unze mit Fälligkeit im Juli, d.h. für insgesamt 30'000 Dollar. Die Clearingzentrale wirkt als Vertragspartnerin mit und wird Verkäuferin des Kontrakts.

2. Am 6. Mai ist der Kurs des Futures auf 330 Dollar pro Unze gestiegen. Sie beschliessen deshalb, Ihren Gewinn einzustecken und einen Kontrakt über 100 Unzen Gold, die im Juli abzunehmen sind, für 33'000 Dollar zu verkaufen. Erneut ist die Clearingzentrale Ihre Vertragspartnerin, diesmal jedoch als Käuferin.

3. Da Sie nur einen Vertragspartner haben, gegenüber dem Sie in zwei identischen Kontrakten einerseits als Käufer und andererseits als Verkäufer auftreten, können diese verrechnet werden und heben sich auf, wobei Sie einen Gewinn von 3'000 Dollar erzielen.

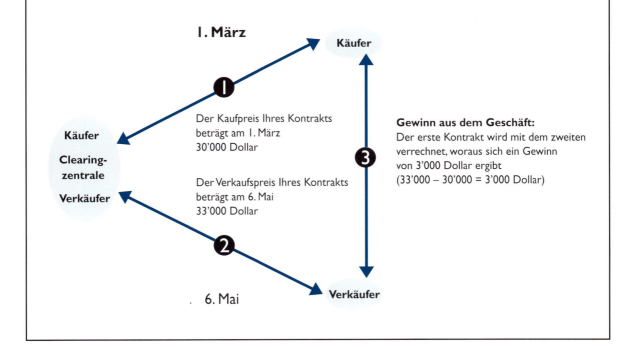

Gewinn aus dem Geschäft:
Der erste Kontrakt wird mit dem zweiten verrechnet, woraus sich ein Gewinn von 3'000 Dollar ergibt
(33'000 – 30'000 = 3'000 Dollar)

Futures

Futures sind standardisierte Terminkontrakte, in denen die Bedingungen für die zukünftige Lieferung eines Produkts – Rohstoff oder Finanzprodukt – zu einem im voraus festgesetzten Preis vereinbart werden. Sie werden an den grossen Börsen von Chicago, London und New York gehandelt.

Die Futures-Märkte

Auf den Futures-Märkten treffen sich jene, die ihre Risiken decken wollen, mit jenen, die zur Übernahme dieser Risiken bereit sind. Dank der Standardisierung lassen sich die Kontrakte sehr leicht handeln. Jeder Marktteilnehmer kann einen Kontrakt mit einer bestimmten Fälligkeit kaufen oder verkaufen. Die aussergewöhnliche Entwicklung dieser Märkte erklärt sich durch die sehr rege Tätigkeit der Spekulanten, die ihre Kontrakte nur einige Tage lang behalten. Futures auf die wichtigsten Rohstoffe wie Gold, Silber, Platin, Kakao, Zucker, Erdöl usw. werden an den Börsen von New York, Chicago und London gehandelt. Ihre Kurse erscheinen täglich in der Fachpresse. Die «Finanz und Wirtschaft» veröffentlicht einige der wichtigsten Kurse, die auf den verschiedenen Börsenplätzen gehandelt werden.

Fälligkeit

Monat, in dem der Verkäufer an einem bestimmten Datum zur Lieferung des Rohstoffs an den Käufer bereit ist. Rohstoff-Kontrakte werden nach den Bestimmungen der Börse in regelmässigen Intervallen von bis zu einem Jahr geschlossen.

Börse

Für jeden Rohstoff wird das Zeichen des Terminmarktes angegeben, auf dem die Kontrakte gehandelt werden. Hier N. Y. für die Rohstoffbörse von New York.

Kurs

Dies ist der Betrag (in Dollar), der am 9. Dezember 1999 für den Terminkauf oder -verkauf einer Unze Gold, die im April 2000 zu liefern oder abzunehmen ist, zu bezahlen war.

Masseinheit

Die Masseinheit für den Kurs des Kontrakts hängt vom Preis des zugrunde liegenden Werts (Basiswert) ab. Während der Kurs des Kontrakts für Platin in Dollar pro Unze ($/Unze) angegeben wird, sind es für Kakao Dollar pro Tonne ($/Tonne) oder für Kaffee Cents pro Pfund (cts./lb).

ROHSTOFF-FUTURES

Schlusskurse vom 9. Dezember 1999

	Einheit	Dez.	Jan.	Feb.	März	April
Gold, N.Y.	$/Unze	278.40	279.20	280.30		282.30
Silber, N.Y.	$/Unze	5.10	5.13		5.15	
Kupfer, N.Y.	cts./lb.	79.00	79.60	79.60	80.40	80.80
Palladium, N.Y.	$/Unze	413.20			408.20	
Platin, N.Y.	$/Unze		414.90			402.90
Kakao, N.Y.	$/Tonne	845.00			885.00	
Kaffee, N.Y.	cts./lb.	120.00			122.25	
Zucker 11, N.Y.	cts./lb.				6.09	
Baumwolle, N.Y.	cts./lb.				49.90	
Weizen, Chi.	cts./bu.	226.00			240.75	
Mais, Chi.		186.00				

Quelle: FuW

Wovon hängen die Futures-Kurse ab?

Der Kurs eines Futures hängt in erster Linie vom Wert ab, auf dem er beruht. Seine Schwankungen folgen den Schwankungen des zugrunde liegenden Guts oder Produkts.

Da es sich aber um ein Termingeschäft handelt, das theoretisch erst bei seiner Fälligkeit abgewickelt wird, muss der Verkäufer die Kosten für die Lagerung, Verwahrung und Versicherung der Waren übernehmen. Hinzu kommt der Renditeverlust durch die Bindung der Anlage in die Waren bis zur Fälligkeit des Vertrags. Bei Rohstoffen liegt der Kurs des Futures fast immer über dem Kassakurs, da er alle seine Kosten einschliessen muss.

Der Futures und sein Basiswert gleichen sich einander jedoch im Laufe der Zeit tendenziell immer mehr an und fallen schliesslich bei der Fälligkeit zusammen. Dies ist logisch, denn die beiden Geschäfte beinhalten ja die Lieferung desselben Guts an demselben Tag. Zu beachten ist, dass Abweichungen, welche die Kosten für die Aufbewahrung des Guts und den Renditeverlust übersteigen, aufgrund der Arbitrage-Tätigkeit nicht von langer Dauer sein können. Arbitrageure greifen nämlich systematisch ein und profitieren von den Unstimmigkeiten des Marktes, indem sie das unterbewertete Produkt kaufen und das überbewertete verkaufen. So wird das Gleichgewicht schnell wiederhergestellt.

Chronik eines angekündigten Kollapses

Wie dem Verlauf des Goldkurses und seines Futures mit Fälligkeit am 24. Februar 1999 zu entnehmen ist, fallen die beiden Kurven am Fälligkeitstag bei 287,87 Dollar zusammen. Normalerweise – wie dies hier fast bis zum Verfall des Kontrakts der Fall ist – liegt der Wert des Futures über dem Kassakurs des Basiswerts Gold. Die Differenz beruht auf den Kosten für die Lagerung, Verwahrung und Versicherung des Edelmetalls bis zur Lieferung sowie auf der Entschädigung für das nicht verfügbare Kapital.

Je näher die Fälligkeit rückt, desto tiefer sind diese Kosten und desto geringer ist daher auch die Differenz zum Kassageschäft, bis sie am Fälligkeitstag auf null sinkt.

Absicherung oder Spekulation?

Futures sind Absicherungsprodukte: Es gibt Leute, die ihr Risiko abdecken, indem sie es an jene weitergeben, die bereit sind, dieses Risiko zu tragen. Die immense Mehrheit der Händler spekuliert jedoch mit den Kursbewegungen, um Geld zu verdienen, indem sie von der Hebelwirkung profitieren. Man nennt sie deshalb Spekulanten.

Deckung

Die Produzenten und Verbraucher von Rohstoffen setzen Futures ein, um ihre Risiken zu decken. Die Produzenten sind immer Verkäufer von Kontrakten, da sie eine Ware zu einem bestimmten Termin liefern müssen. Die Verbraucher hingegen sind immer Käufer von Kontrakten, da sie die Ware auf Termin kaufen wollen. Wer Futures kauft oder verkauft, um ein geschäftliches Risiko zu decken, ist an der Entwicklung des Futures-Kurses bis zu seiner Fälligkeit gar nicht interessiert. Er will einzig und allein den Preis der zukünftigen Transaktion blockieren. Allerdings muss unterstrichen werden, dass nur sehr wenige dieser Kontrakte die tatsächliche Lieferung auf dem Futures-Markt zur Folge haben. Diese Finanzprodukte werden nämlich meistens durch ein entgegengesetztes Geschäft annulliert. Ergibt das Geschäft auf dem Futures-Markt einen Gewinn, gleicht es den Renditeausfall auf dem Kassamarkt aus. Ist hingegen das Geschäft auf dem Futures-Markt verlustbringend, so wird es durch den Gewinn auf dem Kassamarkt ausgeglichen.

Deckung eines Geschäftsrisikos

Um den oben beschriebenen Mechanismus zu illustrieren, machen wir folgende Annahme: Eine Mühle will am 1. März mit Hilfe des Futures-Marktes einen bestimmten Preis für einen Weizenkauf sicherstellen, der auf Ende Juni vorgesehen ist.

1. Die Mühle kauft Futures mit Fälligkeit im Juni. Der Kurs des Kontrakts beträgt 100 Dollar pro Einheit.

2. Bei der Fälligkeit kostet die Einheit Weizen auf dem Kassamarkt 110 Dollar, was auch dem Wert des Kontrakts entspricht. Die Mühle kauft somit den Weizen für 110 Dollar, indem sie ihre Futures für ebenfalls 110 Dollar verkauft. Bei diesem Geschäft erzielt sie daher einen Gewinn von 10 Dollar pro Kontrakt. Insgesamt wird die Mühle bei der Fälligkeit für jede Weizeneinheit 100 Dollar bezahlen müssen, was sie ursprünglich erreichen wollte.

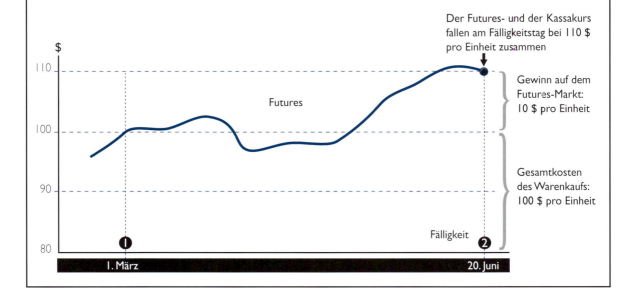

Spekulation

Der Spekulant hat nur ein Ziel: Kaufen und verkaufen, um von den Preisdifferenzen während der Laufzeit des Kontrakts zu profitieren, indem er die Kursentwicklung des zugrunde liegenden Rohstoffs vorhersieht.

Bis hier ist eigentlich nicht zu verstehen, warum der Futures-Markt einen derart schlechten Ruf hat, denn wie beim Kauf von Aktien geht es darum, Kapitalgewinne zu realisieren.

Was diese Märkte jedoch so gefährlich macht, ist die massive Zuhilfenahme von Krediten. Denn wer beispielsweise einen Kontrakt kauft, muss den Preis seiner Kaufverpflichtung nicht sofort bezahlen, sondern erst einige Prozent dieses Betrags. So erhöhen sich die Gewinne des Spekulanten leicht auf das Zehnfache des Einschusses von vielleicht 10%. Und dies gilt natürlich entsprechend auch für die Verluste.

Die Hebelwirkung für sehr schnelle Gewinne oder Verluste

1. Nach oben

Nehmen wir an, dass der Einschuss, der für den Kauf eines Futures verlangt wird, 5% seines Werts von 100'000 Dollar beträgt. Er beträgt somit 5'000 Dollar. Steigt nach einigen Tagen der Wert des Kontrakts um 5% auf 105'000, hat der Käufer seinen Einsatz verdoppelt, da er eingangs nur 5'000 Dollar gesetzt hatte.

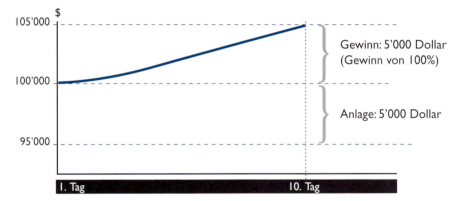

2. Nach unten

Nehmen wir nun an, die Entwicklung verlaufe für den Spekulanten weniger günstig: Anstatt im Wert zu steigen, fällt derselbe Kontrakt um 5% auf 95'000 Dollar. Der Käufer hat damit den Einschuss von 5'000 Dollar, d. h. seine gesamte Investition verloren! An organisierten Börsen wird dieser virtuelle Verlust in einen effektiven Verlust umgewandelt, wenn der Spekulant keinen Nachschuss leistet. In diesem Fall wird seine Position liquidiert (siehe Seite 110).

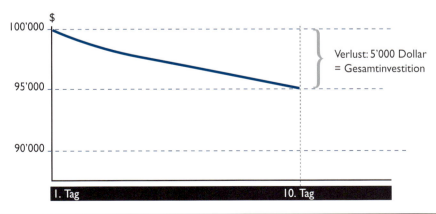

Financial Futures

Märkte für Futures auf Gold, Erdöl und Baumwolle gibt es schon seit langem. Erst in jüngerer Zeit jedoch wurde ein Terminmarkt für Finanzinstrumente wie Aktien, Obligationen, Währungen und Börsenindizes geschaffen. Man nennt sie Financial Futures.

Indexkontrakte

Die Märkte für Terminkontrakte auf Finanzinstrumente (Financial Futures) funktionieren genau gleich wie die Rohstoffmärkte. Auch das Ziel ist dasselbe: Den Anlegern soll ermöglicht werden, ihre Risiken zu decken, indem sie diese an andere weitergeben, die zu deren Übernahme bereit sind: die Spekulanten. Zur Auswahl steht eine grosse Vielfalt von Kontrakten auf Finanzinstrumente der wichtigsten Finanzplätze. Ihr Basiswert können Aktien, Zinssätze, Währungen usw. sein. Financial Futures sind aufgrund ihrer Komplexität häufig schwer durchschaubar. Es gibt aber welche, die relativ leicht zu begreifen sind: die Indexkontrakte. Und dies, obwohl es sich hierbei um doppelte Derivate handelt: Die Indizes sind ja selbst sekundäre Produkte. Ein Index ist nämlich nichts anderes als ein abstrakter Wert, der den Durchschnitt der Kurse einer gewissen Anzahl repräsentativer Titel widerspiegelt. Dies bedeutet, dass am Fälligkeitstag keine physische Lieferung möglich ist, sondern nur der Gegenwert des auf dem Geschäft erzielten Gewinns oder Verlusts ausbezahlt wird.

Konkret wird der Wert eines Indexkontrakts berechnet, indem man seinen Kurs mit einem vorbestimmten Nominalwert multipliziert. Beispielsweise 500 Dollar beim Futures auf den amerikanischen Standard & Poor's Index. Der Futures auf den SMI ist im Vergleich dazu «demokratischer», denn der Multiplikationsfaktor beträgt nur 10 CHF. Der SMI-Futures wird an der schweizerisch-deutschen Derivat-Börse Eurex kotiert. Auf den Börsenseiten der «Finanz und Wirtschaft» wird er wie folgt dargestellt:

Volumen
Anzahl Kontrakte, die während der ganzen Börsensitzung notiert wurden.

Schlusskurs
Am 10. Dezember 1999 hatte der Dezember-Kontrakt auf den SMI bei Börsenschluss einen Wert von 73'360 CHF (= 7'336 x 10 CHF).

SMI-Futures

Kontr.	Eröffn.	Tages-H	Tages-T	Volumen	O.K.	Schluss	Settl.
Dez	7345	7370	7276	27243	148425	7290	7290
Mar	7393	7405	7320	8194	26025	7336	7336
Jun	7324	7324	7281	248	3089	7282	7291

Quelle: FuW

Open Interest
«Open Interest» bedeutet offene Position. Damit ist die Anzahl Kontrakte gemeint, die noch nicht mit einem Gegengeschäft verrechnet wurden.

Settlement
«Settlement» bedeutet täglicher Abrechnungspreis. Er entspricht grundsätzlich dem letztbezahlten Kontraktpreis, wird aber von der Eurex an die aktuellen Marktverhältnisse angepasst.

Die Portefeuille-Versicherung

Im Unterschied zu den Futures auf Rohstoffe werden Financial Futures ebenfalls verwendet, um anstelle eines zukünftigen Transaktionskurses den Wert eines Portefeuilles zu sichern. Man gebraucht dafür die Bezeichnung «Portefeuille-Versicherung». Wenn Sie zum Beispiel ein genügend diversifiziertes Portefeuille von Schweizer Titeln besitzen, können Sie Futures auf den SMI einsetzen. Ihre Strategie wird darin bestehen, Futures im Wert Ihres Portefeuilles zu verkaufen – nicht etwa mit der Absicht, bei der Fälligkeit den ganzen Korb der Titel zu liefern, aus dem sich das Portefeuille zusammensetzt, sondern um sich gegen allfällige Verluste bei einer Baisse des Kassamarktes abzusichern. Denn dieses Geschäft erfolgt rein buchmässig: Ermittelt wird der Gewinn oder Verlust des Anlegers am Fälligkeitstag aufgrund der Differenz zwischen dem Kurs, zu dem er den Futures gekauft hat, und dem zugrunde liegenden Index am Fälligkeitstag.

Wenn Sie diese Strategie einsetzen, um Ihr Portefeuille zu schützen, vergessen Sie eins nicht: Diese Versicherung kann auch zur Folge haben, dass Sie den Gewinn einer Markt-Hausse verfehlen!

Ein Anti-Crash-Fallschirm

Achtung! Dieses Beispiel beruht auf realen Zahlen, berücksichtigt aber keine Gebühren.

1. Verkauf von SMI-Futures

Der SMI erreicht seinen Gipfel am 20. Juli 1998 bei 8'400 Punkten. Ein Anleger mit einem Portefeuille, das aus den wichtigsten schweizerischen Blue-chips besteht und einen Wert von 250'000 Franken aufweist, sieht die kommende Abschwächung vorher. Um sich zu schützen, beschliesst er den Verkauf von SMI-Futures, die im September fällig werden. Da der Kurs des SMI-Future noch immer sehr nahe am Kassakurs liegt, kostet der Future mit Fälligkeit im September 84'000 Franken (8'400 x 10 CHF). Um sein Portefeuille von 250'000 Franken zu decken, verkauft er somit drei Kontrakte (3 x 84'000 = 252'000).

2. Fälligkeit

Bei Verfall am 18. September hat der Future wieder den Index erreicht, aber auf einem viel tieferen Niveau als im Juli, nämlich 24,4% darunter bei 6'350 Punkten. Jeder Kontrakt hat somit nur noch einen Wert von 63'500 Franken (6'350 x 10 CHF). Der Anleger verdient mit dem Geschäft 20'500 Franken pro Kontrakt (84'000 – 63'500), insgesamt also 61'500 Franken (3 x 20'500). Dieser Gewinn erlaubt ihm, den Minderwert seines Aktien-Portefeuilles als Folge des SMI-Sturzes auf 189'000 Franken zu kompensieren. Man stellt fest, dass der Anleger sogar einen kleinen Gewinn von 500 Franken erzielt, da er sich für 2'000 Franken mehr abgesichert hatte, als der Wert seines Portefeuilles betrug.

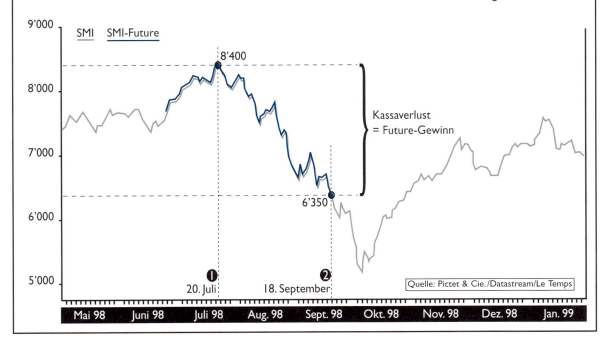

Quelle: Pictet & Cie./Datastream/Le Temps

Die Hebelwirkung (fast) unter Kontrolle

Die Hebelwirkung der Futures-Geschäfte macht diese Produkte sehr gefährlich. Aus diesem Grund wurde an allen Futures-Börsen ein Sicherheitssystem eingeführt, das die Begrenzung der potentiellen Schäden ermöglicht.

Ein Sicherheitssystem, das automatisch ausgelöst wird

Die enorme Hebelwirkung, von der die Futures-Märkte geprägt sind, hat ihre Ursache in den sehr bescheidenen Einschüssen, die verlangt werden. Dies ermöglicht die virtuelle Verdoppelung des eingesetzten Kapitals in sehr kurzer Zeit, aber auch dessen ebenso schnellen Verlust. Nehmen wir zum Beispiel an, dass der Einschuss bloss 5% beträgt. Sie müssen in diesem Fall nur 5'000 Dollar bezahlen, um einen Kontrakt von 100'000 Dollar zu erwerben. Sinkt der Wert des Kontrakts um 5% auf 95'000, bedeutet dies, dass Sie die 5'000 Dollar des anfänglichen Einschusses virtuell verloren haben. Das Verschwinden dieses Sicherheitskissens, das Ihre Solvenz sicherstellt, macht Sie sehr verletzlich, wenn der Markt weiter sinkt. Aus diesem Grund kontrollieren und aktualisieren die Börsen die Konten ihrer Kunden Tag für Tag.

Wer einen Kontrakt hält, der seinen Wert in einer Sitzung verloren hat, muss nachzahlen, um diese Sicherheitsmarge wiederherzustellen. Man nennt dies «Margin call». Wer dieser Forderung nicht nachkommt, muss die Liquidation seiner Position gewärtigen: Der Verlust wird dann bittere Realität. Gewinnt hingegen der Kontrakt an Wert, so nimmt auch der virtuelle Gewinn zu.

Ein gutgeölter Mechanismus

Um diesen Mechanismus zu verdeutlichen, nehmen wir an, dass ein Spekulant am 1. März einen Terminkontrakt im Wert von 100'000 Dollar kauft. Es wird ein erster Einschuss von 5% oder 5'000 Dollar verlangt.

Am 1. März hat der Kontrakt einen Wert von 100'000 Dollar. Es wird ein Einschuss von 5'000 Dollar verlangt.

Vom 1. bis 7. März wächst der Wert des Kontrakts um 5% oder 5'000 Dollar, die dem Anleger gutgeschrieben werden. Sein anfänglicher Einsatz ist somit verdoppelt worden.

Vom 7. bis 14. März verliert der Kontrakt an Terrain und fällt auf 95'000 Dollar: Der Anleger hat den Gegenwert seines anfänglichen Einschusses von 5'000 Dollar verloren. Um seinen Kontrakt zu behalten, muss er einen Nachschuss von 5'000 Dollar leisten, denn nur so bleibt die Marge von 5% seines Engagements erhalten. Kann oder will er der Aufforderung zur Leistung eines Nachschusses nicht Folge leisten, wird seine Position liquidiert.

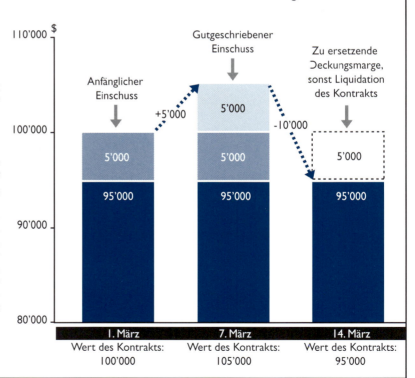

Die Vabanquespieler

Das von den Derivat-Börsen eingeführte Sicherheitssystem schränkt die spekulativen Exzesse zwar ein, vermag jedoch nicht völlig zu verhindern, dass auf diesen Märkten bisweilen enorme Verluste erzielt werden. Denn viele Händler und nicht selten sogar grosse Unternehmen verwechseln die Börse mit dem Casino und setzen Riesensummen aufs Spiel. Dabei versuchen sie wie beim Roulette, ihren Einsatz dadurch wieder hereinzuholen, dass sie der Nachschusspflicht nachkommen. So schöpfen sie aus ihren Geldreserven und riskieren mit immer höheren Einsätzen, dass das Unternehmen schliesslich zusammenbricht. Zu nennen sind unter anderem die Barings Bank (siehe unten), der Hedge Fund LTCM, Metallgesellschaft, Sumitomo oder Kashima Oil. Auch Schweizer Unternehmen sind von der Spekulationswut verführt worden: die UBS indirekt mit dem Loch, das der amerikanische Hedge Fund LTCM 1998 in ihre Bilanz riss, und 1994 in geringerem Masse die Pensionskasse von Landis & Gyr (170 Millionen Dollar).

Die grössten Debakel mit Finanzderivaten

(aus allen Kategorien)		US-Dollar
86 – 96	Sumitomo	2,6 Milliarden
Dez. 94	Orange County (Kalifornien)	1,7 Milliarden
Apr. 94	Kashima Oil	1,5 Milliarden
Feb. 95	Barings Bank	1,4 Milliarden
Feb. 93	Showa Shell Sekiyu	1,4 Milliarden
Dez. 93	Metallgesellschaft	1,3 Milliarden
86 – 88	Hammersmith & Fulham local authority	900 Millionen
Okt. 98	UBS (Hedge Fund LTCM)	700 Millionen

Quelle: The Economist/Financial Times/Journal de Genève

Der «Schiffbruch» der Barings Bank: Zwischen Betrug und Inkompetenz

Der Konkurs der Barings Bank im Jahre 1995, bevor sie von der holländischen Gruppe ING aufgekauft wurde, verdeutlicht die Gefährlichkeit der Hebelwirkung auf den Märkten der Finanzderivate. Vor allem wenn der Hebel in die Hände eines unlauteren Zauberlehrlings unter inkompetenten Vorgesetzten gerät.

In der Rolle des unseriösen Spielers befand sich Nick Leeson, ein 28 Jahre junger Händler der englischen Bank, der für die Tochtergesellschaft in Singapur verantwortlich war. Die Wurzel der unglücklichen Verkettung lag zwei Jahre zurück in einem kleinen Fehlbetrag, den Nick Leeson durch die Übertragung auf ein geheimes Konto verdeckte. Um sich wieder zu «sanieren», spielte der Trader mit dem Leverage-Effekt. Er setzte immer höhere Beträge und verlor auch immer mehr. So kamen Positionen im Wert von 27 Mrd. Dollar zusammen, 7 Mrd. mit Index-Futures auf den Index der japanischen Börse (Nikkei 225) und 20 Mrd. auf japanische Obligationen und auf den Yen mit dreimonatiger Laufzeit, und dies alles finanziert mit dem Verkauf von Optionen! Indem er die Inkompetenz seiner Vorgesetzten nutzte, gelang es Nick Leeson immer wieder, seine horrenden Verluste zu verheimlichen. Er erhielt die nötigen Mittel, um weitere und immer höhere Nachschüsse zu leisten. Bei jedem Nachgeben des Nikkei-Indexes und damit seines Futures wurde somit das Barings-Konto entsprechend belastet. Denn Nick Leeson war zur Flucht nach vorn verurteilt: Er konnte nicht mehr aussteigen, um seinen Schaden zu begrenzen, ohne seine illegalen Machenschaften einzugestehen. Er hoffte weiterhin, bei einer hypothetischen Trendwende wieder in die schwarzen Zahlen zu kommen. Vergeblich. Als das Geheimnis aufgedeckt wurde, war es zu spät für Barings. Nick Leeson sitzt seit 1995 eine Freiheitsstrafe von sechs Jahren ab.

Dazu ist zu sagen, dass ein solches Desaster in den USA theoretisch nicht möglich gewesen wäre: Wenn die amerikanischen Aufsichtsbehörden Positionen in einem Umfang entdecken, der den ganzen Markt zunichte machen könnte, dürfen sie verlangen, dass die Deckungsmarge auf bis zu 100% des zugrunde liegenden Werts gehoben und somit die Hebelwirkung ausgeschaltet wird.

Optionen

Eine Option beinhaltet das Recht, ein Gut oder ein Finanzinstrument zu einem bestimmten, im voraus festgesetzten Preis während einer bestimmten Zeit zu kaufen oder zu verkaufen. Man findet Optionen auf eine grosse Vielfalt von Instrumenten wie Rohstoffe, Fremdwährungen, Aktien, Zinssätze oder Marktindizes.

Kaufoptionen, Verkaufsoptionen

Grundsätzlich werden Kaufoptionen (Calls) von Verkaufsoptionen (Puts) unterschieden. Da es sich dabei um Verträge handelt, die immer einen Käufer und einen Verkäufer des Optionsrechts voraussetzen, gibt es insgesamt vier Möglichkeiten: einen Call kaufen, einen Call verkaufen, einen Put kaufen oder einen Put verkaufen. Zu beachten ist, dass die Käufer von Call- oder Put-Optionen keine Pflichten haben: Sie können ihre Rechte ausüben oder darauf verzichten, oder die Option ganz einfach verfallen lassen. Die Verkäufer hingegen können sich nicht widersetzen, wenn die Käufer ihr Recht ausüben wollen.

Käufer eines Call (long call)
Hat das Recht, aber nicht die Pflicht, den Basiswert zu dem im voraus festgesetzten Preis bis zum Verfalltag zu kaufen.

Verkäufer eines Call (short call)
Hat die Pflicht, den Basiswert zu dem im voraus festgesetzten Preis zu verkaufen, wenn die Option ausgeübt wird.

Käufer eines Put (long put)
Hat das Recht, aber nicht die Pflicht, den Basiswert zu dem im voraus festgesetzten Preis bis zum Verfalltag zu verkaufen.

Verkäufer eines Put (short put)
Hat die Pflicht, den Basiswert zu dem im voraus festgesetzten Preis zu kaufen, wenn die Option ausgeübt wird.

Wie funktioniert der Optionenmarkt?

Wie Terminkontrakte können auch Optionen vor dem Verfall jederzeit verkauft oder durch gegengleiche Optionen neutralisiert werden. Im zweiten Fall tritt der Käufer als Verkäufer der Optionen mit gleicher Laufzeit und zum gleichen Ausübungspreis auf. Denn in jedem Optionskontrakt spielt die Clearingzentrale die Rolle des Vertragspartners.
Dies gilt aber nur für die organisierten Märkte, auf denen Optionen gehandelt werden. Hier müssen sich die Käufer von Calls oder Puts keine Sorgen darum machen, ob der Vertragspartner im Falle der Ausübung seine Pflicht erfüllt. Im Gegensatz zu den Terminkontrakten werden Optionen aber häufig ausgeübt, wenn der zugrunde liegende Wert den Ausübungspreis erreicht.

Eurex-Optionen

Nebst einigen Optionen auf Gold und Indizes amerikanischer Börsen wählt ein Anleger, der hauptsächlich in den Schweizer Aktienmarkt investiert, Eurex-Optionen (siehe Seite 126 ff.), denn an der Eurex werden die Optionen des Schweizer Marktes kotiert.

In der Fachpresse werden regelmässig die Kurse dieser Optionen veröffentlicht. Die untenstehenden Beispiele von Novartis- und SMI-Optionen stammen aus der «Finanz und Wirtschaft» vom 8. Dezember 1999.

Novartis-Optionen

Laufzeiten

An der Eurex sind immer fünf Laufzeiten verfügbar. Unabhängig davon, ob sie ausgeübt wird oder nicht, hat zum Beispiel die Februar-Option keinen Wert mehr, sobald dieser Monat abgelaufen ist.

Open interest

Es wird dieselbe Terminologie verwendet wie für die Futures. Mit «Open interest» (offene Position) ist die Anzahl Optionen gemeint, die nicht mit einem gegengleichen Geschäft verrechnet worden sind.

Ausübungspreis

Der Ausübungspreis (auch «Basispreis» oder «Strike» genannt) ist jener Preis, zu dem der Inhaber der Option berechtigt ist, den zugrunde liegenden Wert nach den Bestimmungen des gewählten Kontrakts zu kaufen (Call) oder zu verkaufen (Put). An der Eurex werden für jede Laufzeit verschiedene Ausübungspreise angeboten, hier für die Fälligkeit im März 2000.

Calls			Puts	
o.K.	Settl.	Strike	Settl.	o.K.
0	262.3	Feb 2200	33.9	161
2807	129.2	Feb 2400	100.4	955
4079	50.4	Feb 2600	222	332
2900	16.3	Feb 2800	389.4	0
606	449.5	Mar 2000	18.8	2439
256	360.5	Mar 2100	29.3	7075
1730	281.8	Mar 2200	50.2	3077
15489	210	Mar 2300	78.2	8614
4093	150.8	Mar 2400	118.8	2444
6821	105.7	Mar 2500	173.7	2209
5916	69.1	Mar 2600	237.4	513
3158	26.3	Mar 2800	396.1	217
995	469.9	Jun 2000	45.6	2016
276	316.5	Jun 2200	95.6	1324
6893	197.5	Jun 2400	179.3	2669

Quelle: FuW

Wahl des Puts

Wer einen Put kaufen oder verkaufen will, muss in den beiden mittleren Spalten eine Fälligkeit und einen Ausübungspreis wählen. Der Preis des Put wird dann in der Spalte rechts davon unter «Settl.» abgelesen. Am 7. Dezember 1999 kostete der Put auf Novartis zum Ausübungspreis von 2'100 Franken mit Verfall im März Fr. 29.30.

Wahl des Calls

Wer einen Call kaufen oder verkaufen will, muss in den beiden mittleren Spalten eine Fälligkeit und einen Ausübungspreis wählen. Der Preis des Call ist die Zahl in der Spalte links davon unter «Settl.» Am 7. Dezember 1999 zum Beispiel kostete der Call auf Novartis zum Ausübungspreis von 2'800 Franken mit Verfall im März Fr. 26.30.

Calls			Puts	
o.K.	Settl.	Strike	Settl.	o.K.
SMI		7406.1		
80	713.1	Dez 6700	3.3	1694
286	663.8	Dez 6750	4.1	4627
3118	614.7	Dez 6800	4.9	4728
61	565.8	Dez 6850	5.9	588
1073	517	Dez 6900	7.1	1973
170	468.6	Dez 6950	8.7	2098
7890	420.6	Dez 7000	10.8	10299
451	373.4	Dez 7050	13.5	

Quelle: FuW

Kassakurs

Dies ist der Kurs des zugrunde liegenden Basiswerts (SMI) bei Schluss der Börsensitzung vom 7. Dezember 1999.

Optionen auf den SMI

Wie die Futures auf den Börsenindex bewirken die Index-Optionen bei einer Ausübung nicht die Lieferung der Index-Titel, sondern nur die Auszahlung der Differenz zwischen dem Ausübungspreis, multipliziert mit 10 Franken, und dem Index-Kurs, multipliziert mit demselben Faktor. Würde der Inhaber des Call mit Verfall im Dezember zum Ausübungspreis von 6'750 Franken beschliessen, ihn unverzüglich auszuüben, würde sein Gewinn auf der Differenz zwischen 74'061 Franken (= 7'406.10 × 10 CHF) und 67'500 Franken (= 6'750 × 10 CHF) beruhen und somit 6'561 Franken betragen. Der Call kostet für diese Laufzeit 6'638 Franken (= 663.80 × 10 CHF). Die Ausübung lohnt sich erst, wenn der Basiswert über 7'413.8 Punkte steigt.

Die Welt der Optionen

Alle Optionen zeichnen sich durch die Abtretung eines Rechts zwischen zwei Parteien aus. Man kann sie in drei Kategorien unterteilen: massgeschneiderte Optionen, standardisierte Eurex-Optionen und Optionsscheine oder Warrants.

Die verschiedenen Optionskategorien

■ **Massgeschneiderte Option**
Hierbei handelt es sich um einen Vertrag, der direkt zwischen dem Käufer und dem Verkäufer geschlossen wird. Eine der beiden Parteien ist oft eine Bank. Der Vorteil solcher Optionen ist, dass sie auf die Bedürfnisse des Kunden zugeschnitten und sehr einfach, aber auch sehr komplex gestaltet werden können. Solche Optionen sind den Profis vorbehalten, insbesondere den institutionellen Anlegern.

■ **Eurex-Option**
Eurex-Optionen sind standardisierte Optionen, die auf einem organisierten Markt gehandelt werden. Eine Clearingzentrale spielt dabei für alle Marktteilnehmer die Rolle des Vertragspartners. So kann jeder beliebige Anleger solche Optionen kaufen oder verkaufen. Der Markt ist jedem Anleger zugänglich.

■ **Warrant**
Warrants sind Optionsscheine, die von Finanzgesellschaften ausgegeben werden. Meistens handelt es sich dabei um Banken. Diese Warrants werden nicht an Derivatbörsen wie der Eurex gehandelt. Im Unterschied zu solchen kann ein Anleger nämlich keine Warrants ausstellen, wie er dies an der Eurex tun würde. Er kann nur die Warrants eines Unternehmens kaufen und dann entweder deren Verfall abwarten oder sie wie eine Aktie an der Börse wieder verkaufen. Die Palette der in der Schweiz entwickelten Produkte ist viel grösser als jene an der Eurex für den Schweizer Markt. Das Angebot reicht von sehr einfachen Instrumenten wie einem Call auf eine bestimmte Aktie bis zu mehr oder weniger ausgeklügelten Kombinationen anderer Produkte. Man spricht hier deshalb von strukturierten Produkten.

Was ist eine gedeckte Option (Stillhalter)?

Stillhalter-Optionen sind meistens Calls, die von Anlegern auf von ihnen gehaltene Titel auf schweizerische Unternehmen ausgegeben werden. Es sind somit Warrants, die an der Schweizer Börse SWX gehandelt werden. Diese Art von Optionen hat sich Mitte der achtziger Jahre verbreitet, als man enorme Unterschiede zwischen den Kursen von Namenaktien, Inhaberaktien und Partizipationsscheinen desselben Unternehmens feststellte. Diese Ungleichheiten lagen in den Übertragungsbeschränkungen für Namenaktien begründet. Ausländer, die auf dem Aktienmarkt investieren wollten, konnten nur die viel teureren Inhaberaktien oder Partizipationsscheine erwerben. So wurden gedeckte Optionen geschaffen, um Ausländern (und institutionellen Anlegern) die Umgehung dieses Nachteils zu ermöglichen. Für den Käufer von gedeckten Optionen besteht das Endziel normalerweise nicht darin, die zugrunde liegenden Titel zu beziehen, sondern mit einem kleinen Betrag an ihrem allfälligen Kursanstieg teilzunehmen.

Die Flut von Warrants

Der Raum, den die Publikation der Kurse von Warrants in der Fachpresse einnimmt, zeugt von der grossen Produktevielfalt, die auf diesem Gebiet angeboten wird. Es ist zwar schwierig, eine umfassende Liste zu erstellen, aber man kann sie in verschiedene Kategorien unterteilen: Aktienoptionen, Anleiheobligationen, Aktienkorboptionen, Währungsoptionen und Indexoptionen. Warrants werden als Puts oder Calls gehandelt.

Zu diesen einfachen Produkten kommen die strukturierten Produkte exotischer Bezeichnungen wie die von der Credit Suisse First Boston (CSFB) emittierte TORO (Title or return option) hinzu. Hierbei handelt es sich um ein Produkt, das eine Aktienposition mit einer Optionsposition (Call) verbindet. Bei Verfall der TORO erhalten Sie den Titel gegen Bezahlung des Ausübungspreises, wenn der Kurs des zugrunde liegenden Produkts unter dem Ausübungspreis des Call liegt. Liegt der Kurs des Basiswerts jedoch über dem Ausübungspreis, so erhalten Sie einen bei der Emission festgesetzten Betrag, der laut CSFB eine höhere Rendite abwirft als ein Geldmarktpapier mit der entsprechenden Laufzeit.

Unabhängig davon, wie interessant solche Produkte sein mögen, ist ihr komplexer Aufbau zweifellos ein ernsthaftes Hindernis für den unerfahrenen Anleger. Man muss nämlich nicht nur den Mechanismus des Instruments verstehen, sondern auch sämtliche Auswirkungen auf die Rendite des Gesamtportefeuilles berücksichtigen.

Im Zweifelsfall lassen Sie besser die Hände davon.

Warrant

Es handelt sich um Warrants, die von der Bank Vontobel emittiert werden und daher an der Börse und nicht an der Eurex gehandelt werden.

Kauf und Verkauf (Geld und Brief)

Dies sind die Kurse, zu denen die emittierende Bank – im vorliegenden Fall die Bank Vontobel – die von ihr ausgegebenen Warrants kauft oder verkauft.

Aktien-Warrants Inland

Valor	Titel	Symbol	Typ	Strike	Verfall	Geld	Brief CHF
674120	ABB N	ABBVT	C	127.53	19.05.00	1.36	1.39
824037	ABB N	ABBST	C	150	21.01.00	1.96	2.00
855606	ABB N	ABBFY	C	155	16.06.00	2.14	2.17
824039	ABB N	ABBIT	C	160	16.06.00	1.84	1.87
890844	ABB N	ABBAA	C	170	14.06.00	0.67	0.68
674093	Adecco I	ADEVI	C	750	19.05.00	4.06	4.11
1017293	Adecco N	ADEDA	C	900	06.06.00	2.73	2.76
823897	Adecco N	ADEVO	C	950	20.09.00	2.60	2.62
1027370	Adecco N	ADEKL	C	1100	15.12.00	2.03	2.05
970900	Alusuisse-Lonza N	ALUVO	C	1750	20.04.00	1.40	1.46
986142	Ascom I	ASCW	C	26600	17.03.00	5.40	5.48
873026	Clariant N	CLAID	C	725	19.04.00	0.36	0.38
1026084	CibaSC N	CIBVT	C	120	15.09.00	0.53	0.54
718100		CIBVO	C	125	16.12.99	0.01	0.02

Call

Das Zeichen «C» besagt, dass es sich um einen Call, d. h. um eine Kaufoption handelt.

Quelle: FuW

TORO

Die TORO ist ein strukturiertes Produkt, das eine Aktienposition mit einer Optionsposition verbindet.

Konditionen

Mit dieser TORO kaufen Sie bei Verfall am 7. Mai 2001 entweder eine Aktie der CS Group zum Ausübungspreis von Fr. 326.50 oder erhalten einen im voraus fixierten Betrag, falls der Kurs dieser Aktie unter dem Ausübungspreis geblieben ist.

TORO'S (TITLE OR RETURN OPTIONS)

923527	ABB	CHF	2235	14.07.99	1962.00	1972.00
992568	ABB	CHF	1550.00	07.02.00	1466.00	1474.00
902131	ALUSUISSE	CHF	1988	27.05.99	1687.00	1693.00
451463	CIBA SPECIALTY	CHF	110.80	21.03.00	97.17	97.58
980060	CLARIANT	CHF	687	15.06.99	665.00	668.00
660704	CS GROUP	CHF	293.00	27.04.00	252.50	253.80
882338	CS GROUP	CHF	326.50	07.05.01		
882339	NESTLE	CHF	2940	27.04.99		
343862	NESTLE SA	CHF	2627	07.03.00	2395.00	2406.00
988394	NOVARTIS	CHF	2890	24.01.00	2285.00	2296.00
994567	NOVARTIS	CHF	2725.00	03.08.99	2333.00	2342.00
425250	NOVARTIS AG	CHF	2750	14.09.00	2146.00	
917314	ROCHE	CHF	14000	01.07.99	13829.00	13898.00
974259	ROCHE GS	CHF	16300	6.12.99	15900.00	

Quelle: Le Temps

Worauf beruht der Optionspreis?

Der Optionspreis (Prämie) wird hauptsächlich vom Ausübungspreis, vom Preis des Basiswerts, der Restlaufzeit der Option und der Volatilität des Basiswerts beeinflusst.

Optionspreis = innerer Wert + Zeitwert

Der Optionspreis wird traditionellerweise in inneren Wert und Zeitwert aufgeschlüsselt. Der innere Wert ist die Differenz zwischen dem Kurs der zugrunde liegenden Aktie und dem Ausübungspreis der Option: Er entspricht dem Betrag, den die Option einbrächte, wenn sie unverzüglich ausgeübt würde. Der Zeitwert ist die Differenz zwischen dem Optionspreis und dem inneren Wert.

Ein konkretes Beispiel einer Call-Option: Der Ausübungspreis der Option auf eine Aktie beträgt 340 Franken, und der Aktienkurs liegt bei 350 Franken: Die Option hat somit einen inneren Wert von 10 Franken (350 – 340 = 10). Der innere Wert ist also positiv, wenn der Kassakurs über dem Ausübungspreis liegt, und fällt bei Gleichheit auf null. Er ist jedoch nie negativ, weil der Inhaber der Option nicht zur Ausübung verpflichtet ist.

Normalerweise liegt der Kurs der Option über diesem inneren Wert, denn er schliesst den mutmasslichen Kursgewinn des Basiswerts mit ein. Aus diesem Grund spricht man hier vom Zeitwert. Für das obige Beispiel gilt: Bei einem Optionspreis von 15 Franken beträgt der Zeitwert 5 Franken (15 – 10 = 5).

Das gleiche Beispiel mit einer Put-Option: Aktienkurs 350, Ausübungspreis 340. Nun ist der innere Wert der Option gleich null, da der Inhaber der Option bei der Ausübung Geld verlieren würde. Damit dieser Wert positiv ist, müsste der Kurs unter dem Ausübungspreis liegen, zum Beispiel bei 330 Franken. In diesem Fall läge der innere Wert bei 10 Franken (340 – 330 = 10).

Wie die Entwicklung des Basiswerts den Preis des Call beeinflusst

Man kann die Beziehung zwischen dem Optionspreis – hier eines Call – und der Entwicklung des Basiswerts grafisch darstellen, indem die erste Variable in der Ordinate und die zweite in der Abszisse eingetragen wird. Im obenstehenden Beispiel hat der Call-Preis bis zum Ausübungspreis von 340 Franken keinen inneren Wert, sondern nur einen Zeitwert. Erst wenn der Kurs des Titels den Ausübungspreis übersteigt, führt dies zu einem steigenden inneren Wert.

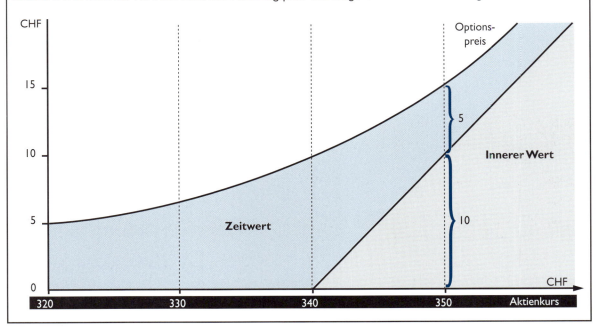

Wovon wird der Wert einer Option beeinflusst?

■ **Innerer Wert**

Da der innere Wert der Differenz zwischen dem Ausübungspreis und dem Kurs der zugrunde liegenden Aktie entspricht, sind dies zwei wichtige Faktoren. Dabei ist allerdings der Call vom Put zu unterscheiden. Der Call: Je höher der Ausübungspreis liegt, desto niedriger ist der Optionspreis, da es für den Basiswert schwieriger wird, diesen Preis vor dem Verfalltag zu erreichen. Umgekehrt gilt: Je mehr der Kurs des Basiswerts steigt, desto höher liegt der Wert des Call, denn die Gewinnmöglichkeiten vor dem Verfalltag sind ebenfalls höher. Betrachten wir nun den Put: Je höher der Ausübungspreis liegt, desto höher ist der Optionspreis, denn für den Basiswert ist es leichter, unter diesen Preis zu sinken. Umgekehrt gilt wiederum: Je höher der Kurs des Basiswerts steigt, desto tiefer fällt der Kurs des Put, da die Chancen auf einen Gewinn vor dem Verfalltag sinken.

■ **Zeitwert**

Der Zeitwert hängt von der verbleibenden Laufzeit der Option und von der Volatilität des Basiswerts ab. Diese beiden Faktoren beeinflussen die Calls und Puts gleicherweise. Je mehr Zeit noch verbleibt, bis die Option verfällt, desto grösser sind die Chancen, dass der Basiswert in jene Richtung geht, die dem Käufer der Option die Erzielung eines Gewinns ermöglicht. Je volatiler der Titel ist, desto grösser ist dieses Potenzial. Je näher die Fälligkeit rückt, desto geringer wird der Zeitwert, um schliesslich auf null zu fallen. Diese Bewegung erfolgt jedoch nicht linear, sondern beschleunigt sich gegen Ende des Verlaufs.

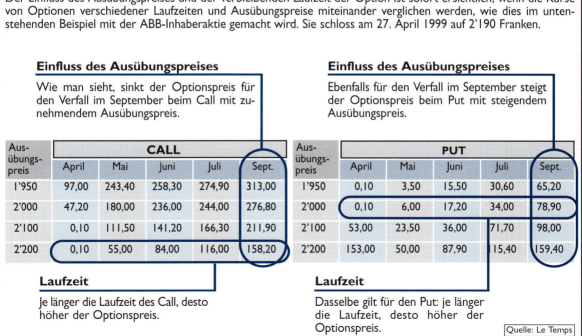

Einfluss des Ausübungspreises und der verbleibenden Laufzeit

Der Einfluss des Ausübungspreises und der verbleibenden Laufzeit der Option ist sofort ersichtlich, wenn die Kurse von Optionen verschiedener Laufzeiten und Ausübungspreise miteinander verglichen werden, wie dies im untenstehenden Beispiel mit der ABB-Inhaberaktie gemacht wird. Sie schloss am 27. April 1999 auf 2'190 Franken.

Einfluss des Ausübungspreises

Wie man sieht, sinkt der Optionspreis für den Verfall im September beim Call mit zunehmendem Ausübungspreis.

Ausübungspreis	CALL				
	April	Mai	Juni	Juli	Sept.
1'950	97,00	243,40	258,30	274,90	313,00
2'000	47,20	180,00	236,00	244,00	276,80
2'100	0,10	111,50	141,20	166,30	211,90
2'200	0,10	55,00	84,00	116,00	158,20

Laufzeit

Je länger die Laufzeit des Call, desto höher der Optionspreis.

Einfluss des Ausübungspreises

Ebenfalls für den Verfall im September steigt der Optionspreis beim Put mit steigendem Ausübungspreis.

Ausübungspreis	PUT				
	April	Mai	Juni	Juli	Sept.
1'950	0,10	3,50	15,50	30,60	65,20
2'000	0,10	6,00	17,20	34,00	78,90
2'100	53,00	23,50	36,00	71,70	98,00
2'200	153,00	50,00	87,90	115,40	159,40

Laufzeit

Dasselbe gilt für den Put: je länger die Laufzeit, desto höher der Optionspreis.

Quelle: Le Temps

Warum soll man Calls kaufen oder verkaufen?

Calls oder Kaufoptionen dienen den Käufern des Basiswerts als Absicherungsinstrument und jenen, die auf ihre Entwicklung setzen, als Spekulationsvehikel.

Calls kaufen oder verkaufen

Der Call (Kaufoption) erlaubt seinem Käufer, sich auf einen bestimmten Termin einen Kaufpreis für ein zukünftiges Geschäft zu sichern. Allerdings werden Calls meistens gekauft, um auf den Kursanstieg des Basiswerts zu spekulieren. Tritt dieser ein, kann der Call entweder mit Gewinn weiterverkauft werden, oder man kann ihn ausüben, indem der Titel zu dem im voraus fixierten Preis gekauft wird. Wird die zweite Möglichkeit gewählt, kann der Titel unverzüglich zu einem höheren Preis auf dem Markt verkauft werden, um die Differenz einzustecken. Andernfalls lässt man die Option verfallen, was einen Verlust in Höhe der anfangs bezahlten Prämie zur Folge hat.

Der Verkäufer des Call seinerseits erhält eine Prämie für seine Verpflichtung, gegebenenfalls den Titel zu liefern, auf den die Option ausgestellt worden ist. Dieses Geschäft ist daher rein spekulativ, aber das Risiko des Verkäufers ist wesentlich höher als jenes des Käufers. Steigt nämlich der Wert des zugrunde liegenden Titels vor Verfall, muss der Verkäufer diesen kaufen, um die Ausübung der Option zu garantieren – es sei denn, er besitze die Titel bereits vor der Ausübung der Option (siehe «Verkauf von gedeckten Calls»).

Wie man mit Calls Gewinne (oder Verluste) erzielt

1. Nehmen wir zum Beispiel eine Aktie, die Mitte Oktober Fr. 350 notiert. Ein Anleger setzt auf den Kursanstieg des Titels und kauft für Fr. 12.50 eine Option mit Verfall im Januar des folgenden Jahres zum Ausübungspreis von Fr. 380. Der Verkäufer wettet umgekehrt in der Hoffnung, der Titel bleibe unter Fr. 380.

2. Bei Verfall hat der Käufer seine Wette gewonnen, da der Kurs der Aktie auf Fr. 420 gestiegen ist und somit den Ausübungspreis und die anfangs bezahlte Prämie übersteigt. Er übt also seine Option aus und kauft den Basiswert für Fr. 380, um ihn für Fr. 420 wieder zu verkaufen. Sein Bruttogewinn beträgt somit Fr. 40 (420 – 380 = 40). Davon ist noch die eingangs geleistete Prämie von Fr. 12.50 abzuziehen. Sein Nettogewinn zu Lasten des Call-Verkäufers beträgt also Fr. 27.50 (40 – 12.50 = 27.50).

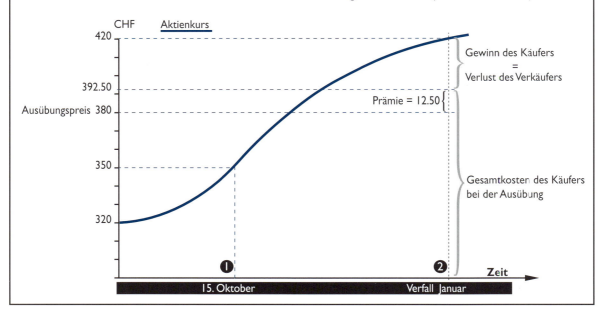

Beurteilung der Risiken von Calls

Wer in Optionen investiert, möchte natürlich wissen, was ihn in Zukunft erwartet. Zur Darstellung verwendet man ein sogenanntes Pay-off-Diagramm, in dem der potenzielle Gewinn oder Verlust zu einer theoretischen Kursentwicklung des Basiswerts in Beziehung gesetzt wird. Grafisch steht so der Preis der Aktie in der Abszisse dem Resultat in der Ordinate gegenüber. In den beiden untenstehenden Grafiken wurde das Beispiel der vorangegangenen Seite verwendet. Einmal wurde der Blickwinkel des Käufers und einmal jener des Verkäufers gewählt. Da es sich um ein Nullsummenspiel handelt, gewinnt der Käufer, was der Verkäufer verliert, und umgekehrt. Die beiden Grafiken sind deshalb spiegelverkehrt.

Kauf des Call: Potenziell unbeschränkte Gewinne, potenziell beschränkte Verluste

1. Solange der Aktienkurs unter dem Ausübungspreis von 380 Franken notiert, hat der Käufer des Call kein Interesse, seine Option auszuüben. Man sagt dann, sie liegt «aus dem Geld» (out of the money). Allerdings hat er bereits Fr. 12.50 für den Kauf des Calls ausgegeben.

2. Erreicht der Aktienkurs den Ausübungspreis, ist die Option «am Geld» (at the money). Verzeichnet die Aktie einen Kurs über 380 Franken wird die Ausübung des Call, der dann «im Geld» liegt (in the money), profitabel. Berücksichtigt man allerdings auch die Prämie von Fr. 12.50, so ist die Ausübung der Option noch immer defizitär, bis die Aktie Fr. 392.50 erreicht.

3. Über den Fr. 392.50 beginnt der Inhaber des Call mit seiner anfänglichen Anlage Geld zu verdienen. Die Hebelwirkung, welche die Optionen charakterisiert, tritt dann klar zutage: Steigt der Kurs des Titels auf 420 Franken, erzielt der Käufer einen Nettogewinn von Fr. 27.50, indem er seine Option ausübt. Im Verhältnis zur Investition von Fr. 12.50 erhält er einen Gewinn von 220%.

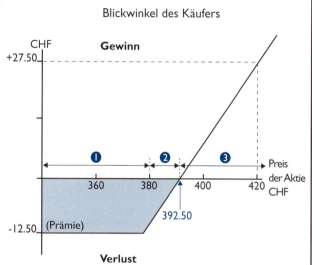

Verkauf des Call: Potenziell beschränkte Gewinne, potenziell unbeschränkte Verluste

1. Solange die Aktie unter 380 Franken notiert, erzielt der Verkäufer des Call entsprechend der Prämie der Option einen Gewinn von Fr. 12.50.

2. Ab dem Ausübungspreis von 380 Franken riskiert der Verkäufer, dass er den Titel zu diesem Kurs liefern muss. Aber solange der Titel Fr. 392.50 nicht übersteigt, erzielt er alles in allem einen Gewinn.

3. Ab Fr. 392.50 beginnt er mit dem Geschäft Geld zu verlieren, da der Titel, den er mit Sicherheit liefern muss, teurer ist als der Ausübungspreis und die verlangte Prämie zusammen (380 + 12.50). Steigt der Titel auf 420 Franken, ohne dass er ihn bereits besitzt, muss er ihn an der Börse kaufen, um liefern zu können, wenn der Inhaber des Call seine Option ausübt. Er verliert dann mit dem Geschäft Fr. 27.50, also mehr als das Doppelte der eingangs erhaltenen Prämie.

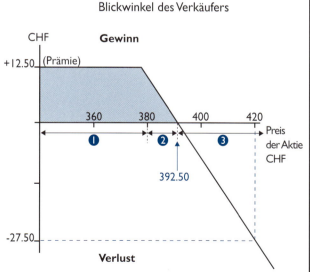

Warum soll man Puts kaufen oder verkaufen?

Puts oder Verkaufsoptionen dienen den Besitzern des Basiswerts als Absicherungsvehikel und jenen, die auf ihre Entwicklung setzen, als Handels- und Spekulationsinstrument. Sie werden auch eingesetzt, um Positionen bei einem Kurszerfall zu schützen.

Puts kaufen oder verkaufen

Der Put (Verkaufsoption) erlaubt seinem Käufer, sich auf einen bestimmten Termin einen Verkaufspreis für ein zukünftiges Geschäft zu sichern. Allerdings werden Puts meistens gekauft, um auf den Kursrückgang des Basiswerts zu spekulieren. Ist dies der Fall, wird der Put ausgeübt, um den Titel zu dem im voraus fixierten Preis zu verkaufen, nachdem er zu einem tieferen Preis auf dem Markt gekauft worden ist, so dass die Differenz eingesteckt werden kann. Andernfalls lässt man die Option mit einem Verlust verfallen, welcher der eingangs bezahlten Prämie entspricht.

Der Verkäufer des Put seinerseits gewährt dem Käufer gegen eine Prämie das Recht, ihm die Titel zu verkaufen, auf die er die Option ausgestellt hat. Es handelt sich somit um ein völlig spekulatives Geschäft, aber das Risiko des Verkäufers ist wesentlich höher als jenes des Käufers. Verliert der Basiswert beispielsweise die Hälfte seines Werts vor dem Verfall, wird die Option mit Sicherheit ausgeübt: Der Verkäufer ist dann verpflichtet, die ihm vorgelegten Titel zum Ausübungspreis und somit erheblich über dem Marktpreis zu kaufen. Er kann sich nur schützen, indem er das für den Kauf der Titel benötigte Geld bereits besitzt.

Wie man mit Puts Gewinne oder Verluste erzielt

1. Nehmen wir eine Aktie, die Mitte Oktober 400 Franken notiert. Ein Anleger setzt auf den Kursrückgang des Titels und kauft für 10 Franken einen Put mit Verfall im Dezember zum Ausübungspreis von 380 Franken. Der Verkäufer wettet umgekehrt in der Hoffnung, der Titel bleibe über diesem Preis.

2. Kurz vor Verfall sinkt der Kurs auf 350 Franken. Der Käufer hat somit seine Wette gewonnen, da der Preis des Titels jetzt unter dem Ausübungspreis seines Put nach Abzug der Prämie liegt. Um seinen Put auszuüben, kauft er die Aktie auf dem Markt zum Kassapreis von 350 Franken und liefert sie zum Preis von 380 Franken. Sein Gewinn pro Option beträgt somit 30 Franken abzüglich der Prämie von 10 Franken, die er eingangs bezahlen musste. Sein Nettogewinn beträgt 20 Franken pro Option.

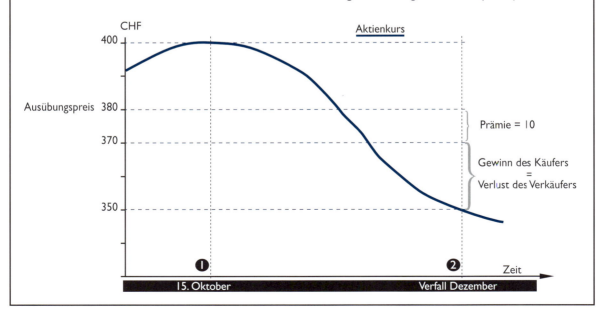

Beurteilung der Risiken von Puts

Wie für Calls wird ein Pay-off-Diagramm verwendet, um den potenziellen Gewinn oder Verlust des Put mit der Kursentwicklung des Basiswerts in Beziehung zu setzen. Der Preis der Aktie wird in der Abszisse und das Resultat in der Ordinate eingetragen. Die untenstehenden Diagramme beruhen auf dem Beispiel der vorangegangenen Seite. Wie bei den Calls sind die Blickwinkel des Käufers und des Verkäufers einer gegebenen Option spiegelverkehrt.

Kauf des Put: Potenziell beschränkte Gewinne und Verluste

1. Solange der Aktienkurs über dem Ausübungspreis von 380 Franken bleibt, hat der Käufer des Put kein Interesse, seine Option auszuüben. Man sagt dann, sie liegt «aus dem Geld» (out of the money). Allerdings hat er bereits 10 Franken für den Kauf des Put ausgegeben.

2. Sinkt der Aktienkurs bis zum Ausübungspreis (380 Franken), ist die Option «am Geld» (at the money). Von nun an wird die Option immer rentabler. Berücksichtigt man allerdings die Prämie von 10 Franken, so ist die Ausübung der Option noch immer defizitär, bis die Aktie 370 Franken erreicht.

3. Unter den 370 Franken beginnt der Käufer des Put einen Gewinn zu erzielen, wobei die Hebelwirkung jener des Call entspricht. Fällt der Kurs auf 350 Franken und übt der Käufer die Option aus, erzielt er einen Gewinn von 20 Franken pro Option.

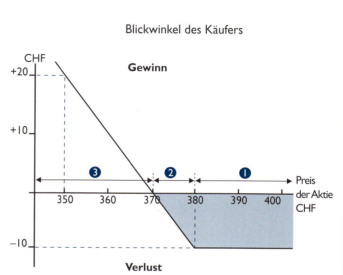

Verkauf des Puts: Potenziell beschränkte Gewinne und Verluste

1. Der Verkäufer des Put erhält zuerst die Prämie der Option in Höhe von 10 Franken. Solange der Kurs über den 380 Franken bleibt, wird der Käufer des Put dessen Ausübung nicht verlangen, denn er würde damit mehr als die Prämie verlieren.

2. Fällt der Kurs unter 380 Franken, hat der Inhaber der Option ein Interesse daran, sie auszuüben. Der Gewinn des Verkäufers sinkt dann und erreicht null, wenn der Kurs bis auf 370 Franken fällt.

3. Ab 370 Franken verliert der Verkäufer Geld mit dem Geschäft, wenn die Option ausgeübt wird, denn er ist dazu verpflichtet, einen Titel zum Preis von 380 Franken zu kaufen. Auch wenn die Prämie berücksichtigt wird, die er für den Verkauf des Put erhalten hat, realisiert er damit einen Verlust. Sinkt der Kurs der zugrunde liegenden Aktie auf 350 Franken, verliert der Verkäufer 20 Franken pro Option. Und fällt der Kurs der Aktie auf null, kann er gar bis zu 370 Franken verlieren.

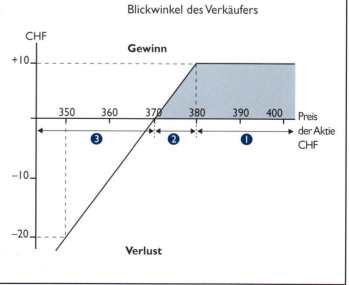

Verkauf gedeckter Optionen

Eines der Mittel, um bei mässigem Risiko mit Optionen zu spekulieren, ist, deren Basiswert bereits beim Verkauf zu halten und so auf eine allfällige Ausübung der Option durch den Käufer vorbereitet zu sein. In diesem Fall spricht man von gedeckten Optionen.

Verkauf von gedeckten Calls als Renditespritze für ein Portefeuille

Gedeckte Calls werden verkauft, um die Rendite eines bestehenden Portefeuilles mit Prämieneinnahmen zu verbessern. Zum Einsatz kommen sie bei Titeln, die man langfristig behalten will, deren kurzfristiges Wachstumspotential jedoch gering erscheint. Dabei geht man davon aus, dass der Titel den Ausübungspreis nicht vor Verfall erreicht.

Erweist sich Ihre Vorhersage bei einer solchen Strategie als falsch, wird die Option ausgeübt, und Sie müssen die Titel liefern. Sie können das Geschäft jedoch mit dem Kauf derselben Anzahl Calls auf Ihre Titel kompensieren. Allerdings hat die Operation ihren Preis, und der wirkt sich auf die Rendite Ihres Portefeuilles aus. Eine solche Strategie kann auch eingesetzt werden, um die Kaufkosten eines Titels zu senken, indem gleichzeitig ein Call auf den Basiswert verkauft wird. Allerdings bleibt das Risiko, dass die Titel abgetreten werden müssen, wenn der Ausübungspreis vor Verfall überschritten wird. Das Prinzip solcher Geschäfte ist zwar einfach, ihr Einsatz erfordert jedoch ein professionelles Vorgehen. Ausserdem darf man die Kommissionen der einzelnen Transaktionen nicht vergessen.

Eine Prämie, welche die potenziellen Gewinne einschränkt

Um den Verkauf von gedeckten Calls zu illustrieren, betrachten wir zwei Fälle ohne Gebühren: Einmal wird die Option ausgeübt, einmal nicht. In beiden Fällen beträgt der Basiswert 100 Franken, wenn die Option verkauft wird. Der Ausübungspreis liegt bei 110 Franken. Die Prämie des Call beträgt 5 Franken.

1. Wette gewonnen

Der Anleger hat die Entwicklung richtig eingeschätzt: Der Titel erreicht den Ausübungspreis nicht vor Verfall und endet bei 103 Franken. Die Option wird daher nicht ausgeübt, wodurch sich ein Gewinn von 8 Franken ergibt: 3 Franken Kapitalgewinn und 5 Franken Prämie.

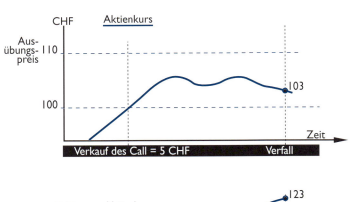

2. Wette verloren

Im zweiten Fall hat sich der Anleger geirrt: Der Titel erreicht 123 Franken. Die Option wird ausgeübt, so dass die Titel zu 110 Franken geliefert werden müssen. Der Anleger nimmt insgesamt 115 Franken ein (110 + 5) für Titel, die einen Wert von 123 Franken haben. Er erzielt also einen um 8 Franken verminderten Gewinn.

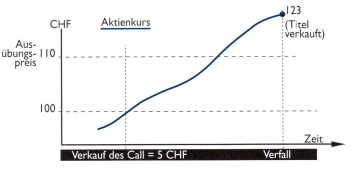

Verkauf gedeckter Puts zur Fixierung eines tieferen Kaufpreises

Wenn Sie einen Titel kaufen wollen, aber seinen gegenwärtigen Kurs als zu hoch erachten, können Sie gedeckte Puts verkaufen. Sie legen dabei einen tieferen Preis fest, zu dem der Put ausgeübt wird, falls der Titel auf diese Höhe fällt. Gleichzeitig erhalten Sie eine Prämie. Man beachte, dass der Besitz des Geldes in der Höhe des Ausübungspreises die Hebelwirkung ausschaltet. Das Risiko ist aber nicht ganz verschwunden, da der Basiswert theoretisch auf null fallen könnte. Beschränkt man sich auf Schweizer Titel, die an der Eurex gehandelt werden, sind die Risiken allerdings sehr gering.

Eine Prämie, mit der die Hausse verpasst wird

Um den Verkauf gedeckter Puts zu illustrieren, betrachten wir wiederum zwei Fälle ohne Gebühren, wobei im ersten Beispiel der Put vor Verfall ausgeübt wird und im zweiten nicht. In beiden Fällen notiert die Aktie anfangs 100 Franken. Das entspricht einem Kurs, den der Anleger als zu hoch erachtet. Er will diesen Titel nicht für über 90 Franken kaufen. Er verkauft daher einen Put zum Ausübungspreis von 95 Franken und erhält sogleich die Prämie von 5 Franken.

1. Ausübung der Option

Der Titel sinkt vor dem Verfall auf unter 95 Franken: Die Option wird ausgeübt. Der Verkäufer des Put bezahlt nun diesen Betrag, den er bereits besitzt. Da er die Prämie von 5 Franken schon erhalten hat, kostet ihn die Aktie nur 90 Franken. Dieses gute Geschäft kann sich allerdings in ein schlechtes verwandeln, wenn der Aktienkurs weiter fällt und beispielsweise 70 Franken erreicht.

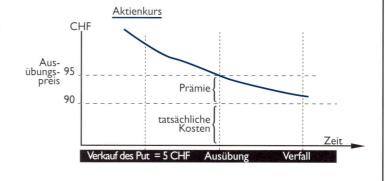

2. Verpasster Gewinn

Der Titel notiert bis zum Verfall bei über 95 Franken. Die Option wird deshalb natürlich nicht ausgeübt. Der Verkäufer hat aber auf jeden Fall einen Gewinn von 5 Franken pro Aktie erzielt. Dieser Gewinn kann ihn allerdings in bezug auf die potenzielle Rendite teuer zu stehen kommen, wenn der Kurs wie im vorliegenden Beispiel stark steigt.

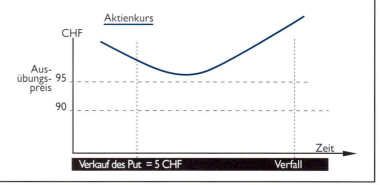

Vorteile gedeckter Optionen

Der Vorteil gedeckter Optionen besteht darin, dass die Rendite Ihres Portefeuilles reguliert werden kann. Denn im Gegensatz zu einer Trading-Strategie riskieren Sie nicht, die Kursverluste und -gewinne zu verpassen, da Sie den Preis im voraus festlegen. Diese Regelmässigkeit bedingt aber, dass die Fälligkeiten der verschiedenen Ausübungen abgestuft werden. Bei einem Portefeuille von 300'000 Franken zum Beispiel stuft man die Laufzeiten der Optionen auf verschiedene Fälligkeiten ab. Dadurch lassen sich die Risiken der Marktvolatilität in gleicher Weise verteilen, wie man die Laufzeiten eines Obligationen-Portefeuilles abstuft und als Fälligkeiten zum Beispiel 1999, 2000, 2002 und 2005 sowie verschiedene Währungen wählt. Die Flexibilität dieser Strategie zeigt sich auch in der Möglichkeit, nur einen Teil ihres Portefeuilles mit Optionen abzudecken. Auf diese Weise scheiden die gedeckten Titel automatisch aus, wenn der Kurs stark steigt. Sie behalten aber die anderen Aktien, die Sie frei verkaufen können.

Was die Steuern betrifft, wird der Verkauf von Optionen nicht als Einkommen betrachtet und ist somit nicht steuerpflichtig.

Absicherungsstrategie

Auf dem Aktienmarkt werden Puts oder Verkaufsoptionen oft verwendet, um bestehende Positionen zu decken. Die breite Palette von Optionen erlaubt einzelne Titel oder Portefeuilles vor Kursverlusten zu schützen, auf denen ein Put existiert.

Grundprinzip

Wenn Sie befürchten, dass die Kurse Ihrer Aktien fallen, können Sie diese einfach verkaufen. Wenn Sie aber denken, dass die kommende Baisse nur vorübergehender Natur ist, und Sie Ihre Titel deshalb behalten wollen, kann der Kauf von Puts auf sie eine gute Lösung sein. Denn auf diese Weise sichern Sie sich gegen allfällige Kursverluste ab, ohne Ihre Anlage zu veräussern.

Tritt der Kursrückgang tatsächlich ein, werden Ihre Verluste auf dem Kassamarkt durch den Gewinn ausgeglichen, den Sie auf dem Optionsmarkt durch die Ausübung oder den Verkauf Ihrer Puts erzielen. Dabei ist allerdings zu beachten, dass sich eine solche Strategie auf die Dauer als kostspielig erweisen kann, wenn sie zu oft in Anspruch genommen wird. Denn jedesmal ist eine Put-Prämie zu entrichten, die um so höher ausfällt, je grösser die Volatilität ist.

Puts kaufen, um sich zu schützen

1. Kauf des Put

Nehmen wir an, Sie besitzen eine Aktie, die am 15. März 1'500 Franken notiert. Aber aufgrund der Turbulenzen auf dem Markt befürchten Sie vorübergehende Probleme. Sie kaufen deshalb für 40 Franken einen Put mit Verfall im Mai und einem Ausübungspreis von 1'450 Franken.

2. Verkauf des Put (Verfall)

Wie Sie vorausgesehen haben, ist der Titel am Fälligkeitstag auf 1'200 Franken gefallen. Der Verlust auf dem Titel beträgt 300 Franken. Aber der Put, den Sie verkaufen, wird Ihnen den Betrag von 250 Franken, die Differenz zwischen dem Ausübungspreis von 1'450 Franken und dem Kurs des Titels (von 1'200 Franken), einbringen. Ihr Verlust beträgt nur noch 50 Franken, die vom Put nicht gedeckt waren. Hinzu kommen noch die 40 Franken, die Sie als Prämie für den Kauf des Put bezahlen mussten.

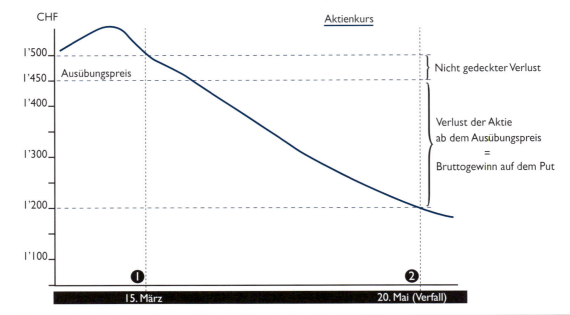

Absicherung des Portefeuilles

Wenn Sie ein stark diversifiziertes Aktien-Portefeuille besitzen, das sich ähnlich wie der SMI verhält, können Sie Optionen auf diesen Index einsetzen, um sich gegen einen vorübergehenden Kursrückgang zu schützen. Gleich wie bei Index-Futures hat die Ausübung von Index-Optionen eine Geldzahlung zur Folge. Es könnte auch kaum anders sein, da der Index als Basiswert nur ein Hilfsmittel ist. Wenn nun die Kurse unter den Ausübungspreis fallen, gleicht Ihr Gewinn mit den Optionen den Buchverlust auf Ihrem Portefeuille wieder aus.

Wenn Sie allerdings einen langfristigen Anlagehorizont haben, brauchen Sie sich vor kurzfristigen Kursrückgängen nicht zu fürchten. Wollen Sie mit diesem Mittel Gewinne erzielen, müssen Sie bedenken, dass das Market Timing sehr komplex ist und dass Sie jedesmal Prämien zahlen müssen!

Ein effizienter Schutz

Achtung! Dieses Beispiel beruht auf realen Zahlen, berücksichtigt aber keine Gebühren.

1. Kauf von Puts

Der SMI erreicht am 20. Juli 1998 mit 8'400 Punkten einen Rekordwert, bevor er bis zum 17. August wieder auf 7'642 Punkte sinkt. An diesem Tag entscheidet sich der Inhaber eines nach dem SMI diversifizierten Portefeuilles zum Kauf von Puts auf diesen Index mit einem Ausübungspreis von 7'600 und Verfall im Oktober. Er beabsichtigt damit, sein Portefeuille, das zu jenem Zeitpunkt einen Wert von 230'000 Franken hat, gegen den Kursrückgang in den folgenden Wochen zu schützen.

Der Kontrakt des einzelnen Put hat einen Wert von 76'000 Franken (= 7'600 x 10 Franken). Um sein Portefeuille nahezu ganz zu schützen, kauft er daher 3 Puts im Wert von 228'000 Franken (= 3 x 76'000 Franken). Die Prämie der Option beträgt an jenem Tag 319 Franken. Insgesamt belaufen sich die Kosten seiner Versicherung auf 957 Franken (= 3 x 319 Franken).

2. Verfall

Bei Verfall am 16. Oktober ist der Markt tatsächlich eingebrochen und hat 6'066 Punkte erreicht, was einem Verlust von 20,6% entspricht. Der Wert des Portefeuilles ist dem Kursrückgang gefolgt und erreicht noch 181'700 Franken. Aber parallel dazu hat die Ausübung der drei Puts diesen Verlust nahezu vollständig aufgefangen und einen Gewinn von 46'020 Franken eingebracht, der sich aus der Differenz zwischen dem Wert des Kontrakts bei Verfall und dem Ausübungspreis multipliziert mit 10 Franken ergibt: 228'000 (= 7'600 x 3 x 10 Franken) – 181'980 (= 6'066 x 3 x 10 Franken). Der kleine Unterschied beruht auf den 42 Punkten, die beim Kauf der Optionen nicht gedeckt waren, und auf der Tatsache, dass die Deckung nur 228'000 Franken und nicht 230'000 betrug. Hinzu kommen noch die Kosten der drei Prämien von 957 Franken.

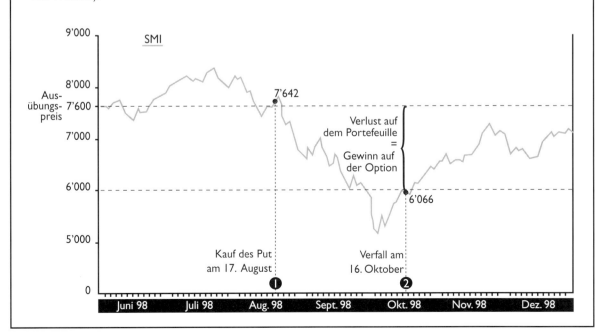

Eurex, die wichtigste europäische Derivat-Börse

An der Eurex, der wichtigsten europäischen Derivat-Börse, werden alle Futures und Optionen auf schweizerische Produkte gehandelt. Dies ist weiter nicht erstaunlich, da diese Börse 1998 aus der Fusion der schweizerischen Soffex und der Deutschen Terminbörse (DTB) entstanden ist.

Eine total elektronische Börse

Wie die SWX Swiss Exchange ist auch die Eurex eine völlig automatisierte elektronische Börse, die den Teilnehmern einen dezentralisierten und standardisierten Zugang zum Markt von jedem Ort der Welt aus ermöglicht (Einverständnis des entsprechenden Marktes vorbehalten).
Internationale Verbindungen zur Eurex sind ab Amsterdam, London, Chicago, Paris, Helsinki, Madrid und New York möglich. Dieses weltweite Netz erlaubt einen zuverlässigen, schnellen und rentablen Zugang zur Handels- und Clearingplattform Eurex, einer Aktiengesellschaft, die zu gleichen Teilen von der Deutschen Börse AG und der SWX Swiss Exchange gehalten wird.
Hervorgegangen ist die Eurex aus der Fusion der DTB und der Soffex (Swiss Options and Financial Futures Exchange). Sie übernahm sämtliche bis im September 1998 von diesen beiden Börsen gehandelten Kontrakte. Gleichzeitig schuf die neue Börse neue Instrumente wie Euro-Produkte und Produkte auf den Stoxx-Index.
Trotz der Fusion dieser beiden Märkte sind die Schweizer Investoren hauptsächlich an Optionen und Futures auf den Schweizer Markt interessiert. Nachstehend folgt eine Aufstellung ohne deutsche und europäische Produkte.

An der Eurex gehandelte Derivate des Schweizer Marktes

■ **Aktien** Optionen auf 19 Schweizer Titel einschliesslich Optionen mit tiefem Ausübungspreis, die sogenannten LEPO (low exercise price options). Der Kontrakt lautet auf 10 Aktien des Basiswerts, mit Ausnahme des Roche-Kontrakts, der nur zum Kauf oder Verkauf eines Titels berechtigt.

■ **Kapitalmärkte** CONF-Futures: CONF ist eine fiktive Bundesanleihe mit einer Restlaufzeit von 8 bis 13 Jahren und einer Verzinsung von 6%.
Optionen auf CONF-Futures: Der Wert dieser zwei Kontrakte beträgt 100'000 Franken.

■ **Indizes** Futures und Optionen auf den SMI. Der Wert dieser Kontrakte beträgt 10 Franken pro SMI-Indexpunkt.

Die Umstrukturierung der europäischen Märkte

Die Eurex hat im Juli 1998 die Londoner Derivat-Börse Liffe (London International Financial Futures and Options Exchange) hinter sich gelassen, die zuvor das grösste Kontraktvolumen in Europa verzeichnete.

Der Durchbruch der Eurex ist besonders offensichtlich beim Handel der Bund-Futures, standardisierten Terminkontrakten auf synthetische Anleihen der Bundesrepublik Deutschland mit einer Restlaufzeit von 8½ bis 10½ Jahren und einer Verzinsung von 6%. Bei diesen heute weltweit am meisten gehandelten Kontrakten werden heute auf Kosten des Londoner Konkurrenten über 90% der Transaktionen an der Eurex abgewickelt. Noch Ende 1997 wurde der grösste Teil der Kontrakte an der Liffe gehandelt.

Die Geschwindigkeit dieser Verlagerung erklärt sich hauptsächlich durch die technischen Fortschritte in der Datenübertragung. Grosse Mengen von Informationen können heute in Echtzeit und zu tiefen Kosten auf Distanz übermittelt werden. Um ihre Position zu festigen, einigte sich die Eurex mit der Chicago Board of Trade auf eine Allianz. Der Start der gemeinsamen elektronischen Handelsplattform ist für Mitte 2000 vorgesehen. Andere Allianzen wurden ebenfalls angestrebt, namentlich mit der Matif (französische Derivat-Börse), aber sie waren zum Scheitern verurteilt. Die Umstrukturierung der Derivat-Märkte ist jedoch bei weitem noch nicht abgeschlossen.

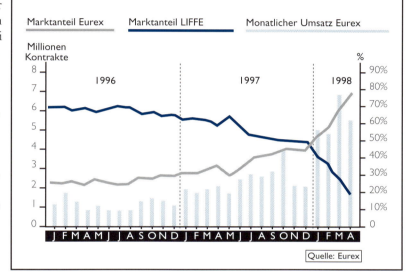

Der Bund-Future gerät unter die Kontrolle von Eurex

Es brauchte keine zwei Jahre, um den Bund-Future – der weltweit am meisten gehandelte Kontrakt – fast vollständig dem Liffe zu entziehen und dem Eurex zuzuführen.

Quelle: Eurex

Die elektronische Herausforderung

Auch die amerikanischen Börsen, die das Derivat-Geschäft weltweit immer noch dominieren, können sich der elektronischen Revolution nicht entziehen. Die grossen Ausnahmen bilden die Börsen von Chicago. So sind der Chicago Board of Trade (CBOT) und die Chicago Mercantile Exchange (CME) dem System «à la criée» bis heute treu geblieben. Dies bedeutet, dass die Kauf- und Verkaufsaufträge für die meisten Kontrakte mündlich erteilt werden müssen, um einen Vertragspartner zu finden. Auch die beiden Terminbörsen ergänzen aber unterdessen den Parketthandel durch elektronische Plattformen. Der Widerstand dieser grossen Börsen, namentlich des CBOT, beruht auf ihrer Organisation, die von unabhängigen Tradern dominiert wird. Das erklärt auch das anfängliche Zögern im Zusammenhang mit der Eurex-Allianz und Scheitern des Fusionsprojekts zwischen der Clearingzentrale des CBOT und jener der CME.

Dieses Projekt zielte darauf ab, die Kosten der grossen Händler, die im Gegensatz zu den unabhängigen Tradern auf beiden Märkten tätig sind, zu senken. Auch auf den grossen amerikanischen Optionsmärkten entwickelt sich die Lage schnell. Obwohl diese Märkte technologisch weiter fortgeschritten sind als jene, auf denen Futures gehandelt werden, sind auch sie nicht gegen eine neue Konkurrenz gefeit: Es besteht nämlich bereits ein Projekt für eine vollständig elektronische Optionen-Börse. Dies erklärt den Entscheid der American Stock Exchange, zu der die weltweit zweitgrösste Optionen-Börse gehört, mit der Nasdaq, der weltweit zweitgrössten Börse nach der New York Stock Exchange, zu fusionieren.

Anhang

Kapitel 1: Wie anlegen

Strategische und taktische Asset Allocation

Wenn Sie Ihr Geld einem professionellen Vermögensverwalter anvertrauen, wird er Ihnen bestimmt einen Vorschlag präsentieren, in dem Ihre Anlagen nach Art der Vermögenswerte aufgeteilt sind. Im Normalfall handelt es sich dabei um liquide Mittel, Obligationen und Aktien in verschiedenen Währungen. Wie auf Seite 13 erklärt wurde, hängt dieser Vorschlag von Ihrem Risikoprofil ab: Je eher Sie bereit sind, kurz- und mittelfristig Kursschwankungen hinzunehmen, desto grösser darf der Aktienanteil in Ihrem Portefeuille sein. Mitte 1998 beispielsweise schlug die Bank Pictet & Cie. ihren Kunden mit Referenzwährung Schweizer Franken und geringer Risikobereitschaft 25% Schweizer Aktien und 60% Obligationen (davon 35% Schweizer Titel) vor. Eine solche Risikoverteilung nennt man «strategisch», da sie Ihren Bedürfnissen und Ihrer Risikotoleranz entspricht, und zwar ausgehend vom Grundsatz, dass Aktien volatiler sind als Obligationen und liquide Mittel, langfristig aber auch rentabler. Über diese erste Portefeuille-Struktur, die erst nach mehreren Jahren wieder angepasst werden muss, wird eine zweite gelegt. Diese baut auf der ersten auf, die als Referenz gilt, weicht davon aber je nach Marktprognosen der Bank ab. Aus diesem Grund wird die zweite Aufteilung «taktisch» genannt. Bei Pictet & Cie. beträgt die Bandbreite der taktischen Abweichungen von der strategischen Struktur für Aktien rund 20% nach unten oder oben. Der Aktienanteil der Portefeuille-Struktur mit 45% Aktien (von den Kunden dieser Bank am meisten gewählt) beträgt also höchstens 65% und mindestens 25%. Diese Politik bedingt selbstverständlich die Fähigkeit, die Marktentwicklung mit Hilfe des Market timing vorherzusehen. Wie Sie auf Seite 64 gesehen haben, spricht die Wirklichkeit leider oft eine andere Sprache und führt immer wieder zu heftigen Kontroversen.

Kapitel 2: Anlagefonds

Hedge funds

Unter dieser Bezeichnung werden verschiedenste Fonds zusammengefasst, denen jedoch allen ein bestimmter Anlagestil gemeinsam ist, wie dies Leo van der Linden, Mitglied des Verwaltungsrats von Goldmann Sachs International, erklärt. Während die traditionellen Vermögensverwalter versuchen, einen bestimmten Index wie den S&P 500 oder den FT-SE 100 zu übertreffen, werden die Manager von Hedge funds meistens nicht nach ihrer relativen Performance, sondern nach ihrer absoluten Performance beurteilt. Van den Linden unterscheidet verschiedene Fonds-Typen, denen allen die Hebelwirkung gemeinsam ist:
1. **Neutralität:** Kauf- und Verkaufspositionen (Long und Short) auf Wertpapiere in mehr oder weniger gleichem Verhältnis auf dem/den gleichen Markt/Märkten. So wird eine Superperformance erzielt, indem man Titel mit steigendem Kurs behält und jene verkauft, die an Wert einbüssen.
2. **Wertpapier-Arbitrage:** Kaufpositionen (Long) auf unterbewertete Wandelanleihen und/oder Warrants, Verkaufspositionen (Short) auf zugrunde liegende Aktien oder Kontrakte.
3. **Makro:** Kauf- und Verkaufspositionen auf Vermögenswerte verschiedener Märkte. Die Superperformance wird mit Hilfe von Wetten auf den Trend gewisser Papiere (z. B. Technologieunternehmen) oder Märkte (z. B. Obligationen, Devisen oder Rohstoffe) erzielt.
4. **Ereignis-Arbitrage:** Kauf- und Verkaufspositionen auf Titel übernahmegefährdeter Unternehmen, basierend auf der Erfolgschance der Operation zu den gebotenen Preisen und Bedingungen unter Berücksichtigung des relativen Werts des Käufers und der Zielgruppe.
5. **Titel in Schwierigkeiten:** Kauf von Obligationen und/oder Aktien von Unternehmen, die sich in einem Umstrukturierungsprozess befinden oder ihre Zahlungen eingestellt haben.

Dazu ist anzufügen, dass die offizielle Politik des Fonds oft erheblich abweicht von dem, was er tatsächlich tut. Man denke an den berühmten Hedge Fund LTCM, dessen Verluste 1998 ein Loch von 950 Millionen Franken in die Kasse der UBS rissen. Solange sich der LTCM-Fonds auf die Arbitrage, also auf ein ungefährliches Geschäft beschränkte, war er nichts weiter als ein spekulativer Fonds, der sich mit der Hebelwirkung von Derivaten finanzierte. Die Verantwortlichen des Fonds setzten auf die Zinssatzkonvergenz. Dann bewirkte aber die Asienkrise, verstärkt durch die Probleme in Russland, dass Anleger Qualität bevorzugten, d. h. «Fluchtwerte» wie amerikanische Obligationen, worauf deren Kurse kräftig stiegen und damit ihre Rendite schrumpfte. Dies hatte zur Folge, dass die Zinssätze, auf deren Konvergenz der LTCM-Fonds gesetzt hatte, immer mehr auseinanderdrifteten. Die Hebelwirkung besorgte den Rest.

Indexfonds

Die Leitung eines Indexfonds verfolgt das Ziel, den Schwankungen eines gegebenen Index möglichst genau zu folgen, indem sie sich die optimale Diversifikation des Index zunutze macht. Es geht somit keinesfalls darum, eine Benchmark zu schlagen, wie dies jede Leitung eines Fonds versuchen würde. Denn was zählt, ist die Abweichung (Tracking error) zwischen dem Fonds-Inhalt und der Entwicklung des Index. Diese Art von Verwaltung bedingt kein Market timing oder Stock picking (Suche nach den Titeln mit dem grössten Entwicklungspotential), sondern nur eine Anpassung an den Index. Trotzdem darf nicht von einer passiven Verwaltung gesprochen werden. Eine solche Politik ist in der Tat alles andere als passiv, wenn man die drei wichtigsten Techniken betrachtet, die für die Indexierung eines Aktien-Portefeuilles eingesetzt werden: Die vollständige Nachbildung, die synthetische Nachbildung und die optimierte Auswahl. Im ersten Fall – vollständige Nachbildung – werden Aktien in demselben Verhältnis gekauft, wie der Index zusammengesetzt ist. Diese Methode hat den Vorteil der Einfachheit, ist jedoch mit hohen administrativen Kosten verbunden, denn sie zwingt dazu, das Portefeuille laufend anzugleichen, wenn Veränderungen im Index vorgenommen werden. Bei der synthetischen Nachbildung werden Futures auf den Index gekauft. Der Vorteil dieser Technik besteht darin, dass sie kostengünstig ist und sich schnell umsetzen lässt. Zugleich weist sie aber zahlreiche Mängel auf: Es besteht immer eine Abweichung zwischen dem Index und dem Future. Die dritte Anlagestrategie trifft eine umfassende Auswahl. Dabei wird ein Portefeuille mit demselben Risikoprofil zusammengestellt, das auch der Index aufweist. Vorteile der dritten Technik sind die Verbesserung der Risikokontrolle und die Verminderung der Anzahl Aktien. Sie erfordert jedoch die Verfügbarkeit eines Risikomodells und ist kostspielig.

Kapitel 3: Aktien

Die Aktiengesellschaft

Die Aktiengesellschaft (AG) ist Eigentum ihrer Aktionäre. Ihr grosser Vorteil ist, dass sich damit leicht das für die Expansion des Unternehmens erforderliche Kapital auftreiben lässt, denn Aktien können unabhängig voneinander gekauft und verkauft werden. Zudem schränkt diese Struktur die Risiken der Aktionäre ein, denn sie haften nicht persönlich für die Schulden der Gesellschaft. Im Falle eines Konkurses beträgt der Verlust des Aktionärs höchstens die ursprüngliche Einlage, d. h. den Börsenwert der Aktie bei ihrer Ausgabe. Aus diesem Grund muss das Aktienkapital nach Schweizer Recht mindestens 100'000 Franken betragen. Ausserdem unterliegt die Organisation der Aktiengesellschaft einem gesetzlichen Rahmen, der den Schutz der Gläubiger gewährleistet. In der Schweiz unterstehen Aktiengesellschaften dem Obligationenrecht. Darin sind unter anderem die verschiedenen Organe der Gesellschaft vorgeschrieben: An der Basis befindet sich die Generalversammlung der Aktionäre, die meistens einmal jährlich einberufen wird und an der alle Aktionäre teilnehmen dürfen. Sie genehmigt die Jahresrechnung und wählt ihre Vertreter in den Verwaltungsrat, der nur wenige Mitglieder umfasst. Dieses Organ ernennt die Exekutive der Gesellschaft, d. h. die Generaldirektion, die jederzeit abberufen werden kann. Eine von der Gesellschaft unabhängige Kontrollstelle wird damit beauftragt, die Erfolgsrechnung der Gesellschaft zu prüfen.

Wie sich die finanzielle Gesundheit der Gesellschaft rasch beurteilen lässt

Bevor der vernünftige Anleger Aktien einer Gesellschaft kauft, muss er sich ihrer finanziellen Gesundheit vergewissern und insbesondere ihre Verschuldung beurteilen. Denn selbst wenn das Unternehmen die besten Wachstumsperspektiven der Welt in der gerade boomenden Branche hat, kann dies einen Konkurs nicht verhindern!

Zuerst muss deshalb herausgefunden werden, ob das Unternehmen in der Lage ist, seinen Liquiditätsbedarf zu decken, um seine Rechnungen fristgemäss zu bezahlen. Dazu müssen Sie sich in den Jahresbericht der Gesellschaft und insbesondere in ihre Bilanz vertiefen. Dabei sind die flüssigen Mittel (Aktivseite) mit dem kurzfristigen Fremdkapital (Passivseite) zu vergleichen. Übersteigen die kurzfristigen Schulden die flüssigen Mittel, so wählen Sie besser Aktien einer anderen Gesellschaft.

Ist die Gesellschaft jedoch in der Lage, ihre kurzfristigen finanziellen Verpflichtungen zu erfüllen, so können Sie zum folgenden Schritt übergehen und die langfristige finanzielle Gesundheit im Hinblick auf die Verschuldung überprüfen. Dabei sind die gesamten kurz- und langfristigen Schulden der Gesellschaft mit ihrem Aktienkapital zu vergleichen, d. h. die ausgeliehenen Gelder mit jenen, welche die Aktionäre der Gesellschaft zur Verfügung gestellt haben.

Es geht nun aber nicht darum, unbedingt jenes Unternehmen mit der geringsten Verschuldung zu wählen. Denn wie Ciaran Walsh in «Key management ratios» erklärt, erhöhen Schulden den Gewinn und das Risiko zugleich: Einerseits sind Schulden für die Gesellschaft weniger teuer als die Mittel, die sie für die ausgegebenen Aktien erhalten hat, so dass sich dadurch im allgemeinen die Rendite erhöht. Dafür wird sie auch verletzlicher, denn die Verschuldung ist mit dem regelmässigen Zinsendienst und der Rückzahlung an einem fixen Termin verbunden. Es ist deshalb Aufgabe des Managements, das richtige Gleichgewicht zwischen den beiden Geldquellen zu finden. Konkret kann das Verhältnis zwischen den Schulden und den Eigenmitteln auf unterschiedliche Art gemessen werden. Traditionellerweise ist es das Verhältnis zwischen den Schulden und dem Aktienkapital (debt to equity ratio). Aber Ciaran Walsh zieht es vor, die gesamten Schulden zu den gesamten Aktiven in Beziehung zu setzen, da sich daraus eine Momentaufnahme der Herkunft der Gelder in der Bilanz ergibt. Wie sollte ein gutes Verhältnis aussehen? Dies hängt von der Branche ab. Je zyklischer sie ist und je weniger gut sich der Cash-flow vorhersagen lässt, desto geringer sollte die Verschuldung sein. Ciaran Walsh stellt auch grosse geographische Unterschiede fest. So ist es in den USA oder in Grossbritannien unüblich, dass die Ratio Schulden/Gesamtvermögen 50% überschreitet. In der Europäischen Union und in Japan hingegen sind Ratios von 70% und mehr an der Tagesordnung.

Technische Analyse

Die Analyse der von den Unternehmen veröffentlichten Zahlen, ihrer finanziellen Gesundheit, ihrer finanziellen und politischen Perspektiven sowie des allgemeinen Wirtschaftsumfelds sind das tägliche Brot der Finanzanalysten, wenn sie versuchen, die Entwicklung der Börsenkurse vorherzusehen. Ein anderer Ansatz, der aufgrund seines eher empirischen Charakters bisher oft vernachlässigt wurde, wird heute mehr und mehr eingesetzt, um die Entwicklung der Wertpapiere und der Börsenindizes nachzuvollziehen. Paradoxerweise wird er «technische Analyse» genannt. Im Gegensatz zur anderen Methode, die als «Fundamentalanalyse» bekannt ist, beschränkt sich die technische Analyse auf die Daten, die der Markt selbst liefert: Entwicklung der Preise, Wertpapiere und Volumen. Die Anwendung dieser Techniken gleicht laut ihren Verfechtern allerdings eher einer Kunst als einer exakten Wissenschaft, was denn auch die häufigen Interpretationsunterschiede erklärt. Obwohl die Fundamentalanalyse der konkurrierenden Methode objektiv betrachtet überlegen scheint, nimmt das Interesse für die technische Analyse im Zuge der Entwicklung der Derivat-Märkte zu. Denn wie John Murphy, einer der grossen amerikanischen Spezialisten der technischen Analyse, in einem vor einigen Jahren erschienenen Buch ausführt, müssen die Teilnehmer dieser Märkte unbedingt über ein Analyseinstrument verfügen können, das ein auf den Tag oder sogar auf einige Minuten genaues Timing ermöglicht. Davon hängen ihre Entscheidungen ab, zu investieren oder sich aus dem Markt zurückzuziehen. Ein Fehler von einigen Minuten kann bereits über Gewinn und Verlust entscheiden. Nun sind aber solche Schwankungen rein technischer Art und treten in einer Fundamentalanalyse kaum je zutage. Obwohl sich die Resultate der technischen Analyse wissenschaftlich nicht beweisen lassen, können sie doch rational erklärt werden, wenn man drei Grundprinzipien anerkennt, die zusammengefasst wie folgt lauten:

Erstens berücksichtigt der Markt alle Informationen, die einen Einfluss auf den Kurs haben können, zweitens entwickeln sich die Preise entsprechend einem Trend, und drittens wiederholt sich die «Geschichte».

Der erste Grundsatz ist der eigentliche Eckpfeiler der technischen Analyse: Der Wertpapierpreis widerspiegelt alle Informationen, die einen Einfluss auf ihn haben können, seien sie politischer, wirtschaftlicher oder psychologischer Art.

Einerseits handelt es sich um Informationen, die der Öffentlichkeit bereits bekannt sind, anderseits um solche, die noch nicht verbreitet worden und daher nur einem kleinen Kreis Eingeweihter zugänglich sind. Ausgehend von dieser Hypothese, interessiert sich der Techniker nicht für die Gründe, die zu einer bestimmten Entwicklung des Marktes führen. Er befasst sich unter Zuhilfenahme der Preise und Volumen nur mit ihren Auswirkungen. Dieser Ansatz verschafft ihm daher eine ganze Länge Vorsprung gegenüber dem Fundamentalanalytiker.

Das zweite Postulat ist ebenso notwendig: Um ausgehend vom vergangenen Marktverhalten eine Prognose stellen zu können, müssen sich die Kurse in einer bestimmten Richtung, nach einem gewissen Trend entwickeln. John Murphy postuliert, dass ein eingeleiteter Trend seinen Weg fortsetzen muss. Mit anderen Worten ruft die Hausse nach der Hausse und die Baisse nach der Baisse – allerdings nur bis zur Trendwende. Die Hypothese, dass sich die «Geschichte» wiederholt, beruht auf dem menschlichen Verhalten, das in ähnlichen Situationen immer wieder fast gleich ist.

Die technische Analyse ist interessant, weil sie sich nicht auf die kurzfristigen Bewegungen beschränkt, sondern auch auf langfristige Entwicklungen angewandt wird. Laut John Murphy kann sie nämlich vorauseilende Anzeichen einer Trendwende des Marktes erkennen, bevor sie den Fundamentalisten auffallen. Dieser Ansatz findet seine Berechtigung insbesondere darin, dass in der Vergangenheit einige der wichtigsten Hausse- und Baissebewegungen eintraten, ohne dass sie die Fundamentalanalysten erkannt hatten. Erst nach einiger Zeit, als sich der neue Trend bereits klar abzeichnete, erschienen diese Veränderungen auch in den Fundamentalanalysen.

Die Krise von 1998

Es mag erstaunen, dass die Krise von 1998, die sämtliche Börsen der Welt einschliesslich Wall Street erzittern liess, sich nicht zum dritten Börsencrash des Jahrhunderts auswuchs. Betrachtet man die Ausmasse der Börsenkrisen von 1929 und 1987, erscheinen die Ereignisse von 1998 rückblickend relativ harmlos. Dies gilt auf jeden Fall für Wall Street, die in wenigen Wochen gerade 20% nachgab, bevor sie wieder auf den Weg nach oben einschwenkte. 1929 betrug der Einbruch 12,6% an einer einzigen Sitzung, 1987 sogar 22,6%! Allerdings ist zu sagen, dass sich auf anderen Märkten echte Crashs ereigneten, etwa an der Hongkonger Börse mit mehreren Einbrüchen von über 10% im Jahre 1997. Wieder andere, wie der Schweizer Markt, verzeichneten versteckte Crashs, d. h. verteilt auf mehrere Wochen, aber insgesamt von sehr grossem Ausmass: Zwischen dem Markthöchststand von 8'400 Punkten und dem Talboden von rund 5'000 büssten die Börsenkurse in der Schweiz fast 40% ein.

Auch wenn die Verluste des New Yorker Marktes sehr schnell wieder wettgemacht wurden, wird 1998 als ein Jahr grosser Gefahr in Erinnerung bleiben. Denn wie Jean-Luc Biacabe, Generalsekretär der Pariser Handelskammer, in der Sondernummer der «Documentation française» zum Thema ausführte, deckte diese Krise schonungslos die Risiken auf, die von der Bankbranche eingegangen wurden. Dabei war der Kurseinbruch der UBS-Aktie nur die Spitze des Eisbergs. Alle Banken wurden vom Sturm erfasst. Zu den verschiedenen «Zutaten» der Krise von 1998 gehörte jene der asiatischen Wirtschaft, die im Vorjahr ihren Anfang nahm und die Börsen der asiatischen Länder mit voller Wucht traf. Zuerst schien diese Krise für die westlichen Börsen sogar vorteilhaft, da sie von der Rückführung von Kapital profitierten, das zuvor in Asien investiert worden war. Und dies konnte nur zu einem Anstieg der Börsenkurse führen.

In diesem Umfeld führte die drohende Zahlungsunfähigkeit Russlands dazu, dass die Märkte sich plötzlich der Bedeutung des systematischen Risikos und der Exposition des westlichen Bankensektors in diesen krisengeschüttelten Ländern bewusst wurden.

Eine weitere Lehre aus dieser Krise war, dass durch den zunehmenden Einsatz von Derivaten und Hedge Funds (LTCM) mit ihrer Hebelwirkung enorme Risiken eingegangen wurden, die das gesamte Finanzsystem bedrohten.

Kapitel 4: Obligationen

Warum soll man Optionsanleihen kaufen?

Die Antwort ist einfach: Um von der Hebelwirkung der Optionen zu profitieren. Denn die Kursschwankungen der Titel, deren Kauf die Optionen ermöglichen, wirken sich überproportional auf die Kurse dieser Optionen aus. Anleger, die solche Anleihen kaufen, beabsichtigen daher nicht unbedingt die Ausübung ihrer Optionen, sondern werden von anderen Überlegungen geleitet: Der bescheidene Zinssatz solcher Titel aufgrund der Optionsprämie wird durch den Kapitalgewinn kompensiert, den sie mit dem Verkauf ihrer Optionen erzielen können. Und dieser Kapitalgewinn weist fiskalische Vorteile auf.

Dabei ist zu bemerken, dass der Inhaber einer Optionsanleihe mit dem Verkauf des Optionsscheins auch seine Verzinsungs- und Rückzahlungsansprüche limitieren kann. Um solche Optionsanleihen mit abgetrenntem Optionsschein von den anderen zu unterscheiden, werden sie in den Kurslisten mit «EO» (Ex Option) gekennzeichnet. Die Optionsscheine werden an der Börse gehandelt und somit kotiert.

Für den Emittenten einer Optionsanleihe geht es vor allem darum, sich von Dritten langfristige Mittel zu beschaffen, namentlich wenn es schwierig ist, aufgrund des Geschäftsgangs des Unternehmens, aufgrund der Marktlage oder wegen des zu hohen Zinsniveaus auf dem Obligationenmarkt eine normale Anleihe zu plazieren. Dies erklärt zweifellos, warum gegenwärtig nur sehr wenige Anleihen dieser Art im Umlauf sind.

Die Rendite auf Verfall

Die Rendite auf Verfall beruht auf dem Grundsatz des zusammengesetzten Zinssatzes und wird mit folgender Gleichung berechnet:

$$P = C / (1 + y) + C / (1 + y)2 + C / (1 + y)3 + \ldots + C / (1 + y)n-1 + (F + C) / (1 + y)n$$

wobei   **P** = Preis der Obligation in Prozent nominal
C = periodischer Coupon (meistens jährlich) in Prozent des Nominalwerts
F = Rückzahlung bei der Endfälligkeit in Prozent des Nominalwerts
n = Anzahl Perioden (meistens Anzahl Jahre) bis zur Rückzahlung bei der Endfälligkeit
y = Rendite auf Verfall

Nimmt man das von der Genfer Börse in ihrer Broschüre (1991) verwendete Beispiel einer Anleihe des Kantons Genf mit der Laufzeit 1988–1999 und einer Verzinsung von 4%, betrug die Rendite für die restlichen acht Jahre 6,28% (berechnet mit einem entsprechenden Rechenprogramm).

Wie die verwendete Formel zeigt, ist hier unbedingt zu beachten, dass die Rendite auf Verfall auf einer Hypothese beruht: der Reinvestition der Zinsen zu einem konstanten Zinssatz entsprechend der Rendite auf Verfall bis zum Ende der Laufzeit der Anleihe. Nun schwanken aber die Zinsen im Laufe der Zeit stark, so dass die tatsächliche Rendite einer Obligation schliesslich von ihrer angenommenen Rendite auf Verfall abweicht.

Dabei sind Nullprozent-Anleihen – die volatilsten von allen – paradoxerweise die einzigen Obligationen, deren Rendite auf Verfall ihrer tatsächlichen Rendite entspricht. Denn da vor Verfall keine Zinsen zu reinvestieren sind, hängt die Rendite auf Verfall ausschliesslich von der Laufzeit und von der Rückzahlung ab, zwei Werte, die im voraus bestimmt werden.

Wie die Profis die Duration einsetzen

Um die Duration sinnvoll einzusetzen, muss man genau verstehen, wie Obligationen auf die Zinsschwankungen des Marktes reagieren. Zwei Faktoren spielen eine Rolle: ihre Verzinsung und ihre Laufzeit. Denn obwohl der Kurs aller Obligationen fällt, wenn die Zinsen steigen, und umgekehrt steigt, wenn die Zinsen fallen, ist die Sensibilität der einzelnen Obligationen je nach der Höhe ihres Coupons und nach der Laufzeit unterschiedlich. So ist eine Obligation um so weniger volatil, je höher der Coupon ist. Da die Reinvestition der Coupons im Falle eines Zinsanstiegs günstiger ist, sind hochverzinsliche Obligationen davon weniger betroffen als Titel mit tiefem Zinssatz. Umgekehrt ist die Reinvestition der Coupons bei einem Zinsrückgang weniger interessant und beschränkt damit den Kursanstieg der hochverzinslichen Titel zum Vorteil jener mit geringer Verzinsung. Die Nullprozent-Anleihen sind logischerweise am volatilsten, da sie über keinen solchen «Stossdämpfer» verfügen.

Die Empfindlichkeit der Obligationen auf die Laufzeit ist etwas naheliegender: Ist der Titel morgen fällig, können die Zinsen noch so stark ausschlagen – auf ihren Kurs hat dies keinen Einfluss. Denn was zählt, ist ohnehin die Rückzahlung und nicht der allfällige Renditegewinn oder -verlust eines Zinstages. Wenn umgekehrt noch zehn Jahre bis zur Fälligkeit bleiben, wiegt dieser Faktor schwer auf dem Kurs der Obligation. Je länger die verbleibende Laufzeit ist, desto sensibler reagiert der Titel auf Zinsschwankungen. Ausgehend von diesen Überlegungen kann man zwei Arten von Obligationen definieren: einerseits die auf Zinsschwankungen relativ unsensiblen Obligationen, bei denen eine hohe Verzinsung mit einer kurzen Laufzeit verbunden ist (stabile Obligationen), und anderseits die volatilen Obligationen, d. h. solche mit einer tiefen Verzinsung und einer langen Laufzeit.

Sieht man einen Zinsanstieg und damit einen Kursrückgang voraus, wird man jene Obligationen verkaufen, die darauf am empfindlichsten reagieren. Man wird sich also der volatilsten Obligationen entledigen, um stabile Titel zu kaufen. Geht man umgekehrt von einem Zinsrückgang und somit von einem Kursanstieg aus, wird man die stabilen Obligationen verkaufen und dafür volatile erwerben.

Problematischer ist die Situation, wenn die Obligationen weder stabil noch volatil sind, sondern bezüglich Zinsschwankungen entgegengesetzte Eigenschaften aufweisen, Obligationen also, die schlecht verzinst werden und zugleich eine kurze Laufzeit aufweisen, oder die bei langer Laufzeit hoch verzinst werden. In diesen beiden Fällen muss die Duration herangezogen werden, um diese Empfindlichkeit zu ermitteln (siehe Seite 83). Erwartet man also zum Beispiel einen Zinsanstieg, wird man versuchen, sein Risiko zu verringern. Zu diesem Zweck könnte man alles verkaufen. Aber da einerseits nie Sicherheit besteht, dass der erwartete Zinsanstieg tatsächlich eintritt, und anderseits die Rückzahlung der Obligationen zu pari auf jeden Fall gewährleistet ist, sollte einer anderen Lösung der Vorzug gegeben werden. Sie besteht darin, alles zu verkaufen, was eine überdurchschnittliche Duration aufweist, und Titel mit einer unterdurchschnittlichen Duration zu kaufen. Dies wird ausserdem dazu beitragen, diesen Durchschnitt zu senken.

Der Lombardsatz

Der Lombardsatz ist ein Zinssatz, der von der Schweizerischen Nationalbank (SNB) verwendet wird. Er gilt für pfandgesicherte Darlehen, wobei als Pfand nur Schweizer Obligationen oder Effekten, welche die Diskontbedingungen erfüllen, Forderungen gegenüber der Eidgenossenschaft und Gold in Frage kommen. Diese den Schweizer Banken gebotene Möglichkeit ist jedoch nur für Überbrückungskredite bei nicht vorhersehbaren Liquiditätsproblemen gedacht.

Aus diesem Grund liegt das Zinsniveau auf einer abschreckenden Höhe: zwei Punkte über dem durchschnittlichen Tagesgeldsatz der vorausgehenden zwei Tage. Um die Liquidität der Schweizer Banken zu beeinflussen, erteilt die SNB Lombardkredite hauptsächlich unter Zuhilfenahme von Swap-Geschäften (Dollar gegen Schweizer Franken oder kompatible Forderungen). Die Aktivität der Zentralbanken auf dem Geldmarkt ist zwar wichtig, jedoch gibt es für die Banken noch andere Möglichkeiten der kurzfristigen Geldbeschaffung, zum Beispiel auf dem Euromarkt.

Herkunft und Rolle der Eurowährungen

Die Eurowährungen haben ihren Ursprung in der Nachkriegszeit. Der Marshallplan für den Wiederaufbau des Alten Kontinents, dann die Direktanlagen amerikanischer Unternehmen und die andauernden Handelsdefizite der USA haben zu einer Dollarschwemme in den europäischen Banken geführt. Diese Dollars, die sich der amerikanischen Rechtsprechung und somit jeder Regelung entziehen, werden für kurzfristige Darlehen eingesetzt. Seit Beginn der sechziger Jahre werden sie aber auch für längerfristige Darlehen, namentlich in Form von Obligationenanleihen, verwendet.

Obwohl der Eurowährungs-Geldmarkt ein Grossmarkt ist, der den Profis vorbehalten bleibt, beeinflussen die Geschäfte, die über ihn abgewickelt werden, die allgemeinen Zinsen und den Liquiditätsgrad der Wirtschaft. Die Euromarktzinsen haben Auswirkungen auf die langfristigen Zinsen, die Kreditzinsen, die Hypothekarzinsen und die Sparzinsen. Ausserdem reagieren sie unverzüglich auf die Interventionen der

Zentralbanken. Sie dienen als allgemeine Referenz und werden deshalb in der Fachpresse veröffentlicht. Dies erklärt sich aus der anhaltenden Aktivität und der grossen Liquidität des Euromarktes in den wichtigsten Währungen. Daten, die aus dem Euromarkt stammen, sind daher genauer, als wenn man als Referenz nur die nationalen Märkte verwenden würde. Dies trifft insbesondere auf Währungen wie den Schweizer Franken zu, der praktisch keinen nationalen Währungsmarkt entwickelt hat. Die Schweizer Banken verwalten so nicht nur ihre gesamten flüssigen Mittel auf dem Euromarkt, sondern legen aufgrund der fehlenden Verrechnungssteuern und Stempelabgaben auch Anleihen auf diesem Markt auf. Gerade die Stempelabgabe hat übrigens die Entwicklung eines Geldmarktes in der Schweiz verhindert.

Kapitel 5: Derivative Finanzinstrumente

Wie man eine Option auswählt

Wer eine Option kaufen will, muss sich nicht nur für einen Ausübungspreis, sondern auch für die Laufzeit entscheiden. Jan Buess und Flavio da Silveira liefern in «La pratique des options» (vergriffen) den Schlüssel zur Entscheidungsfindung. Zuerst zum Ausübungspreis: «Immer wenn eine Position eingegangen werden soll (und es nicht um die Arbitrage oder die Deckung von Vermögenswerten geht), besagt die Standardregel, dass es vorteilhafter ist, Optionen zu kaufen, d. h., wenn der Kurs der zugrunde liegenden Aktie dem Ausübungspreis entspricht. Diese Strategie empfiehlt sich, wenn unsicher ist, wie sich der zugrunde liegende Kurs entwickelt. Ist der Anleger jedoch zuversichtlich in Bezug auf den Markttrend, kann er Calls kaufen, d. h. solche, deren Ausübungspreis klar über dem Kurs des zugrunde liegenden Titels liegt. Für die Wahl der Laufzeit ist zuerst zu bestimmen, ob der angenommene Kursanstieg von einer Hausse oder einer Baisse der Volatilität begleitet wird. Dies kommt daher, dass eine steigende Volatilität dazu tendiert, den Zeitwert der Option aufzublähen, während ihr Rückgang zur Erosion dieses Werts beiträgt.»

Die beiden Autoren schreiben weiter, dass man «logischerweise Calls mit kurzer Laufzeit kaufen sollte, wenn erwartet wird, dass die Erholung in einem geordneteren Markt erfolgt, in dem folglich die Volatilität sinkt. Denn je näher der Fälligkeitstag liegt, desto geringer ist der Zeitwert. Anderseits kann man, wenn sich der Volatilitätsrückgang bestätigt, am Fälligkeitstag einen neuen Kauf mit einem geringeren Zeitwert tätigen. Dementsprechend gilt: Wird erwartet, dass die Hausse mit einer steigenden Volatilität einhergeht, wird es vorteilhafter sein, Calls mit längerer Laufzeit zu kaufen, um die zeitliche Erosion möglichst wenig zu spüren und sich eine grössere Volatilität zunutze zu machen.»

Optionen: Trading-Strategien

Die unzähligen Kombinationen, die mit Optionen erzielt werden können, erlauben die Entwicklung von Strategien aufgrund der Prognosen und der Risikobereitschaft der Spekulanten. Die Schweizer Börse präsentiert in ihrer Broschüre eine Liste der verschiedenen Strategien:

1. Hausse-Strategien

Bull call spread: Hierbei handelt es sich um den Kauf eines Call mit einem bescheidenen Ausübungspreis und den gleichzeitigen Verkauf eines Call mit einem höheren Ausübungspreis. Mit dieser Kombination reduziert der Spekulant seine Kosten um die Höhe der eingenommenen Prämie, schränkt aber zugleich sein Gewinnpotential ein. Denn sein Gewinn ist dann am höchsten, wenn der Aktienkurs den höheren Ausübungspreis der beiden Optionen erreicht. Dabei wird der zusätzliche Gewinn auf dem gekauften Call durch den Verlust auf dem verkauften Call ausgeglichen.

Bull put spread: Wie der Bull call spread beruht diese Strategie auf der Verbindung zweier entgegengesetzter Transaktionen: Kauf eines Put mit einem tieferen Ausübungspreis zu einem bescheideneren Verkaufspreis und Verkauf eines Put mit einem höheren Ausübungspreis zu einem höheren Preis. Ziehen die Kurse stark an, erlaubt diese Strategie dem Anleger, von der Preisdifferenz zwischen den beiden Transaktionen zu profitieren. Übersteigt der Aktienkurs erwartungsgemäss den Ausübungspreis des verkauften Put, übt der Anleger diese Option nicht aus, um seinen Gewinn zu maximieren.

2. Baisse-Strategien

Bear put spread: Im Gegensatz zum Bull call spread handelt es sich in diesem Fall um den Verkauf eines Put mit einem tieferen Ausübungspreis und den gleichzeitigen Kauf eines Put gleicher Laufzeit mit einem höheren Ausübungspreis. Mit dieser Kombination reduziert der Spekulant seine Kosten um den Betrag der eingenommenen Prämie, beschränkt aber zugleich sein Gewinnpotential. Denn sein Gewinn ist dann am höchsten, wenn der Aktienkurs den tieferen Ausübungspreis der beiden Optionen erreicht. Fällt der Titel weiter, wird der zusätzliche Gewinn auf dem gekauften Put durch den Verlust auf dem verkauften Put ausgeglichen.

Bear call spread: Wie der Bear put spread beruht diese Strategie auf der Verbindung zweier entgegengesetzter Transaktionen: dem Kauf eines Call mit einem hohen Ausübungspreis zu einem tiefen Preis und dem Verkauf eines Call mit einem tiefen Ausübungspreis zu einem hohen Preis. Bei einem starken Nachgeben der Kurse erlaubt diese Strategie dem Anleger, von der Preisdifferenz zwischen den beiden Positionen zu profitieren. Fällt der Aktienkurs unter den Ausübungspreis des verkauften Call, werden die Optionen nicht ausgeübt.

3. Strategien bei Vorhersage volatiler Märkte

Long straddle: Diese Strategie besteht darin, gleichzeitig einen Call und einen Put zu kaufen, deren Ausübungspreis und Fälligkeitsdatum zusammenfallen. So könnte der Anleger von einem starken Kursausschlag (nach oben oder unten) des Basiswerts profitieren. Sein Risiko ist auf den Betrag der beiden Prämien beschränkt, während er über ein unbeschränktes Potential verfügt.

Long strangle: Diese Strategie ähnelt sehr dem Long straddle, weicht davon aber insofern ab, als in diesem Fall die Ausübungspreise der beiden Optionen nicht identisch sind.

4. Strategien bei Vorhersage stabiler Märkte

Short straddle: Diese Strategie ist jener eines Long straddle genau entgegengesetzt. Anstatt einen Call und einen Put zu kaufen, verkauft der Anleger diese Optionen mit identischem Ausübungspreis und Fälligkeitsdatum. Man geht davon aus, dass die Kurse innerhalb einer bestimmten Bandbreite bis zur Fälligkeit der beiden Optionen schwanken werden. Der Höchstgewinn ist die Einnahme der beiden Prämien, aber die Verlustrisiken sind unbeschränkt.

Short strangle: Was für den Long strangle und den Long straddle gilt, trifft auch auf den Short straddle und den Short strangle zu: Sie unterscheiden sich nur in den Ausübungspreisen der beiden Optionen, die in diesem Fall nicht gleich sind.

Index

A

Absicherungsstrategie, 124
Absolute Performance, 128
Aktienzertifikat, 42, 64, 66f
Anlagefonds, 5, 19ff, 63, 128
Anlagehorizont, 14, 22, 84, 125
Anlagepolitik, 20, 37, 41
Anlagestil, 128
Anleihe mit variablem Zinssatz, 78
Anteilschein (eines Anlagefonds), 17, 20ff, 27ff, 38
Arbitrage, 87, 92, 105, 128f, 134
at the money, 119, 121
Ausgabekommission, 21, 38f
Ausgabepreis, 21
Ausländisches Aktienzertifikat, 67
Ausschüttender Fonds, 20, 29, 33, 36, 38f

B

Bear call spread, 135
Bear put spread, 135
Benchmark, 37, 90, 95, 129
Bestens-Auftrag, 46f
Blue chip, 45, 52, 57, 68ff, 109
Börsenabgabe, 48f
Börsenauftrag, 47
Börsenindizes, 52f, 108, 130
Börsenkapitalisierung, 37, 45, 51ff, 57, 70f
Börsenwert, 16, 33, 42ff, 57, 76, 80, 93, 129
Branchenfonds, 26
Bull call spread, 134f
Bull market, 58, 62
Bull put spread, 134
Buy and hold-Strategie, 41, 65

C

Call, 101, 110ff, 134f
Coupon, 29, 33, 38, 76ff, 132

D

Defensive Titel, 45, 55
Depotbank, 23ff
Derivate, 22, 68, 101ff, 108, 111, 126, 129ff
Devisenmarkt, 31
Diversifikation, 5, 12, 17ff, 24ff, 29, 32, 65, 90, 129
Dividende, 42ff, 51ff
Doppelwährungsanleihe, 78
Dow Jones, 52, 58, 61f, 67, 70, 73
Duration, 13, 83, 132

E

Emission, 21, 44, 69, 75, 78ff, 85ff, 93ff, 98f, 115
Emissionssyndikat, 76
Emittent, 23, 30, 42, 51f, 75ff, 86f, 94f, 99, 132
Eurex, 68, 101, 108, 113ff, 123, 126f
Eurex-Option, 101, 113f
Euro-Anleihe, 75, 78, 95, 98f
Euromarkt, 75, 98f, 133f
Extremwert, 51

F

Financial Futures, 108f, 126f
Fiskus, Steuerbehörden, 10, 38
Fondsleitung, 20ff, 27, 32ff, 38f

G

Gebühren, 20, 38f, 49, 109, 122ff
Geschlossener Fonds, 23
Graumarkt, 87
Grundpfand, 78

H

Hebelwirkung, Leverage-Effekt, 102, 106f, 110f, 119ff, 128ff
Hedge fund, 22, 55, 111, 128ff

Index

I

Immobilienanlage, 32
Immobilienfonds, 19ff, 32f
in the money, 119
Index-Futures, 101, 111, 125
Indexfonds, 129f
Indexoption, 115
Inhaberaktie, 42ff, 114, 117
Innerer Wert, 116f
Internet, 19, 41, 46ff, 71
Inventarwert, 20ff, 36ff, 57

K

Kapitalerhöhung, 42f
Kapitalgewinn, 10, 14, 19f, 28, 38ff, 59, 65, 77, 81, 92, 107, 122
Kapitalmarkt, 71, 79, 87ff, 95
Kassaobligation (oder Kassenschein), 75, 78
Kaufoption (siehe auch Call), 102, 112, 115, 118

L

Länderfonds, 26
Länderrisiko, 89
Leverage-Effekt, 89, 111
Limitierter Auftrag, 46ff
Liquidationswert, 57
Lombardsatz, 133
Long straddle, 135

M

Margin call, 110
Market timing, 15, 41, 64f, 125, 128f
Mehrwährungsfonds, 28
Mehrwährungs-Portefeuille, 90
Money Market Fund, 30
Moody's Investors Service, 75, 88, 90, 97

N

Nachrangige Anleihe, 78
Namenaktie, 42ff, 51ff, 65, 69, 114
Nasdaq, 69ff, 127
Neuemissionen, 76, 87ff
Nominalwert, 42ff, 76, 80f, 87, 108, 132
Nullprozent-Anleihe, 75, 83, 132f

O

Obligationenfonds, 19ff, 28f, 36, 39, 91
Obligationenmarkt, 5, 10f, 28, 36, 62, 68, 77, 80, 94ff, 132
Obligationenrecht, 129
Offene Fonds, 23
Öffentliches Kaufangebot, 43
Optionsanleihe, 75, 78, 95, 132
Optionsprämie, 102, 132
Optionsschein (Warrant), 68, 78, 101, 114, 132
out of the money, 119ff

P

Partizipationsschein, 44, 51ff, 78, 114
Passive Verwaltung, 29
Performance, 11, 30, 36f, 95, 128
Pfandbrief, 75, 78f
Portefeuille, 11ff, 48, 72, 77f, 83, 90, 109, 122ff
Prämie, 33, 45, 57, 62, 89, 92f
Price/Earning Ratio, 51, 56f, 62, 126
Put, 101, 112f, 117, 120ff, 134f

R

Rating, 51, 82, 88f, 95ff
Referenzanleihe, 90
Referenzindex, 36f
Referenzwährung, 13, 24f, 28ff, 36, 67, 86, 90, 128
Regionenfonds, 26
Rendite, 32ff, 38, 51, 80f, 86f, 95, 132
Rendite auf Verfall, 75, 79ff, 86f, 93ff, 99, 132
Renditekurve, 85
Risikoprämie, 57

Risikoprofil, 13ff, 22ff, 128f
Rücknahmekommission, 21, 38f
Rücknahmepreis, 21, 33

S

Sharpe ratio, 36f
Short straddle, 135
Short strangle, 135
SMI, 20, 26, 52f, 108f, 113, 125f
Soffex, 126
SPI, 12, 27, 52ff
Split, 43
Spread, 71
Staatsanleihe, 90, 96
Standard & Poor's, 23, 70, 75, 88ff, 97, 108
Standard & Poor's 500 (S&P 500), 70
Stempelabgabe, 23, 30, 68, 98, 134
Stillhalter (gedeckte Option), 101, 114
Stimmrechtsaktie, 42
Stock picking, 129
Stop-loss order, 47
Stoxx, 73, 126
Strategische Asset Allocation, 24, 128
Strike, 113
Strukturierte Produkte, 114f
Stückelung, 77
Subindizes, 53
Systematisches Risiko, 27

T

Termingeschäft, 102, 105
Terminmarkt, 104, 108
Thesaurierender Fonds, 20
Top-down, 41, 54
Tracking error, 129
Transaktionskosten, 46ff, 64ff
Treuhanddepot, 17

V

Verkaufsoption (siehe Put), 101, 112, 120, 124
Verkehrswert, 33
Vermögensrechte, 42ff
Vermögensverwalter, 5, 16f, 35ff, 67, 83, 95, 128
Vermögensverwaltung, 9, 13, 16, 19, 23, 41, 48, 72, 94
Verrechnungssteuer, 23, 30, 38, 75, 79, 86, 94f, 98f, 134
Volatilität, 12, 19, 27f, 36f, 43, 47, 57, 67, 69, 87, 116f, 123f, 134

W

Wachstumsaktie, 45
Wandelanleihe, 75, 78, 92ff, 128
Wandelprämie, 92f
Warrant (Optionsschein), 101, 114f, 128
Wechselkurs, 24, 28, 31, 66f, 73ff, 86, 90f
Wechselkursrisiko, 24, 28, 67, 75, 86, 90f
Wirtschaftszyklen, 54, 91

Z

Zeichnungsrecht, 43
Zeitwert, 116f, 134
Zentralbank, 84, 90, 133f
Zinssatzrisiko, 28, 75, 91
Zinsdifferenz, 31
Zinssatz, 30f, 75ff, 86ff, 92, 95, 132f
Zu pari, 80, 87, 92, 99, 133
Zyklische Aktie, 45

Literaturverzeichnis des Autors

Margaret Allen: «The Times Guide to International Finance»
Times Books, 1991, Londres

Jan Buess et Flavio da Silveira: «La pratique des options»
Journal de Genève, 1988, Genève (épuisé)

Joffre Patrick et Yves Simon: «Encyclopédie de gestion» (3 volumes)
Editions Economica, 1989, Paris

John Kenneth Galbraith: «La crise économique de 1929» (traduction)
Petite Bibliothèque Payot, 1988

John Kenneth Galbraith: «A short history of financial euphoria»
Whittle books, 1993

Bernard Gazier: «La crise de 1929»
PUF Collection que sais-je?, 1985

Benjamin Graham: «L'investisseur intelligent» (traduction)
Editions Valor, 1991, Paris

Bernard Gray: «Investors Chronicle Beginners' guide to investment»
Century Business, 1993, Londres

Yale Hirsch: «1997 Stock trader's almanach»
The Hirsch Organization Inc, 1996, New York

Charles Kindleberger: «Histoire mondiale de la spéculation financière» (traduction)
Editions P.A.U., 1994

Peter Lynch: «Et si vous en saviez déjà assez pour gagner en Bourse» (traduction)
Editions Peyrat & Courtens, 1992, Bailly (France)

Stephen Lofthouse: «How to fix your finances. A guide to personal financial planning»
John Wiley & Sons Ltd, 1996, Angleterre

Kenneth M. Morris et Alan M. Siegel: «The Wall Street Journal Guide to understanding money & investing»
Lightbulb Press, 1993, USA

Kenneth M. Morris et Alan M. Siegel: «The Wall Street Journal Guide to understanding personal Finance»
Lightbulb Press, 1992, USA

James Morton: «Le guide mondial des investissements» (traduction)
Financial Times, les Echos et le Village Mondial

Literaturverzeichnis des Autors

François Neri: «Raconte-moi la Bourse!»
Editions LEP Loisirs et Pédagogie, 1997, Lausanne

Romesh Vaitilingam: «The Financial Times Guide to using the financial pages»
Pitman publishing 1993, Royaume Uni

Peter Passell: «How to read the financial pages»
Warner Books, 1993, New York

Jack D. Schwager: «Les secrets des grands traders» (traduction)
Valor Editions, 1996, Paris

Douglas Sease & John Prestbo: «Barron's guide to making investment decisions»
Prentice Hall, 1994, Englewoods Cliffs, New York

Ciaran Walsh: «Key management ratios»
FT Pitman Publishing, 1996, London

«Le Guide 1998 des fonds de placement»
L'Agefi

Guide des actions suisses 98/99
Finanz & Wirtschaft, 1998

Credit Suisse: «The Credit Suisse Guide to managing your personal wealth, International Edition»
Edinburgh Financial Publishing (Books) Limited, 1996, Hong Kong

«La Bourse»
La documentation française, Cahiers français, No juillet-septembre 1996

«La monnaie unique»
La documentation française, Cahiers français, No juillet-septembre 1997

«Les indicateurs économiques en question»
La documentation française Cahiers français No 286 mai-juin 1998

«Crise mondiale et marchés financiers»
La documentation française, Cahiers français, No 289 janvier-février 1999

Internet-Adressen

Börsenplätze

New York Stock Exchange: www.nyse.com
American Stock Exchange: www.amex.com
Nasdaq: www.nasdaq.com
Schweizer Börse (SWX): www.swx.com
SWX New Market: www.swx.com
London Stock Exchange: www.londonstockex.co.uk
Börse Paris: www.bourse-de-Paris.fr
Deutsche Börse: www.exchange.de/fwb
Deutsche Börse Neuer Markt: www.neuermarkt.de
Tokyo Stock Exchange: www.tse.or.jp

Derivat-Börsen

LIFFE (London International Financial Futures and Options Exchange): www.liffe.com
Chicago Board of Trade: www.cbot.com
Chicago Board Options Exchange: www.cboe.com
Matif: www.matif.com
Eurex Zürich AG: www.eurex.ch

Internationale Organisationen

International Federation on Stock Exchanges: www.fibv.com
ISMA (International Securities Market Association): www.isma.co.uk